혼자서도 할 수 있는

블로그마켓

창업준비 ┃ 만들기 ┃ 구매력 높이는 글쓰기 ┃ 단골고객 · 판매처 늘리기

실전! 홈페이지형 · 쇼핑몰형 디자인

앤써북
ANSWERBOOK

혼자서도 할 수 있는

블로그마켓 창업준비 | 만들기 | 구매력 높이는 글쓰기 | 단골고객 · 판매처 늘리기

실전! 홈페이지형 · 쇼핑몰형 블로그 디자인

1판 1쇄 발행 • 2017년 4월 10일

전면개정 2판 1쇄 발행 • 2019년 8월 10일

지은이 • 정하림 · 강윤정 · 도매꾹도매매교육센터 공저

펴낸이 • 김병성

펴낸곳 • 앤써북

출판등록 • 제382-2012-00007호

주소 • 경기도 고양시 일산 서구 가좌동 565번지

전화 • 070-8877-4177

FAX • 031-919-9852

정가 • 21,000원

ISBN • 979-11-85553-56-6 13000

도서문의 • 앤써북 http://answerbook.co.kr

앤써북은 독자 여러분의 의견에 항상 귀기울이고 있습니다.

PREFACE

블로그마켓을 운영하는 데 있어 분명히 장점도 있지만, 단점도 존재합니다. 다만, 단점을 보완하고 장점을 확대시켜 최종 목표인 매출증대에 도움이 되는 방법을 깨닫고 이것을 실천에 옮기느냐 단지 생각에만 그치느냐는 천지 차이입니다. 실천하지 않는다면 아무 일도 생기지 않기 때문입니다. 이 책은 그런 실천을 하고자 하는 분들에게 구체적인 도움을 주기 위해 만들어졌습니다.

마케팅은 광고가 아닙니다. 전략입니다. 현실적인 목표와 헌신적인 행동만이 성공으로 이끄는 급행열차가 될 것입니다. 내게 주어진 환경과 내가 쓸 수 있는 비용과 내가 할 수 있는 일을 토대로 최선을 다한다면 노력은 배신하지 않을 것입니다.

이 책이 단지 블로그마켓을 통해 돈을 벌고자 하는 형식적인 도구가 아닌 자기 일을 사랑하고 즐기는 사람들의 꿈을 현실로 이뤄주는 과정이 되었으면 합니다.

군대에서 읽은 책 한 권 때문에 제멋대로 진로를 변경하며 하고 싶은 일만 하겠다던 제 고집을 걱정하면서도 묵묵히 믿고 기다려주셨던 부모님, 매번 고난과 역경이 있을 때 갈대처럼 흔들리던 저를 붙잡아주고 영양분 같은 말로 힘을 주었던 친구들과 선후배님들에게 표현하는 게 익숙하지 않은 탓에 책으로나마 감사하다는 말씀을 드리고 싶습니다.

저자 정하림

블로그마켓은 블로그의 쉽고 간단한 관리기능, 컨텐츠 노출의 용이함, 소비자와의 직접적인 교류 등의 장점을 최대한 활용하여 광고 및 판매채널로 이용하는 온라인 매체입니다.

양질의 컨텐츠로 블로그를 채우는 일만큼 수많은 블로그를 몇 초만에 검색하고 빠르게 떠나는 방문자에게 내 블로그가 기억될 수 있도록, 또한 관심을 갖고 컨텐츠를 구독할 수 있도록 소비자를 사로잡는 디자인은 매우 중요합니다. 다만 디자인에 정도란 없다고 생각합니다. 내 블로그 마켓의 아이덴티티를 나타내면서 소비자의 눈길을 끄는 디자인을 직접 만들어 보고, 이를 적용한 블로그를 운영하는 일은 열정적이고 즐거운 작업이 될 것입니다. 본 책이 블로그 마켓을 준비하시는 사업자 분들에게 구체적인 도움이 될 수 있다면 좋겠습니다.

이러한 멋진 기회를 만들어 주신 앤써북 기획팀 직원들과 두서없는 원고를 깔끔하게 다듬어주신 편집부 직원들께, 철없는 딸이 제멋대로 가는 길을 묵묵히 응원해주시는 든든한 부모님, 원고의 진행 결정이 나자 나보다 기뻐하던 사랑스러운 동생 윤아, 힘들 때마다 준비완료인 만년 대기조 용준오빠, 그리고 언제나 내편, 소울메이트이자 스톰데이즈호의 캡틴 송동현 대표님께 말로는 다 못할 감사를 드립니다.

저자 강윤정

독자 지원센터

책을 보시면서 궁금한 사항, 활용하시는데 필요한 모든 것을 앤써북 독자지원센터에서 도와드립니다.

[책 소스/자료 받기]

이 책과 관련된 모든 소스 파일은 앤써북 카페(http://answerbook.co.kr)의 [책 소스/자료 받기]-[책 소스 파일 받기] 게시판에서 "[소스 다운로드]혼자서도 할 수 있는 블로그 마켓" 게시글에서 다운로드 받을 수 있습니다. [카페 가입하기] 버튼을 클릭하여 회원가입 후 다운로드 받습니다.

[독자 문의]

책을 보시면서 궁금한 점에 대해 서로 의견을 공유하고 질의응답 내용을 확인할 수 있고, 그래도 궁금한 점이 해결되지 않을 경우 앤써북 카페(http://answerbook.co.kr)의 [독자 문의]-[책 내용 관련 문의] 게시판에 문의하세요. [카페 가입하기] 버튼을 클릭하여 회원가입 후 게시판의 [글쓰기] 버튼을 클릭한 후 궁금한 사항을 문의합니다. 문의한 글은 해당 저자에게 문자로 연결되어 빠른 시간에 답변을 받아 볼 수 있습니다.

질문글 작성 시 어떤 책과 관련된 질문인지 알 수 있도록 제목에 다음과 같이 "[책명]질문 내용"을 작성해주세요. 여기서는 "[혼자서도 할 수 있는 블로그마켓]질문 내용"과 같이 작성합니다.

[저자 특강/스터디/교육]

앤써북 출판사에서 출간된 책 저자들의 강의, 특강 및 관련 교육을 안내하는 공간입니다. 혼자 책을 공부하기가 막막하다면 저자 직강이나 특강 및 관련 교육을 듣거나 함께 공부하는 사람들을 만나서 궁금한 점에 대해서 서로 의견을 공유해 봅시다. 책과 관련된 어떤 강의가 진행되고 있는지 앤써북 카페 (http://answerbook.co.kr)의 [추천 교육/스터디]–[저자 특강/스터디/교육] 게시판을 방문해 보세요!

앤써북 카페 메인화면 좌측 하단의 [추천 교육/스터디]의 '더보기'를 클릭하면 앤써북 저자들의 특강 및 강의와 앤써북 추천 교육 과정들을 확인할 수 있습니다.

[프리마켓]

이 책에 필요한 상품, 부품, 서비스 등을 저렴하게 구입하거나 알뜰하게 팔 수 있는 개인간 직거래 공간입니다. 앤써북 카페(http://answerbook.co.kr)의 [프리마켓]–[팝니다 / 삽니다] 게시판은 이 책의 독자들에게 필요한 상품, 부품, 서비스 등을 자유롭게 사고 팔수 있고 또한 공동구매 할 수 있는 공간입니다.

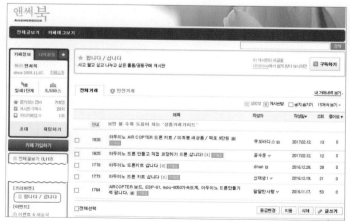

위에서 [구독하기] 버튼을 클릭한 후 [확인] 버튼을 클릭하면 즐겨찾는 게시판으로 등록되며, 이 게시판의 등록되는 '팝니다', '삽니다' 새글을 블로그미를 통해서 받아볼 수 있습니다.

'팝니다' 또는 '삽니다' 게시글 작성 방법입니다. '팝니다/삽니다' 페이지 우측 하단의 [글쓰기] 버튼을 클릭한 후 게시글 제목에 판매하는 글인 경우 "[팝니다]내용", 삽니다 글은 "[삽니다]내용" 형식으로 다음과 같이 구분해서 작성해주세요.

[앤써북 체험단]
앤써북 체험단을 통해서 체험 리뷰에 도전해 보자!
앤써북에서 운영하는 체험단에 참여하여 체험 리뷰를 작성하다 보면 글 쓰는 요령, 다양한 혜택을 더할 수도 있습니다. 앤써북 카페 (http://answerbook.co.kr)의 [체험단]-[도서/제품/서비스 체험단] 게시판은 앤써북에서 발행한 도서와 도서 연관 상품 중 독자들에게 유용한 제품 또는 서비스를 체험해 볼 수 있습니다.

- 앤써북에서 발행한 도서 : 앤써북에서 발행한 도서를 체험하고 리뷰를 작성해볼 수 있습니다.
- 도서와 연관된 제품, 서비스 : 앤써북에서 발행한 도서를 보는데 필요한 각종 교구, 서비스, 제품 등을 체험해 볼 수 있습니다.

앤써북 카페 메인화면 좌측 하단의 [도서 / 제품 체험단]의 '더보기'를 클릭하면 진행중인 앤써북 도서/제품 체험단 내용을 확인할 수 있습니다.

CONTENTS

Chapter 02

블로그마켓
기획하기

블로그마켓 창업, 제대로 준비하기

LESSON

01

블로그마켓이 뭐죠?

1. 블로그마켓이란?

블로그마켓이란 블로그(Blog)와 마켓(Market)의 합성어로 블로그를 통해 개인과 개인 또는 기업과 개인이 물건을 사고파는 새로운 형태의 쇼핑몰이다.

피부트러블로 고민하는 'A'님이 있다고 가정해보자. 'A'님은 화장품 쇼핑몰에 접속하여 피부트러블에 좋은 화장품을 검색한다. 하지만 화장품 쇼핑몰의 상품 상세페이지의 정보는 업체가 일방적으로 제공하는 것이기 때문에 믿고 결정하기가 쉽지 않다. 이런 고민을 하던 중 'A'님의 친구인 'B'님은 피부트러블 관련 화장품 포스트가 많은 'ㅇㅇ화장품전문블로그'를 소개해준다.

여기서 한 가지 고민을 해보자. 화장품 쇼핑몰에서 제공하는 상품 상세페이지와 'A'님의 친구인 'B'님이 소개한 'ㅇㅇ화장품전문블로그' 운영자님이 직접 체험한 후 느낀 점을 사실적으로 작성한 상품 상세페이지 포스트 중 어느 정보에 더 신뢰가 갈까? 우리는 어렵지 않게 결정할 수 있을 것이다.

무엇이 블로그 이웃들의 마음을 움직였을까?

'ㅇㅇ화장품전문블로그' 운영자 본인이 직접 체험한 내용을 작성한 화장품 포스트는 블로그의 이웃들에게 "나도 따라하고 싶은 강력한 화장품 사용 지침서"가 된다.

'ㅇㅇ화장품전문블로그' 운영자는 블로그를 통해서 실시간으로 소통 가능한 언니·오빠·친구처럼 친근한 존재이며 지속적인 교류하는 사이이기 때문이다.

블로그의 이런 특성을 잘 활용하면 일상 블로그들도 일정 수익이 발생하는 블로그마켓을 운영할 수 있다. 다음은 목적에 따른 몇 가지 유형의 블로그 운영 사례이다. 사례1과 사례2는 패션 트렌드 공유와 공동구매를 통해 이웃들에게 여성의류를 판매하는 블로그마켓이고, 사례3은 오프라인 매장에서 판매하는 아이템 정보 공유를 통해 상품을 판매하는 블로그이며, 사례4는 운영하는 인터넷 쇼핑몰에서 판매하는 상품 정보 공유를 통해 매출을 발생시키는 블로그이다.

◆ 사례 1

◆ 사례 2

◆ 사례 3

◆ 사례 4

앞의 사례들처럼 블로그는 그 자체가 상품을 사고팔 수 있는 마켓(사례1, 사례2)이 될 수 있고, 스마트스토어, 인터넷 쇼핑몰, 오프라인 매장 등 자신이 운영하는 마켓의 상품이나 서비스를 소개하는 홍보 채널(사례3, 사례4)로도 이용할 수 있다.

블로그마켓과 쇼핑몰은 상거래가 가능하다는 점에서 유사한 성격을 띤다. 하지만 인터넷 쇼핑몰과 블로그마켓은 태생부터 완전히 다른 채널이다. 인터넷 쇼핑몰은 상품 판매, 그 자체가 운영 목적의 전부이지만 블로그마켓은 꼭 그렇지는 않다. 블로그의 태생은 사람 간의 '소통'을 기반으로 하는 서비스이기 때문이다. 그러므로 인터넷 쇼핑몰과 블로그마켓의 차이를 제대로 알고 목적에 따라 적합한 채널을 선택하고 운영해야 한다.

2. 블로그마켓의 현재와 미래

2016년 9월 공정거래위원회에 따르면 "포털사이트 네이버와 다음에 개설된 블로그는 5천만여 개이고, 그 중에서 9만여 개에서 개인 간 상거래가 이루어지고 있다."고 한다. 사업자 이름과 상호, 연락처 등 판매자의 기본적인 신상 정보를 게시해둔 곳이 이 정도이면 암암리에 영업하는 블로그와 페이스북, 인스타그램, 밴드 등 SNS를 통해 상거래가 진행되는 곳을 모두 포함하면 수십만 곳에서 전자상거래가 이루어지고 있다고 추정할 수 있다.

블로그, SNS를 통한 전자상거래는 주로 이웃 대상의 공동구매(공구), 사다드림(고객을 대신해서 제품을 저렴하게 구매대행 해 주는 행위) 방식으로 진행되고 있다.

다음은 마켓 특징과 어울리고, 이웃들에게 필요한 품질 좋은 상품을 선별하여 블로그, 인스타드램, 페이스북 등 각각 마켓의 이웃들을 대상으로 저렴하게 공동구매를 진행하는 포스트 사례이다.

◆ 블로그마켓 공동구매 포스트

◆ 인스타그램마켓 공동구매 게시글

◆ 페이스북마켓 공동구매 게시글

◆ 밴드마켓 거래 내용

인터넷 쇼핑몰은 '판매자 vs 구매자'라는 이해타산으로 맺어진 관계이다. 반면 블로그마켓, SNS마켓은 운영자의 일상도 공유하고 소통할 수 있는 '이웃 관계'이다. 즉 제품 포스트뿐만 아니라 다음 그림과 같이 운영자의 소소한 일상이 엿보이는 인간미를 느낄 수 있는 포스트들도 볼 수 있고, 관심사에 관해서 이야기할 수도 있다. 이웃 관계로 맺어진 친근감과 호감도는 구매전환율을 높이는 매우 중요한 요소로 작용한다.

◆ 더지미마켓(http://blog.naver.com/geemih) 운영자의 일상 포스트

이처럼 운영자와 이웃 간 전자상거래 하는 블로그를 '블로그마켓' 또는 '블로그 쇼핑몰'이라하고, 페이스북, 인스타그램 등 SNS를 통해서 운영자와 이웃 간 전자상거래 하는 것을 'SNS마켓'이라고 한다. 블로그마켓이나 SNS마켓은 채널만 다를 뿐 운영자와 이웃간에 상거래가 진행된다는 점에서 공통된 채널이다.

블로그마켓, SNS마켓은 인간관계를 형성하는 가장 기본이 되는 '마음이 통하는 이웃'이라는 관계를 통해서 하나의 새로운 유통채널로 자리매김하고 있는 상황이고, 앞으로 그 성장은 지속할 것으로 본다.

그중 블로그는 인스타그램, 페이스북, 카카오, 밴드 등 SNS 채널 기반의 SNS마켓에 비해 풍부하고 디테일한 콘텐츠를 생산할 수 있고, 배포 또한 용이하다. 특히 네이버 등 검색 포털을 통해서 콘텐츠가 검색된다는 점 등의 강력한 장점으로 인해 새로운 유통채널의 중심 판매 채널 역할을 할 것으로 기대된다. 인스타그램, 페이스북, 밴드, 카카오를 통해 SNS마켓을 계획하더라도 블로그마켓이 우선되어야 하고, 베이스 캠프가 되어야 되는 이유이기도 하다.

3. 블로그마켓, SNS마켓의 소비 트렌드

앤써북 회원 중 일반 블로그 407명을 대상으로 다음과 같은 "블로그마켓 · SNS마켓 고객 이용도 설문조사"를 실시하였고, 설문조사 내용은 다음과 같다.

❶ 블로그마켓을 이용한 경험이 있는가?
❷ 블로그마켓이나 SNS마켓을 알게 된 경로는?
❸ 블로그마켓, 인스타그램마켓, 카카오스토리마켓, 밴드마켓, 페이스북마켓 중 어느 마켓을 주로 이용하는가?
❹ 블로그마켓이나 SNS마켓을 이용하는 가장 큰 이유는?
❺ 블로그마켓이나 SNS마켓에서 주로 구입한 상품군은?
❻ 블로그마켓, SNS마켓에서 선호하는 구매 방식은?
❼ 블로그마켓이나 SNS마켓을 이용하면서 불편한 점이나 개선해야 될 사항은?
❽ 블로그마켓이나 SNS마켓을 통해서 재구매 의사가 있는가?

◆ 블로그마켓 · SNS마켓 고객 이용도 설문조사 항목

❶ 블로그마켓을 이용한 경험이 있는가?
설문조사 결과 이용자 10명 중 약 8명은 블로그마켓 또는 SNS마켓을 통해서 상품을 구매한 경험있는 것으로 조사되었다. 즉 국내에서 활동하고 있는 블로그 407명을 대상으로 설문조사를 실시한 결과, 전체 응답자의 81.8%(327명)가 블로그마켓이나 SNS마켓을 이용한 것으로 조사되었다.

❷ 블로그마켓이나 SNS마켓을 알게 된 경로는?

설문조사 결과 블로그마켓 및 SNS마켓 이용 경험이 있는 전체 응답자 중 절반 이상인 53.1%(216명)가 네이버 등 검색 포털 사이트에서 제품과 관련된 키워드를 검색하여 알게 되었다고 답했다. 이어 '제품 구매후기 포스트를 보고'라고 답한 응답자가 23%(94명), '블로그·SNS 이웃 추천으로'가 15.5%(63명), '기타 방법으로'가 8.4%(34명) 순으로 집계되었다.

❸ 블로그마켓, 인스타그램마켓, 카카오마켓, 밴드마켓, 페이스북마켓 중 어느 마켓을 주로 이용하는가?

설문조사 결과 전체 응답자의 67.4%(274명)가 '블로그마켓'인 것으로 조사되었다. 뒤를 이어 인스타그램마켓이 13.5%(55명), 카카오스토리마켓이 12.7%(51명), 밴드마켓이 6.4%(26명) 순으로 집계되었다.

❹ 블로그마켓이나 SNS마켓을 이용하는 가장 큰 이유는?

설문조사 결과 전체 응답자의 51.7%(210명)가 '제품 가격이 저렴해서'인 것으로 나타났다. 그 뒤를 '제품이 독특해서'가 21.3%(87명), '운영자님을 신뢰해서'가 19.3%(79명) 순으로 집계되었다.

❺ 블로그마켓이나 SNS마켓에서 주로 구입한 상품군은?

설문조사 결과 전체 응답자 중 59.1%(211명)가 '패션·뷰티(의류, 화장품, 패션잡화 등) 품목'인 것으로 조사되었다. 그 뒤를 '유아의류·유아용품'이 11.2%(45명), '해외 유명브랜드 명품'이 10.7%(43명), 'DIY제품(DIY 쿠킹, 액세서리, 생활용품 등)'이 9.4%(38명) 순으로 조사되었다.

❻ 블로그마켓, SNS마켓에서 선호하는 구매 방식은?

설문조사 결과 전체 응답자 중 81.3%(330명)가 '현금 결제', '무통장입금' 방식을 선호하는 것으로 조사되었다.

※ 상당수의 블로그마켓이나 SNS마켓은 운영자 스스로가 '무통장입금' 방식만을 원하기 때문에 이와 같은 선호도 조사 결과가 나타난 것으로 유추된다.

❼ 블로그마켓이나 SNS마켓을 이용하면서 불편한 점이나 개선해야 될 사항은?

설문조사 결과 전체 응답자 중 32.7%(133명)가 '원활한 반품·환불·교환 시스템'인 것으로 나타났다. 그 뒤를 결제방식 다양화(신용카드, 휴대폰 결제 등)가 24.8%(101명), '거래 안전장치 서비스 제공' 21.9%(89명), '고객 상담 방식의 다양화'가 16.5%(67명) 순으로 조사되었다.

❽ 블로그마켓이나 SNS마켓을 통해서 재구매 의사가 있는가?

설문조사 결과 전체 응답자 중 81.5%(332명)가 재구매 의사가 있는 것으로 조사되었다.

LESSON

02

블로그마켓,
구매자와 판매자 관점에서 살펴보기

블로그마켓을 이용하여 상품 구매를 원하는 구매자 수와 블로그마켓 창업자 수가 꾸준히 늘어나고 있는 상황인데, 그 이유를 블로그마켓 창업자와 구매자 관점에서 살펴보자.

1. 창업자 관점에서 바라보는 블로그마켓의 8가지 특징

창업자 입장에서 바라보는 블로그마켓은 다음과 같은 특징들로 인해 창업자 수가 꾸준히 늘어나고 있다.

❶ 혼자서도 제작 · 운영할 수 있다

인터넷 쇼핑몰은 기획, 디자인, 프로그래밍, 마케팅, 상품 소싱, 관리 등 제작 및 운영에 관련된 전반적인 업무 규모가 크기 때문에 혼자서 감당하기에는 부담이 클 수밖에 없다. 반면 블로그는 플랫폼 구조가 단순하므로 기획, 디자인, 상품 소싱, 포스팅, 마케팅, 관리 등 제작 및 운영에 관련된 전반적인 업무를 혼자서도 진행할 수 있다.

패션 블로그마켓인 "순정에 끌리다_황순정 대표"
여성의류를 판매하는 "더지미_황지미 대표"
동대문 동화상가 금속부자재 도매 매장 엘림의 "별사탕과 단추똥꼬_운영자님"

위 블로그마켓의 공통점은 혼자서 운영한다는 점이다.

❷ 투잡으로 운영할 수 있다

인터넷 쇼핑몰은 투잡으로 운영하기에는 부담될 수밖에 없다. 하지만 블로그마켓은 얼마든지 투잡으로 운영할 수 있다. 직장인, 학생, 주부의 투잡 종류 중 블로그마켓이 가장 손쉽게 접근할 수 있다. 블로그에 리뷰 포스팅 알바, 제품 리뷰 인증 컷을 SNS에 공유하면 건당 소정의 비용도 지불받을 수 있다. 블로그를 이용한 투잡은 장소와 시간에 구애받지 않기 때문에 직장인들은 물론 대학생, 주부들 사이에서도 인기 투잡으로 자리매김한 지 오래다. 또한, 직장인에게 블로그마켓은 단순히 부업 이상의 의미가 있다. 직장생활을 하면서 든든한 미래의 평생 일자리가 될 수도 있고, 직장을 다니면서 창업을 미리 경험해 볼 수도 있기 때문이다. 직장 생활하면서 틈틈이 하루 1~2시간 정도 화장품 리뷰 포스팅을 하고, 그런 리뷰가 쌓이고 쌓여 이웃들도 많아지면 퇴사 후 화장품 전문 블로그마켓을 운영하는 사례, 자동차 튜닝에 관심 많은 직장인이 자동차 관련 부품을 이용한 튜닝 리뷰 포스팅을 통해 관심사가 비슷한 이웃들도 많아지면 그 이웃들을 기반으로 자동차 튜닝 부품 공동구매 블로그마켓으로 발전시키는 경우 등을 대표적인 직장인의 투잡형 블로그마켓 사례로 들을 수 있다.

❸ 무자본으로 창업할 수 있다

인터넷 쇼핑몰을 창업하기 위해서는 쇼핑몰 디자인 및 제작비, 서버운영(호스팅)비, 광고비, 사무실 임대료 등 막대한 초기 비용이 필요하다. 또한 쇼핑몰 오픈 후 유지 및 관리하기 위해서는 인건비, 광고비 등으로 매월 적지 않은 비용이 발생한다. 반면, 블로그마켓은 위에서 열거된 인터넷 쇼핑몰 운영에 따른 비용들이 전혀 발생하지 않는다. 즉, 무자본으로도 창업할 수 있다. 또한, 다음과 같은 홈페이지·쇼핑몰형 블로그를 만들 수 있으며, 관리 및 운영에 따른 비용이 전혀 발생하지 않는다.

❹ 재구매율이 높다

앞서도 언급했듯이 인터넷 쇼핑몰은 '판매자 vs 구매자'라는 이해 타산으로 맺어진 관계로 운영된다. 반면 블로그마켓은 운영자의 일상과 관심사를 공유하고 소통할 수 있는 '이웃 관계'로 운영된다. 즉 이웃 관계로 맺어진 친근감과 호감도는 구매전환율을 높이는 중요한 요소로 작용할 뿐만 아니라 재구매율 역시 높은 것이 특징이다. 블로그마켓의 재구매율이 인터넷 쇼핑몰에 비해 높다는 특징은 예비 창업자에게 매우 큰 의미를 갖는다. 재구매율이 낮다면 매번 신규 고객 유치에 전력투구해야 한다. 반면 재구매율이 높다는 것은 신규 고객보다 단골 고객이 많다는 것을 의미한다. 단골 고객은 사업 성패를 좌우하는 중요한 요소이기 때문에 재구매율 높다는 것은 예비 창업자에게 시사하는 의미가 매우 크다고 할 수 있다.

❺ 자금 운용 계획 수립이 용이하다

인터넷 쇼핑몰 고객들은 결제 수단 중 신용카드를 가장 선호한다. 신용 카드로 결제하는 경우 PG사 수수료(판매액의 3~4%)를 공제할 뿐만 아니라 판매자의 통장으로 입금되기까지 2~5일 정도 기간이 필요하다. 반면 블로그마켓은 신용 카드 결제 비중이 늘어나고 있지만 2016년 12월 현재까지는 현금 및 무통장입금 결제 방식을 선호한다. 현금 및 무통장입금 방식으로 결제하는 경우 판매 수수료나 관리 비용이 발생하지 않을 뿐만 아니라 판매자 통장으로 바로 입금되기 때문에 자금 흐름이 매우 안정적이다.

❻ 광고비가 발생하지 않는다

인터넷 쇼핑몰은 검색 광고, 네이버 쇼핑 광고, 디스플레이 광고 등 다양한 광고 채널을 통해서 신규 고객을 만든다. 인터넷 쇼핑몰의 인기 순위는 '광고비 순'이라고 할 정도로 매출액에서 광고비가 차지하는 비중이 크다. 만약 광고비가 부담되어 광고를 중단하면 인기 순위에서 멀어져 매출 하락으로 이어지는 것을 바로 느낄 수 있을 정도이기 때문에 광고는 쇼핑몰 운영에 있어서 가장 큰 부담 요인으로 작용할 수밖에 없다. 이런 이유로 인터넷 쇼핑몰 창업자의 폐업 원인 중 "매월 발생하는 광고비를 감당하기가 어려워서"가 가장 많이 차지한다. 반면 블로그마켓 신규 고객 유치의 대부분은 검색 포털을 통해서 진행된다. 블로그마켓에서 발행한 포스트가 신규 고객 유입을 위한 중요한 광고 채널 역할을 하는 것이다. 만약 블로그마켓의 방문자 숫자를 인터넷 쇼핑몰의 유료 광고비로 계산하면 엄청난 광고비 절감 효과가 있다. 역으로 생각하면 블로그마켓은 그만큼 포스트 발행, 이웃 관리 등에 신경을 써야 한다는 것을 의미한다.

❼ 아이템 사입 부담이 적다

다음은 남성의류 쇼핑몰 '조○샵'과 여성의류 블로그마켓 '더지미'이다. 조○샵은 OUTER, TOP 등 여러 상품 카테고리를 운영하고 있고, 각각의 카테고리마다 신상품을 등록하기 위해서는 매월 수백 가지의 신상품들을 사입해야 한다. 반면 더지미는 이웃들이 좋아하고 관심 있는 아이템을 일정 주기별로 자신의 이웃들을 통해서 공동구매 방식으로 운영하기 때문에 아이템 사입에 대한 부담이 적다. 대형 인터넷 쇼핑몰에 비해 규모는 작지만 사입에 대한 큰 부담 없이 알차게 운영할 수 있다는 장점이 있다.

◆ 조○샵

◆ 더지미

※ 사입이란 제조업체, 도매업체로부터 소비자에게 블로그 이웃들에게 판매할 상품을 구매하거나 제품 생산을 위해 원자재를 구매하는 행위를 의미한다.

❽ 사업 확장이 용이하다

블로그의 이웃은 블로그마켓 성장의 가장 중요한 밑거름이 된다. 블로그는 이웃과 함께 성장하는 플랫폼이다. 관계를 잘 맺고 있는 이웃의 수는 네이버 스마트스토어, 인터넷쇼핑몰, SNS마켓 등 다양한 유형의 마켓으로 채널을 늘리는 경우 안정적으로 확장하는 데 큰 도움이 된다.

다음은 패션 블로그로 시작하여 공동구매, 스마트스토어 운영, 인스타그램 운영 등 꾸준히 성장하고 있는 "순정에 끌리다" 블로그마켓 사례이다.

◆ 블로그마켓　　　　　　◆ 스마트스토어　　　　　　◆ 인스타그램

다음은 블로그 공동구매를 시작으로 미니 쇼핑몰인 스마트스토어, 인터넷 쇼핑몰 운영 등 꾸준히 성장하고 있는 "황가네농장" 블로그마켓 사례이다.

◆ 황가네농장 블로그마켓　　　◆ 황가네농장 스마트스토어　　　◆ 황가네농장 쇼핑몰

다음은 스마트스토어를 위한 블로그 운영 사례이다. 즉 스마트스토어는 판매 채널, 블로그는 스마트스토어의 상품 정보를 공유하는 홍보 채널로 활용한다.

◆ 단추똥꼬 블로그마켓   ◆ 단추똥꼬 스마트스토어

2. 구매자 관점에서 바라보는 블로그마켓의 4가지 특징

구매자 관점에서 바라보는 블로그마켓은 다음과 같은 특징이 있다.

❶ 신뢰할 수 있다

인터넷 쇼핑몰과 고객은 업체의 다양한 유료 광고를 통해서 알게 된 판매자와 구매자 관계이다. 판매자는 광고비를 투자해서 고객을 유치하고, 고객 역시 그러한 사실을 인지하며 광고로 맺어진 관계이기 때문에 신뢰의 층이 두텁지 않다.

반면 블로그마켓은 관심 있는 정보 검색 통해, 또는 이웃의 이웃을 통해 알게 된 우호적인 관계로 첫 만남이 시작된다. 이후 이웃과의 댓글, 답글 등 잦은 교류를 통해 쌓은 신뢰는 충성 고객으로 발전한다. 충성 고객은 '나'와 두터운 신뢰가 형성된 관계이기 때문에 내가 판매하는 상품에도 적극적인 관심을 갖게 된다. 신뢰를 통해 늘어난 충성 고객은 인터넷 쇼핑몰이 구축하기 쉽지 않은 블로그마켓만의 건전한 수익 구조를 만드는 데 큰 도움이 된다.

❷ 가격 만족도가 높다

'블로그마켓 · SNS마켓 고객 이용도 설문조사'의 통계 자료에 의하면 블로그마켓을 포함한 SNS마켓을 이용하는 가장 큰 이유는 응답자의 절반 정도가 '제품 가격이 저렴해서'라고 답했고, 그 뒤를 '제품이 독특해서'가 21.3%(87명), '운영자님을 신뢰해서'가 19.3%(79명) 순이었다. 즉 블로그마켓의 성장 요인 중 '합리적 소비'가 가장 큰 비중을 차지한다고 할 수 있다. 블로그마켓 운영자를 신뢰할 수 있더라도 제품 가격이 저렴하지 않았다면 꾸준한 성장은 기대할 수 없다는 것이다. 이러한 소비 패턴에 관련된 니즈를 충분히 반영하여 만족도를 높일 수 있다면 그 어떤 채널보다 안정적으로 운영할 수 있을 것이다.

❸ 반품 · 환불 · 교환 프로세스가 불편하다

블로그마켓 중 상당수는 나름의 이유로 "무조건 반품 · 환불 불가능"을 기본 방침으로 운영한다. 하지만 무조건 반품, 교환, 환불이 불가능하다면 이웃과 함께 성장하는 플랫폼인 블로그마켓의 장점을 제대로 활용하지 못하는 것이며, 일방적인 반품 · 환불 · 교환 정책은 좋은 이웃 만들기는 기대하기 어렵다. 반드시 이웃이 충분히 이해할만한 반품 · 환불 · 교환 프로세스 구축이 필요하다. 예를 들면 패션 분야는 사이즈, 색상 등 다양한 불만족 원인을 제공하는 요소들이 많으므로 반품 · 환불 · 교환에 관한 자세한 구매 가이드 및 안내 포스트 등을 공지하여 불필요한 마찰을 방지할 필요가 있다.

❹ 거래 안전장치 확보 및 결제방식의 다양화가 요구된다

'블로그마켓 · SNS마켓 고객 이용도 설문조사'의 통계 자료 결과에 따르면 블로그마켓, SNS마켓의 상품 구매 결제 방식 중 '현금 결제', '무통장입금' 방식을 선호하는 것으로 조사되었다. 하지만 이 조사 결과는 블로그마켓에서 신용카드 결제 등 다양한 결제 방식을 제공하지 않기 때문에 나타난 것이기 때문에 다양한 결제 방식을 제공하여 고객의 쇼핑 편의를 제공할 필요가 있다. 또한, 신규 이웃들도 믿고 안전하게 거래할 수 있도록 에스크로 서비스, 현금영수증 발급 등 안전장치를 제공할 필요가 있다.

TIP | 블로그마켓 운영자가 알아야 할 환불, 교환, 반품 이야기_소비자보호법 관련 규정

전자상거래 등에서의 소비자보호에 관한 법률에 의거 배송받은 날로부터 7일 내에는 청약철회가 가능하다. 교환, 환불, 반품률을 최소화하기 위해 사유를 꼼꼼히 물어보고 타당성이 있는 경우 반품, 환불, 반품 처리해야 한다. 블로그마켓은 신뢰가 바탕으로 이웃들에게 판매하는 것이기 때문이다. 속된 표현으로 '장사 하루 이틀 할 것도 아닌데...' 말이다.

블로그마켓 공지사항이나 상품 상세페이지 포스트 등에 미리 교환, 환불, 반품에 대한 내용을 고지하였는가에 따라서 대응 방향성이 달라진다. 교환, 환불, 반품 불가능하다는 고지가 블로그마켓이나 상품 상세페이지 포스트에 설명했다면 소비자와 합의한 상태에서 판매가 진행된 것으로 관주되기 때문에 고객이 무작정 교환, 환불, 반품 요구를 할 수는 없다.

만약 이런 경우 이웃이 소비자보호원에 신고라도 하면 소비자보호원에서는 무조건 교환, 환불, 반품하라고 하지 않으며, 소비자와 합의를 하라는 고지가 오게 된다. 이에 관한 다양한 사례는 한국소비자원 소비자분쟁해결기준 페이지를 참조한다.

◆ 한국소비자원 소비자분쟁해결기준 페이지 : http://www.kca.go.kr/brd/m_24/list.do

한눈에 살펴보는 블로그마켓
창업 · 운영 14단계

블로그마켓 창업을 준비하는 예비 창업자 중 상당수는 무엇을 준비하고 어떻게 시작해야 할지 막막해할 수 있다. 다음 절차대로 실천하면 블로그마켓뿐만 아니라 SNS쇼핑몰, 스마트스토어 등 미니쇼핑몰 창업까지 어렵지 않게 진행할 수 있다.

다음은 블로그마켓 창업 프로세스이며, 일반적인 절차에 따른 기준이다. 또한, 예비 창업자의 상황과 목적을 고려하여 적절하게 선택적으로 습득하면 되며, 진행 단계 절차 역시 적절한 순서로 진행하면 된다.

각 단계에 대한 자세한 내용은 각각 별도의 레슨 과정에서 설명한다.

• 1단계 : 블로그 운영 목적과 주제 결정하기

"블로그를 운영하려는 목적이 무엇인가요?"와 "주제가 무엇인가요?" 두 가지 질문에 명확한 답을 할수 있으면 그것이 블로그의 운영 목적과 주제가 된다. 블로그의 운영 목적과 주제가 명확해야 2~14단계 중 선택적으로 진행할 수 있고, 꾸준히 운영할 수 있다.

※ 자세한 내용은 "Lesson 04 블로그마켓 운영 목적과 주제 정하기"를 참조한다.

• 2단계 : 시장 조사 및 아이템 선정하기

블로그마켓은 '꾸준함'이 요구된다. 오픈마켓, 인터넷 쇼핑몰처럼 상품 등록 후 바로 구매가 발생하기는 쉽지 않다. 그러므로 지치지 않고 꾸준할 수 있고, 조력자의 도움을 받더라도 자신이 잘 할 수있는 아이템을 선택해야 한다. 아이템 선정 시 반드시 선택되어야 할 사항은 "타깃"이다. 고객이 명확하게 결정되어야 구체적인 아이템 조사가 시작될 수 있기 때문이다.

블로그마켓이나 SNS쇼핑몰은 관계 기반 쇼핑몰이다. 이런 플레폼 성격을 고려하여 아이템의 특성을 분석한 후 자신이 가장 잘 판매할 수 있는 아이템으로 시작한다. 블로그마켓은 오픈마켓이나 인터넷 쇼핑몰처럼 단지 물건을 파는 곳이 아니며 관심 주제에 대해서 서로 마음을 나눌 수 있는 공간이 되어야 하기 때문이다. 충분한 시장 조사를 거친 후 자신의 능력과 가치를 고려하여 아이템을 선택한다.

※ 자세한 내용은 "Lesson 05 시장 조사 및 아이템 선정하기"와 "Lesson 06 아이템 사입하기"를 참조한다.

- 3단계 : 벤치마킹하기

창업하려는 내 아이템과 유사한 롤모델, 즉 목표 대상을 정한 후 다양한 방식으로 벤치마킹한다. 목표 대상은 대표 키워드 분석, 판매 방식과 구매 결제 수단 등 크게 14가지 항목으로 벤치마킹한다.

※ 자세한 내용은 "Lesson 07 벤치마킹하기"를 참조한다.

- 4단계 : 블로그마켓 벤치마킹 분석 보고 및 운영 계획표 작성하기

벤치마킹한 결과를 분석한 후 각 항목과 운영 계획표를 함께 작성한다. 블로그마켓 벤치마킹 분석 보고 및 운영 계획표에는 블로그마켓 벤치마킹 분석 내용과 전반적인 운영 내용이 포함되어야 한다. 사업계획서 작성 시 "목표"가 명확해야 한다. 예를 들면 "3개월 안에 매일 1천 명이 방문하는 블로그마켓"을 만든다. 1인 소자본 창업으로 시작하는 블로그 마켓은 분기별, 년 단위 운영 계획표를 함께 만들면 운영의 어려움을 최소화할 수 있다.

※ 자세한 내용은 "Lesson 08 블로그마켓 벤치마킹 분석 보고 및 운영 계획표 작성하기"를 참조한다.

- 5단계 : 도메인 구입하기

아이템의 특성과 블로그 이름이 매치되는 도메인을 구입한다. 블로그마켓은 일차적으로 검색 포털을 통한 홍보가 중요하기 때문에 블로그 이름과 아이템 특성이 어울리는 도메인을 선택하는 것이 좋으며, 또한 스마트스토어 등 미니 쇼핑몰 이름도 함께 고려하여 선택한다.

※ 자세한 내용은 "Lesson 11 블로그마켓에서 제공할 결제 서비스 신청하기"를 참조한다.

- 6단계 : 인허가 관련 사항 신고하기

물건을 판매할 목적으로 블로그를 개설하는 경우 사업자등록과 통신판매업 신고를 해야 한다. 단, 통신판매업은 간이과세자 등 신고 면제 기준에 해당하면 의무 신고 대상이 아니다. 그 외 사업 규모, 아이템 등에 따라 추가적인 인허가 관련 사항을 행정 기관에 신고해야 하고 블로그에 표시해야 한다.

※ 자세한 내용은 "Lesson 10 인허가 사항 신고와 팔면 내야 하는 세금, 세무 지식"을 참조한다.

- 7단계 : 결제 서비스 신청하기

블로그마켓은 운영 목적에 따라 다를 수 있지만, 구매자의 만족도를 높이기 위해서는 무통장입금, 카드 결제, 휴대폰 결제 등 다양한 결제 서비스를 제공하는 것이 좋다.

※ 자세한 내용은 "Lesson 11 블로그마켓에서 제공할 결제 서비스 신청하기"를 참조한다.

- 8단계 : 반품, 교환, 환불, 주문서 가이드 폼 작성하기

반품, 교환, 환불에 대한 내부 정책 매뉴얼을 만들고 그 내용들을 블로그마켓 메인 화면이나 상품 포스트마다 삽입하여 고객에게 안내한다. 또한 필요하다면 고객이 상품을 손쉽게 주문할 수 있는 주문서 가이드 폼을 만들어 블로그마켓에 적용한다.

※ 자세한 내용은 "Chapter 02 블로그마켓 기획하기→Lesson 04 홈페이지형 · 쇼핑몰형 블로그마켓에 필요한 서비스 위젯 만들고 적용하기"를 참조한다.

- 9단계 : 고객관리용 카카오톡, SNS 채널 만들기

블로그마켓은 실시간 채팅이 불가능하기 때문에 고객 상담 등은 카카오톡으로 관리하는 것이 효율적이다. 또한 인스타그램, 페이스북, 밴드 등 SNS 채널을 만들어 고객과 친구 관계를 맺는 것은 블로그마켓 운영 상 단골 고객, 충성 고객을 만드는 데 매우 중요하다.

- 10단계 : 홈페이지형 · 쇼핑몰형 블로그 메인 화면 디자인하기

네이버 블로그메인 화면을 홈페이지 · 쇼핑몰처럼 보이는 디자인으로 제작한다. 특히 상품을 판매하기 위한 구매 동선을 만든 후 그에 맞는 디자인을 제작하는 것이 중요하다.

※ 자세한 내용은 "Chapter 02 블로그마켓 기획하기"를 참조한다.

- 11단계 : 디자인 스킨 입히고, 블로그마켓 제작하기

10단계에서 제작한 블로그 메인 화면 디자인을 블로그에 적용하고, 카테고리 등을 만든다. 또한, 8단계에서 작성된 주문서 가이드 폼 등을 제작하고, 카드 결제 서비스 연동 및 결제 오류 여부 등도 적용한 후 이상 유무를 체크한다.

※ 자세한 내용은 "Chapter 03 홈페이지형 · 쇼핑몰형 블로그 디자인 적용하기"를 참조한다.

- 12단계 : 포스팅 방향 설정 및 올리기

블로그마켓은 상품과 관련된 포스트 이외 운영자의 관심사, 일상 등도 함께 꾸준히 공유한다. 운영자의 일상과 관련 포스트가 당장 검색 결과에 영향을 주는 것은 아니다. 하지만 블로그 블로그마켓은 단지 물건을 파는 곳이 아니라 서로의 마음을 나눌 수 있는 곳이 되어야 되기 때문에 필요하다. 포스트는 일정 계획과 성과 등을 측정할 수 있도록 표로 만들어 관리한다. 특히 블로그를 개설하기 전(10단계 이전 과정)에 충분한 검토를 거쳐서 대략적인 포스팅의 방향을 설정하고 초기에 올릴 포스팅을 미리 준비해 두는 게 좋다.

블로그를 운영하는데 있어 가장 어려운 점은 무엇보다도 꾸준한 포스팅이다. 미리 준비가 되어 있지 않고 생각날 때마다 올리겠다는 생각을 가진다면, 블로그마켓 운영 목적을 달성은 쉽지 않고 또한 오래 운영할 수 없게 된다.

포스팅은 크게 상품 정보와 일상 및 관심사에 관련된 내용으로 나누어 계획을 세운다. 특히 판매 상품 정보에 관련된 포스팅으로만 채워지지 않도록 해야 한다.

※ 자세한 내용은 "Chapter 04 구매력 높이는 글쓰기"를 참조한다.

- 13단계 : 블로그마켓 CS & 단골 고객 늘리기

블로그마켓의 고객은 내부적, 외부적으로 분리하여 늘려나간다. 내부적으로는 이벤트 등을 통해 블로그 이웃, SNS 예비 고객을 늘려나가고, 외부적으로는 인스타그램, 페이스북, 카카오 등을 중심으로 관계를 늘려나간다. 인맥 수는 목표 계획표에 의해서 달성할 수 있도록 한다. 예비 고객을 늘리는 것보다 중요한 것인 단골 고객을 만드는 것이다. 단골 고객 확보 여부에 따라서 블로그마켓의 사업 성패가 달려있기 때문이다.

※ 자세한 내용은 "Chapter 05 블로그마켓 CS & 단골 고객 늘리기"를 참조한다.

- 14단계 : 판매 채널 확장하기

블로그마켓 이외 스마트스토어를 운영한다. 인터넷 쇼핑몰은 혼자서 운영하기에는 역부족일 수 있기 때문에 상황을 고려하여 결정한다.

※ 자세한 내용은 "Chapter 06 판매 채널 확장하기"를 참조한다.

LESSON

04

블로그 운영 목적과
주제 정하기

"블로그를 운영하려는 목적이 무엇인가요?"

"글쎄요....", "특별한 목적은 없는데요." 등 지극히 개인적이고 소소한 일상을 기록하고 싶고 자기만을 만족하기 위함이라면 틀에 얽매이지 않고 생각하는 데로 그냥 운영하면 된다.
그렇지 않다면 위 물음에 명확한 답을 할 수 있어야 한다.

사례1. 동대문 도매 시장에서 각종 단추를 판매하는 엘림의 "단추똥꼬" 블로그마켓은
"블로그를 통해 다양한 종류의 단추 관련 이야기와 운영자의 일상적인 글을 통해 단추에 관심 있는 이들과 소통하고, 궁극적으로 엘림 스마트스토어를 통해 단추 구매 고객을 유치"가 목적이다.

사례2. 여성의류와 잡화를 판매하는 "순정에 끌리다" 블로그마켓은
"이웃들과 패션 스타일 정보를 공유하고 관련 상품 판매"가 목적이다.

사례3. 여성의류를 판매하는 "더지미" 블로그마켓은
"패션에 관심 있는 이웃들과 패션 정보를 공유하고 일상을 통한 소통 그리고 여성의류 판매"가 목적이다.

사례4. 오디와 복분자 등 농사를 지으며 직접 가공하여 판매하는 "황가네농장" 블로그마켓은
"스마트스토어, 쇼핑몰 등에서 판매하는 제품의 장점을 좀 더 자세히 설명하고, 더 많은 사람들에게 제품을 알리는 채널로 활용"함이 목적이다.

사례1과 사례4는 블로그에서 관련 상품을 공동구매하거나 1:1 판매 등 직접적인 상거래를 하지 않는다. 단지 자신이 운영하는 매장 또는 스마트스토어 및 인터넷 쇼핑몰에서 판매하는 제품, 브랜드를 알리기 위함이 목적이다. 반면 사례2와 사례3은 블로그에서 공동구매 등의 방법을 통해 직접적인 상

거래를 한다. 단, 인터넷 쇼핑몰처럼 상품 판매가 운영 목적의 전부가 아니라는 점, 자신이 좋아하는 패션 스타일이라는 관심사를 주제로 이웃들과 함께 정보를 공유하며 소통하기 위함이 목적이다.

다음은 두 번째 물음이다.

"주제가 무엇인가요?"

블로그 주제는 크게 '엔터테인먼트 · 예술', '생활 · 노하우 · 쇼핑', '취미 · 여가 · 여행', '지식 · 동향' 등으로 분류되고, 다시 31개의 소주제로 분류된다.

※네이버 블로그 검색은 검색 이용자의 입력한 검색어의 의도를 파악하고 그에 적합한 주제를 찾아 이를 검색 순위에 반영하고 있기 때문에 특정 주제에 특화된 블로그가 그렇지 않은 블로그에 비해 상위 노출될 가능성이 크다. 주제 선정과 그 주제에 맞는 포스트 작성은 검색 상위 노출의 기본이다.

가장 이상적인 주제 설정은 아이템의 성격과 유사한 주제를 선정하는 것이다. 예를 들면 의류 판매를 목적으로 하는 블로그마켓이라면 3w개의 소주제 중 '패션 · 미용' 주제를 선정하는 것이 좋다. 만약 적당한 주제를 찾기 어렵다면 '상품리뷰' 주제를 선정한다.

'순정에 끌리다'는 패션 트렌드를 소개하고, 여성의류를 판매하는 패션 블로그이며, 주제는 '패션 • 미용'이 적합하다.

'단추똥꼬'는 의류 부자재를 소개하는 블로그이며, 주제는 '패션 • 미용'이 적합하다.

블로그를 오랫동안 운영하다 보면 블로그의 주제와 동떨어진 글을 쓰게 되고 결국 자신도 모르는 사이에 블로그의 주제가 바뀌는 경우가 많다.

만약 노트북을 구매할 예정이라면 IT 전문 블로그와 정체성이 모호한 블로그, 이 두 블로그에서 구매할 노트북과 관련된 제품 상세페이지 포스트를 발행했다면 여러분은 어느 블로그의 글을 더 신뢰하겠는가? 그 답은 독자 스스로 내릴 수 있을 것으로 생각된다.

평소 산악 동호회 커뮤니티에서 적극적으로 활동하는 사람이 캠핑용품 관련 포스팅을 하는 것과 이·미용기구 관련 포스팅을 하는 것과는 분명 회원들의 구매 결과는 차이가 발생할 수밖에 없을 것이다. 만약 이·미용기구를 판매할 계획이라면 산악 동호회 블로그보다는 헤어스타일 등에 맞춤 포스트를 꾸준하게 발행하고 공유하는 것이 유리하다. 내가 발행하는 포스트와 내가 판매할 상품이 얼마나 잘 매치되는가에 따라 구매전환율은 달라지기 때문이다. 또한, 블로그의 주제가 명확해야 되는 이유이기도 하다.

블로그의 주제에 관해서는 해박한 지식을 갖추거나 계속 연구하고 이웃들과 공유할 수 있어야 한다. 블로그마켓을 인터넷 쇼핑몰과 차별화시키려면 단지 물건을 파는 곳이 아니라 관심 주제에 대한 다양한 정보를 얻을 수 있고, 관심사에 대해서 생각을 나눌 수 있는 '사랑방' 같은 곳이 되어야 하기 때문이다.

TIP / 블로그의 주제가 중요한 또 다른 이유

블로그의 주제는 네이버 검색랭킹 알고리즘 중 하나인 C-Rank 알고리즘에 의한 블로그의 신뢰도의 판단 기준이 되기도 한다. 즉 등산 포스트는 '이미용 전문 블로그'보다는 '산악 전문 블로그'에서 발행하는 것이 더 신뢰도가 높으며 검색 노출에도 유리하다.

또한 블로그의 주제는 블로그 카테고리 구성 계획 시 블로그마켓의 컨셉을 반영한 내용을 담을 카테고리인 메인 카테고리의 분류와도 밀접한 연관성이 있다. '블로그의 주제-메인 카테고리-연관 포스트'가 블로그마켓 운영과 관련된 콘텐츠의 핵심 사항이며, 신뢰도와도 밀집한 관련이 있다. 이와 관련된 내용은 "Lesson 07 벤치마킹"의 "02. 벤치마킹 대상 분석하기"를 참조한다.

시장 조사 및 아이템 선정하기

오픈마켓은 상품을 등록하자마자 바로 구매가 발생할 수 있고, 인터넷 쇼핑몰은 광고하자마자 고객이 유입되어 매출이 발생한다. 반면 블로그는 공동구매 목적의 상품 상세페이지 포스트를 발행했다고 바로 매출이 발생하기는 쉽지 않은 플랫폼이다. 블로그마켓은 꾸준함이 요구되는 플랫폼이다. 지치지 않고 꾸준히 운영하려면 조력자의 도움을 받더라도 자신이 잘할 수 있는 아이템을 선택해야 한다.

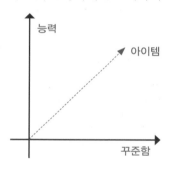

1. 아이템 시장성 조사하기

아이템을 결정하기 전에 시장성 조사가 선행되어야 한다. 시장성 조사는 아이템의 생명 시점이 도입기인지, 쇠퇴기인지, 성장기인지 등 라이프 타임의 위치를 파악하는 것이다. 여기서 말하는 아이템 생명 시점은 계절, 시기, 이슈 등에 따라 도입, 성장, 성숙, 쇠퇴기의 특성이 있는지를 의미한다. 사계절에는 계절적 특성이 대두하는 시기와 함께 매월 각종 행사일이 포함되어 있다.

3~5월은 황사와 미세먼지가 많은 계절, 졸업과 입학, 이사철, 화이트데이, 어버이날, 어린이날 등 날씨와 특성 또는 행사일에 따라 구매 트랜드가 달라지고, 요구되는 상품 특성도 달라진다. 즉 계절과 시기에 따라 유통 흐름이 달라진다.

20대 이웃을 타깃으로 운영되는 의류 블로그마켓의 경우 면접 시즌에는 '면접 복장', 바캉스 시즌에는 '모델 부럽지 않은 스타일리시한 바캉스룩'을 선보이는 것이 하나의 사례이다.

이처럼 아이템별로 계절, 시기에 따라 다양한 유통 특성을 띠고 있으므로 아이템 선정 시 해당 아이템의 유통 특성을 파악하는 것이 중요하다. 아이템 특성을 파악한 후 해당 아이템 분류에서 좀 더 특화되고 독창적인 것 중 이제 막 유행되려고 하거나 태동하려는 초기 단계의 아이템을 선택하는 것이 좋다.

일반적으로 상품의 라이프 사이클(life cycle) 위치, 즉 라이프 스테이지(life stage)에 따라 판매 전략을 다르게 구사해야 할 필요가 있다. 상품의 라이프 사이클을 잘 파악하여 선택해야 재고에 대한 부담을 줄이고 이윤을 극대화할 수 있다.

다음 왼쪽 그림은 ○○○롱가디건 아이템의 성숙기 판매 가격으로 31,920원(❶)에 판매되었다. 반면 오른쪽 그림은 시즌이 끝나는 쇠퇴기를 거쳐 다음 해로 넘어가 덤핑업체를 통해 장당 6,800원(❷)에 판매되었다. 아이템은 4단계의 생명주기를 거치면서 그 생명력을 다하게 되며 덤핑(땡) 가격으로 판매된다.

○○○롱가디건 아이템은 도입기, 성장기, 성숙기, 쇠퇴기를 기점으로 수요와 가격이 아래의 그래프와 같은 모양을 그리면서 형성된다.

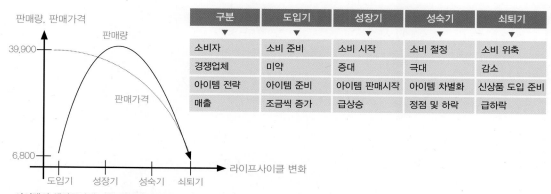

구분	도입기	성장기	성숙기	쇠퇴기
소비자	소비 준비	소비 시작	소비 절정	소비 위축
경쟁업체	미약	증대	극대	감소
아이템 전략	아이템 준비	아이템 판매시작	아이템 차별화	신상품 도입 준비
매출	조금씩 증가	급상승	정점 및 하락	급하락

◆ 아이템의 생명주기에 따른 판매량과 판매가격

2. 상품평을 보면 아이템이 보인다

블로그마켓과 인스타그램마켓 등 SNS마켓의 댓글, 스마트스토어의 구매평 및 Q&A, 오픈마켓의 상품평, 인터넷 쇼핑몰의 상품평, 소셜커머스의 상품평, 대형 쇼핑몰 및 백화점 쇼핑몰의 상품평을 살펴보면 가격, 독창성, 기능, 스타일, 관계 등 아이템마다 고객의 다양한 의견을 통해서 고객의 구매 성향과 만족도 및 불만족사항 등을 파악할 수 있다.

◆ 블로그마켓 상품 상세페이지 포스트 답글과 댓글 사례

◆ 스마트스토어의 구매평 사례

◆ G마켓 상품평 사례

3. 블로그마켓과 궁합이 잘 맞는 아이템 선택하기

판매할 아이템을 최종적으로 결정하기 전 예비 아이템 목록을 선별한다. 이때, "누구에게 무엇을 팔 것인가?"에 대한 명확한 포지셔닝이 필요하다.

수많은 블로그마켓을 통해서 다양한 아이템들이 상거래를 통해 판매되고 있다. 그중에는 만족스러운 결과를 얻는 아이템도 있고, 그렇지 못한 아이템들도 많다. 판매가 잘 안 된 경우 너무 비싸서, 홍보가 부족하여, 제품의 품질이 좋지 못하여, 운영자가 신뢰 되지 않아서 등 여러 원인이 있지만, 그 중 블로그 채널 성격과 아이템의 궁합이 잘 맞지 않는 경우도 많다.

블로그마켓은 인터넷 쇼핑몰과는 성격이 다르다. 블로그마켓은 태생이 고객과 커뮤니티 활성화를 위해 만들어진 채널이기 때문에 인터넷 쇼핑몰에서 성공한 아이템이 블로그마켓에서도 통한다고는 말할 수 없다.

블로그마켓을 통해서 가장 활발하게 판매되는 아이템은 화장품 및 뷰티 제품, 의류, 패션잡화, 구매 대행 가능한 명품브랜드, 취미용품, DIY제품, 소형생활가전, 기능성제품, 농산물, 생활용품, 완구류, 유아용품 등이다. 일반적으로 다음과 같은 특징을 가진 제품이나 서비스가 블로그마켓에 적합한 아이템이라 할 수 있다.

첫째, 체험이 필요한 아이템을 선택하라

전자상거래를 통해서 가장 많이 팔리는 제품은 소모성이 강해 재구매가 높은 아이템이다. 소모성이 강한 아이템에는 대표적으로 커피, 물, 쌀, 라면, 물티슈 등이 있다. 소모성이 강한 아이템일수록 반드시 따라오는 단점이 있다. 가격 비교 구매와 최저가를 선호한다는 점이다. 이 두 가지 사항을 통해 어느 판매자가 가장 저렴하게 판매하는가가 구매 선택 요인의 전부가 될 수 있다. 또한, 소모성이 강한 제품들은 마진 차이가 미비하여서 불과 몇백 원 차이로도 치열한 경쟁을 벌일 수밖에 없는 레드오션 아이템이다. 이처럼 가격 경쟁이 전부라 할 수 있는 아이템은 G마켓, 옥션 등 오픈마켓과 같은 박리다매 채널에 적합하다. 반면 블로그마켓은 운영자에 대한 높은 신뢰도가 바탕이 된 마켓이다. 최저가에 의해서 구매 결정이 좌우되는 아이템보다는 운영자의 추천이 신뢰 되기 때문에 구매할 수밖에 없는 아이템들이 유리하다. 그러므로 블로그 이웃들에게 신뢰성을 줄 수 있는 강한 무언가를 어필하고 공유할 필요가 있다. 그 대표적인 경우가 "운영자는 테스터가 되어 상품 상세페이지를 포스팅해라."이다. 운영자 스스로가 테스터가 되기 위해서는 가능하면 체험형 상품이 유리하다.

화장품 상품 상세페이지 포스팅이라면 화장품 테스터가 되어야 하고, 헤어 드라이기 상품 상세페이지 포스팅이라면 단순한 제품 개봉기 포스팅보다는 실제 사용기 포스트를 통해 바람의 세기, 건조시간 비교 등의 과정을 체험한 결과를 리얼한 사진, 영상과 함께 소개하면 이웃의 마음을 움직일 수 있다.

만약 맥심 커피를 팔아야 한다면 아마도 '가격'은 구매 결정의 전부가 될 수밖에 없을 것이다. 반면 탈모&두피케어 제품이라면 가격 보다는 성능이 우선되어야 한다. 그 성능 표현은 단순한 제품 설명보다 운영자 스스로 체험한 결과와 느낌을 진솔하게 전달하면 그 효과는 배가될 것이다.

다음은 포털 사이트 검색 창에서 '화장품' 키워드로 검색한 결과이다. '블로그' 검색 탭의 상위 포스팅은 대부분 블로거들이 직접 체험한 사례를 올린 글들이다.

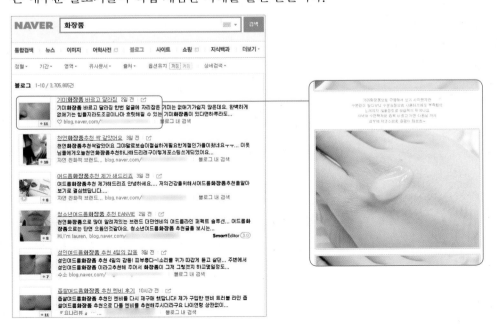

둘째, 키워드 상단 노출에 유리한 아이템을 선택하라

블로그마켓은 블로그를 기반으로 다양한 SNS 채널을 도구로 운영 관리하는 커뮤니티 마켓이다. 블로그마켓은 인터넷 쇼핑몰의 가장 보편적 마케팅 방법인 '키워드 광고' 조차 필요 없다. 블로그마켓 고객 대부분은 '키워드 검색'에 의해서 유입되고 관계를 맺기 때문에 '키워드'의 중요성은 아무리 강조해도 부족하다.

블로그마켓에서 상품을 구매한 경험을 생각해보자. 우리는 어떤 상품을 구매하기 전 PC 또는 모바일기기에서 검색이라는 행위를 통해서 정보를 얻는다. 물론 검색의 비중이 높고 선행되는 쇼핑 행위이기에 중요하다는 것이지 블로그 본연의 기능인 '이웃과의 소통'이 중요하지 않다는 것이 아니다.

블로그마켓은 대체로 포털 사이트에서 상품과 연관된 키워드를 통해 방문한 사람들이 신규 고객이 되는 비중이 높다. 즉 아이템과 연관된 키워드가 사람들이 잘 검색하지 않는 단어라면 검색을 통한 방문자 유입은 기대하기 어려울 수밖에 없다. 따라서 선택하려는 아이템과 관련된 여러 키워드들이 어느 정도 검색을 하고 있는지 파악해야 하며, 어떤 키워드로 검색했을 때 포스팅이 검색 상위에 노출될 수 있는지도 체크해야 한다.

블로그마켓의 포스팅은 상품 카테고리를 세분화하고, 종류가 다양할수록 검색 상위 노출에 유리하다. TV, 냉장고, 선풍기, 컴퓨터 등 디지털, 가전, 컴퓨터 제품보다는 의류, 뷰티, 잡화, 주방 및 생활용품의 상품 종류가 더 다양하고 세분화되어 있다. 즉 상품 종류가 다양한 아이템들은 경쟁이 치열하지 않아 검색 상위 노출을 기대할 수 있는 키워드가 많다. 그만큼 다양한 키워드로 포스팅을 만들 수 있고, 더욱 많은 방문자를 유입시킬 수 있다.

만약 상품 카테고리가 세분화되지 않거나 상품수가 적은 아이템을 판매한다면 확장 키워드를 최대한 많이 사용한다. 확장 키워드 사용 전 블로그마켓에 적합한 아이템 선택에 있어서 소비자를 분석하는 것은 매우 중요한 절차이다. 소비자의 취향, 관심도 등 매출을 발생시킬 수 있는 포인트를 찾아 그에 맞는 아이템과 관련된 확장 키워드를 선별하여 상품 상세페이지 포스팅한다.

포인트를 찾는 이유는 고객이 만족하는 조건을 더욱 많이 확보해 이와 연관된 키워드를 선별하여 포스팅 하면 상품수가 충분히 검색에 유리한 포스팅이 가능하기 때문이다. 또한 포인트에 맞는 포스팅을 하면 구매 가능성이 높은 고객을 확보할 수 있기 때문에 수익창출로 연결시키기에 유리하다.

키워드와 관련된 자세한 사항은 "Chapter 04 구매력 높이는 글쓰기"의 "Lesson 03 키워드의 숨은 본질을 파악하라"와 "Lesson 04 블로그마켓 상품 상세페이지 포스트 10가지 핵심 전략"을 참조한다.

셋째, 블로그마켓 컨셉과 매치되는 아이템을 선택하라

고객은 항상 싼 상품만 찾을까? 그렇게 생각한다면 블로그마켓 창업은 쉽지 않은 길로 들어서게 된다. 물론, 가격은 가장 중요한 구매 선택 기준 중 하나임에는 틀림없다. 또한 블로그마켓만의 스타일과 컨셉을 연출하지 못한 사람들은 공통적으로 "무조건 싸야 팔린다."고 말한다. 이 말은 무조건 틀

리거나 무조건 옳다고 할 수는 없다. 다만 다른 곳보다 싸게 팔아야 하므로 항상 저렴한 아이템을 찾게 되고, 이런 상황이 반복되다 보면 경쟁의 틀 안에 갇혀 생각하기 때문에 자연스럽게 '무조건 싸게 파는 것'이 블로그마켓의 컨셉이 되어버린다. '무조건 싸게 파는 것'이 블로그마켓의 컨셉이 되는 순간 그 아이템은 레드오션이 되어 버린다.

내 블로그마켓의 컨셉이 무엇인지를 결정하고, 그 컨셉에 맞는 아이템을 선택하면 레드오션이 되는 것을 방지할 수 있다. 블로그마켓의 고객은 20대 여성, 블로그 주제는 클럽문화라고 한다면 클럽문화를 좋아하는 20대 여성 고객들이 공감할 수 있는 아이템을 선택해야 한다. 예를 들어 클럽에 관심 있는 20대 여성을 위한 유니크한 클럽 패션, 클럽룩을 블로그마켓의 아이템으로 선택한다. 그리고 운영자가 직접 클럽룩, 클럽패션을 착용하고 클럽이나 파티에서 즐기는 모습, 지역별 클럽 특징을 소개하는 콘텐츠 등을 꾸준히 포스팅하면 관심사가 비슷한 많은 20대 여성들은 블로그마켓과 이웃을 맺을 것이다.

넷째, 전문성이 강한 아이템을 선택하라

블로그마켓으로 물건을 판매하기 위해서는 무엇보다도 판매할 아이템에 대한 전문성이 있어야 한다. 자신이 판매할 아이템에 대한 전문성도 없는 상태에서 어떻게 자신의 이웃들에게 자신 있게 권할 수 있겠는가? 전문성이 없다면 블로그마켓을 운영하는 것보다 G마켓, 옥션에서 저가로 등록해서 박리다매로 파는 게 더 현실적일 수 있을 것이다.

블로그마켓들이 가장 많이 취급하는 아이템은 '패션'이다. 패션 아이템에서 전문성이란 '컨셉'을 의미한다. 패션은 소모성도 강하고 4계절이 뚜렷한 우리나라 특성상 다양한 의류판매가 가능하기 때문에 컨셉은 더욱 중요하다. 특별한 컨셉 없는 '무조건 사다드림' 판매 형태는 이웃에게 만족스러운 호응을 이끌어 내기 어렵다. 운영자는 이웃들의 패션 트렌드를 리드하고 조언해 줄 수 있는 전문성을 갖추어야 한다. 블로그로서 전문성을 인정받기 위해서는 자신이 가장 잘 표현할 수 있는 컨셉을 선택하고, 그것을 멋진 컨텐츠로 만들어 이웃과 공유할 수 있는 꾸준함이 필요하다.

만약 메이크업에 자신 있다면 다양한 메이크업 관련 정보들을 꾸준히 포스팅하고, 교류를 통해 이웃들에게 전문성을 인정받은 후 메이크업 관련 상품을 판매한다면 이웃의 마음은 자연스럽게 움직이게 된다. 이것이 블로그마켓이라는 플랫폼이 가진 장점이다. 이처럼 패션, 화장품 외 쿠킹, 요리, 미용, 애완, 양봉꿀, 수제샌드위치 등 전문성이 강할수록 블로그마켓에 유리한 아이템이다.

SBS 프로그램 중 수십 년간 한 분야에 종사하며 부단한 열정과 노력으로 달인의 경지에 이르게 된 골프채 피팅의 달인, 일본식 김밥의 달인 등 다양한 달인들의 스토리를 소개하는 "생활의 달인" 프로그램이 있다. 판매하려는 상품을 소개하는 블로그 포스팅 시 해당 상품에 대해서 달인 정도는 되려고 노력해야 블로그마켓 이웃들의 마음을 움직일 수 있을 것이다. 그렇다고 전문성이 반드시 달인 경지에 이르러야 되는 특별한 기술만을 요구하는 것은 아니다. 육아에 관한 일상의 일들을 공유하는 블로그라면 육아하면서 포스팅하는 이야기들이 축적되면 육아 블로그가 되는 것이고, 출산준비물, 육아 관련 용품들을 공동구매 형식으로 판매하는 마켓으로 발전시킬 수 있기 때문이다.

다섯째, 재구매와 연관구매율이 높은 아이템을 선택하라

화장품, 수제 쿠킹&식품, 패션잡화, 의류, 농수산물&가공식품, 액세서리, DIY 등은 연관 상품의 구매율이 높은 상품들로 블로그마켓에 매우 유리한 아이템이다. 이 아이템들은 일회성으로 구매하고 끝나는 것이 아니라 한 번 신뢰가 쌓이면 꾸준한 재구매와 연관구매를 일으키기 때문이다. 재구매가 강한 아이템은 일정한 매출을 보장한다.

일정한 매출이 발생한다는 것은 일정 수의 고객을 매일같이 만날 수 있다는 강점이 있다.

앞서 언급했듯이 재구매가 강한 아이템일수록 따라오는 단점은 비교구매와 최저가를 선호한다는 점이다. 이런 단점을 보완하기 위해서는 연관 구매력이 높은 부가 상품들을 기획하여 객단가를 높여야 매출 상승을 기대할 수 있다.

다음은 패션 블로그마켓의 판매 사례를 살펴보자. 첫 번째 사례는 하나의 포스팅에 의류, 샌들, 시계, 액세서리, 잡화 등 연관 상품을 동시에 소개하면 연관 구매율을 높일 수 있다. 두 번째 사례는 원피스와 코디할 니트, 데님, 팬츠, 가디건, 부티힐 등 풀코디 개념으로 표현한다. 하나하나의 아이템 연출을 통해 이웃들이 원하는 패션 컨셉과 스타일을 완성하는 포스트이다.

TIP 시즌 아이템은 신중히 선택하라

월, 분기마다 챙겨야 할 기념일이 있다. 발렌타인데이, 화이트데이, 어린이날 등 기념일마다 소비율이 높은 상품이 있으며, 휴가철 등 계절별 시즌마다 소비율이 높은 상품들이 있다. 이런 시즌 상품의 특징은 단기판매 성격이 강하여 판매기간은 짧지만 그에 비해 매출이 높다는 장점이 있으므로 상품을 예약 판매 형식으로 판매하는 블로그마켓에는 적한 아이템이다. 하지만 이런 시즌 관련 아이템은 판매자가 예측 및 조절할 수 없는 기상조건 등으로 인해 해당 시즌이 끝나면 고스란히 재고로 남을 수 있다는 단점으로 인해 일정 물량을 미리 사입해 놓고 판매하는 블로그마켓은 신중히 선택한다.

여섯째, 이런 아이템은 피해라

사이즈, 색상 등 옵션이 많은 제품은 초보자가 감당하기 쉽지 않은 아이템이다. 예를 들면 의류 중 아동복은 고수의 판매 아이템이라 볼 수 있다. 아동복의 기본 사업 단위는 고미(사이즈별 한 묶음)이기 때문에 사이즈나 색상별로 재고가 남을 가능성이 커서 초보자가 접근하기에 어려운 아이템이다. 그에 반해 트레이닝복, 요가복, 티셔츠, 레깅스와 같이 프리사이즈 아이템 또는 빅사이즈 패션 아이템 등 사이즈 및 색상이 다양하지 않은 아이템들은 반품과 재고 부담을 최소화할 수 있으므로 아이템 선별 능력이 부족한 초보자에게 유리하다. 또한, 이런 아이템들은 반품률이 높지 않기 때문에 초보 블로그마켓 창업자에 유리하다고 할 수 있다.

TIP 아이템 타당성 조사하기

아이템 선정 후 타당성을 조사한다. 타당성 조사는 '원가-수수료, 세금, 임대료, 경비, 잡비 등 = 마진' 공식으로 계산되며, 여기서 마진은 원가의 2~3배 정도는 보장되는 아이템인가를 조사하는 것이다.

아이템 사입하기

1. 아이템별 제조업체 찾기

아이템 선정 시 제품을 직접 만드는 제조업체, 수입업체를 거래처로 만드는 것이 유리하다. 제조업체는 제품의 전체 생산 공정, 재료의 특성, 제품의 특징, 제품의 생명력 등을 누구보다 잘 설명들을 수 있기 때문이고, 또한 가격 협상에서 유리할 수 있기 때문이다. 하지만 초보자에게 제조업체, 수입업체와 직거래는 절대 녹녹하지 않을 것이다. 만약 제조업체, 수입업체와 거래가 성사되지 않거나 찾지 못했다면 제조업체, 수입업체 다음 유통 단계인 도매 시장 또는 도매 단지의 업체들과 거래하는 것이 쉽고 빠를 수 있다.

도매 시장과 도매 단지는 성격이 비슷하며 품목에 따라 동대문 의류 도매 시장, 화곡 생활용품 유통 단지 등과 같이 시장과 단지로 구분한다. 도매 시장이나 도매 단지 모두 도매업체들이 모여 군락을 이룬 곳으로, 아이템에 따라 거래 성격도 약간씩 차이가 있다.

아이템별 도매 시장 또는 도매 단지에 대해서 알아보자. 품목에 따라 다음에 소개하는 도매 시장 이외에도 지역마다 산발적으로 분포되어 있다. 이런 경우 검색 포털 사이트에서 '아이템+도매', '아이템+제조', '아이템+수입업체'로 검색하여 제조업체나 도매업체 또는 수입업체를 확인할 수 있다.

• 제조업체 단지

아이템별 제조업체, 공장들이 밀집된 단지를 알아보자.

품목	위치	특징
의류	창신동 봉제 공장	동대문 의류 도매 시장의 하청업체가 많음
수제화	성수동 수제화거리	수제화
가방	신월동 가방거리	양청가방협동조합
가죽공방	성수동 가죽공방 거리	가죽공예, 공구, 교육 등 가죽 관련 산업이 활성화되어있음

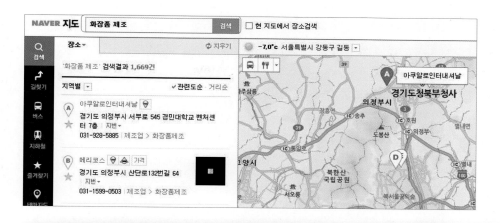

TIP 제품 품질 표시

모든 제품은 포장지 또는 그림과 같이 라벨에 제조업체, 수입업체 등의 연락처, 홈페이지 주소 등이 표기되어 있다. 여기에 표시된 연락처나 홈페이지를 통해서 업체와 거래를 시도할 수 있다.

TIP 전안법이란?

전안법은 '전기용품 및 생활용품 안전관리법'의 줄임말로 공산품 제조업자와 수입업자는 KC인증서를 의무적으로 비치해야 하고, G 마켓, 11번가 등의 오픈마켓에는 KC인증서가 있는 업체만 판매하도록 한 규정이 명문화돼 있다. 또한 인터넷 쇼핑몰, 블로그마켓, 인스타마켓 등도 포함된다. 2017년 12월 29일 개정안이 통과되었지만 6개월 유예기간 후 정확한 결과가 나올 것으로 예상된다.

전안법이 시행되면 유아복이나 전기 공산품에만 국한되어 있던 KC 인증(국가통합인증) 대상이 의류 잡화 등 신체에 직접 접촉하는 대부분의 용품들로 확대된다. KC마크 인증 없는 제품을 몰래 판매하면 형사처벌을 받게 된다. KC인증을 받으려면 몇만원에서 천만원까지도 한다. 섬유의 경우 KC마크 인증 비용은 한건당 7~10만원 정도이다. 예를 들어 동대문 도매시장에서 의류 사입시에도 거래처에서 KC 마크 인증이 없을 경우 개인으로 KC마크를 인증 받아야 한다.

◆ KC 마크   ◆ KC 마크가 있는 의류

◆ KC 마크가 없는 의류

2. 아이템별 도매업체 찾기

의류, 패션잡화, 등산/스포츠/자동차용품, 문구/완구/애완용품, 식품/식품재료 등 아이템별 도매업체에 대해서 알아보자.

❶ 의류 도매 시장 살펴보기

다음은 의류 도매상가를 주요 품목별로 나열한 표이다.

아이템	위치	특징
남성복(30 후반~50대)	통일상가 1~2층, 평화시장 1층	통일상가 A동은 기성복이 주류
여성복(30 후반~50대)	광장시장 1층, 평화시장 2~3층, 흥인시장 1층	-
아동복	남대문 삼익 패션 타운 지하, 대도 상가 지하, 통일상가 3층, 흥인 시장 2층	• 남대문 원도매업자가 동대문 도매업자에게 도매 판매하는 경우가 많음. • 삼익패션 도로변은 브랜드 아동의류가 많음.
캐주얼 남녀 의류	청평화시장 1~4층, 신평화시장 2~3층, 광장시장	-
청바지, 청자켓	동평화시장 지하4층, 신평화 2~3층, 남평화시장 2~3층, 통일상가 2~3층	동평화, 광희시장 1층은 저가 의류가 많음
보세의류	청평화시장 지하, 동평화시장 4층, 제일평화시장 3층	동평화시장 지하는 저가 의류가 많음
가죽의류	광희시장 2층, 골든타운 2~3층	광희시장 2층은 가죽 제품 전문점들이 많음
일본 구제의류	광장시장 2~3층 일부	일본 구제 의류 및 패션잡화, 빈티지스타일 아이템이 주류
빅사이즈의류	이태원시장 주변, 신용산역 주변	이태원시장 주변은 도·소매 중심, 신용산역 주변은 소매 중심
군복/군모	종로5가 곱창골목 입구, 남대문 대도상가 D, E동 사이	군복, 군화 등 군인용품 도매상가이며, 대도상가의 규모가 더 크다.
덤핑/저가의류	테크노상가 1~4층, 동평화시장 지하 4층, 평화시장 지하, 삼우텍프라자 1~3층, 통일상가 2~3층, 이태원 시장	삼우텍프라자는 덤핑과 함께 각종 보세의류 취급
명품 스타일/고가 의류	신평화시장 1층, 동평화시장 1층, 제일평화시장 지하와 2층, 광희시장 지하, 디지이너 클럽, Area6, 뉴존지하	제일평화, Area6, 디지이너클럽은 고가 의류가 많음.
속옷	동평화시장 1층, 신평화시장	브랜드와 노브랜드의 비율이 3 : 7 정도로 노브랜드 제품이 강세
양말	신평화시장 1층	속옷시장과 함께 형성되어 있고, 남성·여성·아동용 모두 취급하고 도매 가격은 개당 100~300원 정도로 형성
유니폼/모자	평화시장 1층, 남대문시장	평화시장 1층은 작업복, 단체 체육복이 강세, 남대문시장은 각종 직업 유니폼 강세로 평화시장보다 가격이 높은 편임. • 평화시장 1층은 모자 도매 전문
한복	동대문종합시장 주단부, 종로5가 지하상가, 광장시장의 한복전문상가	• 동대문종합시장은 원단을 함께 취급함

❷ 패션잡화 도매 시장 살펴보기

다음은 패션잡화 도매상가를 주요 품목별로 나열한 표이다.

아이템	위치	특징
운동화 · 구두	동대문신발상가, 흥인시장 1층과 이면골목, 성수동 수제화거리, 회현역 주변	동대문신발상가 C동이 가장 크며, D동은 중국산 제품이 많고, 성수동 수제화거리는 수제화가 주류, 회현역 주분은 아동 구두가 많음.
지갑 · 벨트	남평화시장, 남대문 유성상가	남대문 유성상가은 도매 중심, 남평화시장은 도·소매
가방 · 핸드백	남평화시장 1층과 지하, 청계천5가 가방도매상가 (평화시장 맞은편)	청계천6가는 서류 및 여행 가방, 남평화시장은 숙녀용 및 캐주얼 가방이 강세
액세서리/보석	남대문시장 액세서리 상가(마노, 영창, 연세, 장안, 실로암, 코코, 남정, 우주 등), 종로3가 대로변과 단성사 주변	• 종로4가는 귀금속 도소매 • 인터넷 판매자는 준보석류 거래가 주류. • 종로는 이리 공단에서 유입되는 수량이 많음.

아이템	위치	특징
시계	청계천, 숭례문 지하상가 1층과 지상1층 종로4가	국산, 중국산, 이미테이션, 일본산 등 다양하며, 손목시계가 주류임.
가방 · 핸드백	남평화시장 1층과 지하, 청계천5가 가방도매상가 (평화시장 맞은편)	청계천6가는 서류 및 여행 가방, 남평화시장은 숙녀용 및 캐주얼 가방이 강세
안경/선글라스	남대문상가 주변, 남대문 대도상가 주변	남대문상가 주변은 도매 강세, 대도상가는 소매 강세
넥타이	청대문 옆 동화의류 부자재상가, 동평화시장, 청평화시장	동화의류는 사은품으로 사용할 수 있는 초저가 넥타이 전문점들이 많음.
의료/이 · 미용기기	종로5~6가 대로변, 숭례문 지하 수입상가	• 종로 5~6가 대로변은 의료기기가 많음 • 숭례문 지하 상가 : 수입 이 · 미용기기가 많음
화장품	화곡 생활용품 유통단지, 남대문 대도 상가 대로변	화곡 생활용품 유통단지는 도매, 대도상가는 소매 중심
이불 · 커튼 · 침구류	동대문종합시장 1층, 광장시장, 고속터미널 상가	고속터미널 상가는 가격은 약간 높은 편이지만 동대문시장에 비해 품질이 우수하다.
수건	청계6가에서 평화시장 1층 대로변	사은품으로 사용할 수 있는 수건이 많음

❸ 문구/완구/애완용품 도매 시장 살펴보기

다음은 문구/완구/애완용품 도매상가를 주요 품목별로 나열한 표이다.

아이템	위치	특징
문구	남대문 문구골목(1~2번 게이트쪽), 동대문 문구거리, 천호동 문구거리, 화곡 생활용품 유통단지	화곡동 생활용품 유통단지 는 중저가 완구가 많음
완구	천호동 문구 · 완구 도매 시장, 청계천 플라스틱 완구 도매 시장, 화곡동 생활용품 유통단지	전자완구는 천호동, 플라스틱 완구는 청계천이 유리함
완구 부속	청계천5가 광장시장 2층	전동 완구 부속품들이 많음
팬시/화구/화방용품	숭례문 수입상가에서 대도상가 방향의 팬시용품 거리	• 도매 거래 시 사업자등록증 사본이 있어야 한다. • 소매의 30~40% 이상 저렴
애완용품	진양상가 2층, 충무로 상가	• 수입품이 많으며, 큰 도매 거래가 어려움 • 충무로 상가에서 애완용품 직수입오퍼 진행 가능

❹ 등산/스포츠/자동차용품/기타 도매상가 살펴보기

다음은 등산/스포츠/자동차용품/기타 도매상가를 주요 품목별로 나열한 표이다.

아이템	위치	특징
등산용품	광장시장 맞은편 청계 6가 대로변, 회현역 대로변	• 도매 가격은 소매가격보다 20~30% 저렴하다. • 청계6가 대로변은 소매 중심, 회원역 대로변은 도매 전문 지역임.
스포츠용품	동대문운동장 주변, 남대문 회원역 대로변, 평화시장 1층	동대문운동장 주변은 소매 중심, 남대문 회원역 대로변은 도매 중심, 평화시장 1층은 각종 라켓 및 스포츠용품 도 · 소매
낚시용품	서울역에서 남대문 방향	• 도매와 소매의 차이가 10~20% 내외로 크지 않음. • 낚시 전문 쇼핑몰을 운영하고 있는 상태라면 폐업하는 낚시가게를 덤핑으로 거래하는 것이 유리
자동차용품	장안평 중고차매매시장 주변, 화곡동 생활용품 단지	장안평은 분산된 상가로 시장조사의 어려움이 있음.
오토바이용품	퇴계로5가 대로변 주변	신상품과 중고품을 함께 취급하는 곳이 많음.
수영용품	남대문 중앙시장 1층, 청계천6가 평화시장 1층	• 브랜드와 노브랜드 제품의 비율은 4 : 6 정도임 • 브랜드제품의 도매 가격은 소매 가격보다 20~30% 저렴함.
인테리어용품	남대문 대도상가 C, D동 2층	수입품은 60~70% 정도이고 중국산 제품의 비중이 늘어나고 있음.

아이템	위치	특징
그릇/식기	남대문 중앙상가, 대도상가 D동, 숭례문 수입상가, 광장시장 2층, 남대문 중앙상가 C동 지하상가, 을지로4가 스텐레스 상가	• 남대문 중앙상가가 가장 유명하다. • 도매 가격은 소매의 40~50%에 거래된다.
조명기기	용산전자상가, 세운상가 좌우 도로변과 이면골목	• 세운상가의 점포는 자체 공장을 보유한 곳이 많음. • 도매 가격은 소매가격의 60~70% • 도매 생산은 100개 이상
도기/타일	을지로 2가에서 3가 로터리까지 대로변	도매 가격은 소매 가격의 50~60%에 거래됨
지물	을지로 5가 교차로에서 방산시장 입구	포장지, 포장재료 등 택배용품들이 많음
카메라 및 부자재	숭례문 지하상가, 청계4가 이면골목	숭례문 지하상가는 일본내수용 카메라가 많음
악기	종로 낙원상가 2~3층, 부산 서면 악기상가	2층은 일반 매장이고 3층 점포와 수입업자 사무실

❺ 식품/식품재료 도매시장 살펴보기

다음은 식품/식품재료 도매상가를 주요 품목별로 나열한 표이다.

아이템	위치	특징
제과·제빵 재료	청계5가 방산시장 초입	제과·제빵 재료와 기구 제작 업체들도 밀집되어 있음
건어물	을지로4가 중부시장, 가락동 농수산물 시장 내 건어물 도매 시장	새벽 시장과 주간시장으로 구분되어 있음.
가공식품	청량리 식품 도매 시장	유명제과 및 약품회사의 제과와 음료가 많음.
수입식품	남대문 중앙상가 C동 지하 도깨비시장	일본, 미국 등 수입식품이 주류를 이루고 있음.
식품재료	방산시장	–
건강식품	제기동 경동시장과 주변	–
한과/떡	낙원상가를 중심으로 좌우측	한과는 대부분 공장에서 제작되어 유통됨
사탕/과자	대한화재 이면 남대문시장 방향	• 수입품과 국산은 6:4 비율 • 사탕 주력 상품 • 화이트데이, 발렌타이데이 이벤트 상품 많음
일본식품	부산 국제시장	• 일명 깡통시장이라고 함 • 일본 보따리 상인에 의해서 주로 수입됨

3. 동대문 도매 시장 주요 도매 상가별 특징 살펴보기

동대문 도매 시장은 각자 주력 품목과 특색을 지닌 30여 곳의 크고 작은 도매 상가들이 모여 있는 대한민국 의류의 메카이다. 동대문 도매 시장의 도매 상가는 영업 시간에 따라 크게 밤 시장과 낮 시장으로 나뉜다.

구분	상가명	영업시간	주요품목	비고
낮시간	디오트	00:00~12:00	B2F : 여성복(빅사이즈) B1F : 여성복, 잡화(ACC) 1~4F : 여성복	
	청평화		여성복	
	통일상가	22:00~10:00	남성복, 등산복	

구분	상가명	영업시간	주요품목	비고
밤시간	평화시장	22:00~06:00	모자, 벨트, 스카프, 장갑, 안경, 잡화	
	신평화시장	24시간(B1, 1F) 22:00~12:00(2F~4F)	속옷, 숙녀복, 양말	1F : 내의류, 스포츠류 2~4F : 숙녀복
	동평화시장	09:00~18:00(전층) 00:00~09:00(신관, B1, 1F 야간운영)	B1~1F : 가방 2~3F : 남성복	
	남평화시장	00:00~13:00(B1~1F, 야간운영)		B1, 1F 가방 매장 개장 시간 : 월요일은 06:00
	광희패션몰 퀴즈스퀘어	20:00~06:00	B1~1F : 숙녀복 2F : 가죽, 모피 3~5F : 여성복	
	디자이너클럽		B2F : ACC B1~4F : 여성복	
	유어스		여성복	
	누존		B2~2F : 여성복, 3F : 남성복, 잡화 4F : 남성, 여성 수제 구두, 5~6F : 남성복	
	APM		B1~3F : 여성복 4~7F : 남성복	
	APM럭스		B2~B1F : 잡화 1~6F : 여성복	
	팀204		B1~1F : 여성복, 2F : ACC, 잡화 3F : 아동복, 4~5F : 홀복, 이벤트복	
	헤양엘리시움		아동복	
	벨포스트		B1~2F : 여성복 3F : 남성복(일반, 빅사이즈)	
	아트프라자		여성복	30~40대 미시복
	스튜디오W		B1 : 미씨복, 여성복, 잡화 1~2F : 여성복 3~4F : 남성복(빅사이즈)	
	테크노	1:00~06:00	여성복	저가 의류가 많다.
	맥스타일	11:00~05:00	여성복, 잡화	
	서평화	21:00~09:00	여성복	
	제일평화	09:00~17:30 20:00~05:00	B1 : 구두, 가방, ACC, 여성복, 수입의류 1~5F : 여성복, 수입의류	낮시장, 밤시장 운영, 새벽 시 간은 도매 판매
	신발상가 A~D동	02:00~14:00	구두, 여성화, 남성화	03:00시에 오픈하는 매장이 많고, C동과 D동에 다양한 신발 품목을 판매한다.

TIP / 제조업체, 수입업체, 도매업체와 거래하기

제조업체, 수입업체, 도매업체와 거래 시 두 가지 방법으로 거래할 수 있다.

첫째, 제품을 제공받아 리뷰 형식으로 거래하는 방법
둘째, 공동구매, 위탁 판매, 직거래 형식으로 거래하는 방법

만약 블로그마켓 초창기에 직접 제품을 사입해서 판매하기가 쉽지 않다면 위의 첫째 방법인 제조업체, 수입업체, 도매업체로부터 제품을 제공받거나 체험단에 참여하는 형식으로 포스트를 작성한다. 그 이후 리뷰 및 제품을 표현하는 노하우가 축적되고 이웃들의 반응이 좋아지면 두 번째 방식을 접목한다.
화장품을 예로 들어보자.
화장품 리뷰 전문 블로그로 시작하여 3~6개월 이후 화장품을 직접 판매하는 화장품 전문 블로그마켓으로 성장할 수 있다.

4. 판매자들의 보물창고, 도매꾹&도매매

4-1. 온라인 도매시장, 도매꾹

오프라인 유통 채널에 도매 시장이 있듯이 온라인에도 도매 쇼핑몰이 있다. 국내 대표적인 도매 쇼핑몰에는 도매꾹(domeggook.com)이 있다. 도매꾹은 의류, 잡화, 생활용품, 유아용품, 완구, 스포츠용품 등 모든 상품을 도매 가격으로 구입할 수 있다. 도매꾹은 오프라인 도매상인, 수입업체, 제조업체 등 150만 명의 회원들간의 다양한 상품을 한 곳에서 손쉽게 사고 팔수 있다는 장점이 있다.

◆ 도매꾹

특히, 판매자는 판매 수량을 목적에 맞게 최소 2개부터 지정할 수 있다. 만약 아래 최소 판매수량을 '2개(❶)'라고 지정하면 상품 상세페이지에는 최소 2개(❷)라고 표시된다. 즉 구매자는 이 상품을 최소한 2개 이상은 구매해야 된다는 것을 의미한다.

판매자는 아이템의 특성과 판매 전략에 따라 다음과 같이 판매 수량 단위를 5개(❶), 10개(❷), 6개(❸), 36개(❹) 등 다양하게 설정할 수 있다.

만약 다음 그림에서 세 번째 상품(❸ 판매가 : 4,200원)을 나의 블로그마켓에서 공동구매로 판매한다고 가정해보자. 이 상품의 최소 구매 단위는 6개이다. 즉, 나의 이웃들이 최소 6개 공동구매해 준다면 거래가 성사된다. 물론 블로그마켓 운영자의 마진(원가−수수료, 세금, 임대료, 경비, 잡비 등 = 마진)이 일정 수준 보장되는 아이템인가는 충분히 조사한 후 진행해야 한다.

다음은 도매꾹의 상품을 나의 블로그마켓을 통해서 이웃들에게 판매하는 가장 일반적인 프로세스이다.

도매꾹에서 사입한 상품을 블로그마켓에서 공동구매로 얼마에 팔고 있는지 사례를 살펴보자.

다음 사례는 도매꾹에서 목폴라 티셔츠를 2,420원(❶)에 구입하여 블로그마켓 운영자가 직접 피팅 모델이 되어 고객 입장으로 바라보는 상품 상세페이지 포스팅을 통해 6,000원(❷)에 판매한다. 즉, 블로그마켓 운영자는 직접 피팅모델이 되어 상품 상세페이지 포스트를 올리고, 고객이 궁금해 할 수 있는 부분을 고객의 입장에서 진솔하게 표현하는 것이며, 이를 통해 상품의 가치를 최대한 끌어올려 전달하는 것이다.

◆ 도매꾹의 티셔츠 도매 가격

◆ 블로그마켓의 공동구매 소매 가격

4-2. 상품 사입 없이 나도 판매자, 도매매 배송대행

배송대행 B2B 서비스인 도매매(http://domeme.com)는 상품을 구매하여 다른 곳에서 판매를 하는 쇼핑몰 운영자, 오픈마켓 판매자, 블로그마켓 판매자, SNS마켓 판매자, 공동구매 진행자 등 전문셀러를 위한 서비스이다. 전문셀러들은 상품 사입없이 이미지만을 자신의 판매채널(여기서는 블로그마켓, SNS마켓)에 진열한 후 판매가 되면 도매매에서 해당 상품을 구매할 때 실구매자(소비자)에게 직배송을 요청하면 된다. 도매매 판매자(상품공급자)가 여러분의 쇼핑몰이나 사업장 이름으로 소비자에게 배송까지 대행해준다. 단, 도매매는 사업자인증을 받은 사업자회원만 구매 가능하다. 다음은 도매매의 홈페이지 모습이다.

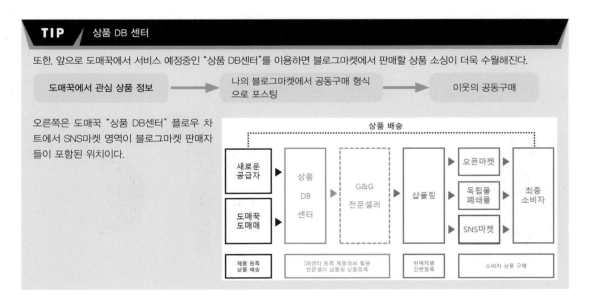

벤치마킹하기

아이템을 선정했다면 경쟁 대상자를 벤치마킹한다. 벤치마킹하는 이유는 경쟁 블로그마켓과 동일하게 운영하려는 것이 아니라 경쟁 블로그마켓을 분석하여 그들의 성공 요소를 찾아내고 그것을 보다 새롭게 내 블로그마켓에 접목시켜 나만의 경쟁력을 만들기 위해서이다.

• 아이템이 유사한 롤모델, 즉 목표 대상을 정한 후 벤치마킹한다.
• 목표 대상과 이웃을 맺고 고객이 되어 실제로 상품을 구매해본다. 구매 체험은 목표 대상 블로그마켓의 운영 방식을 가장 잘 이해할 수 있는 방법이기도 하다.

1. 벤치마킹 대상 찾기

첫째, 대표 키워드로 목표 대상 찾기

포털사이트에서 주제와 연관된 대표 키워드로 운영되고 있는 블로그마켓을 선별한다. '여성 니트'를 대표 키워드라고 가정해보자. 네이버 검색 창에서 '여성 니트' 키워드를 검색한 후 '블로그' 탭을 클릭하면 상단(❸)은 유료 광고가 나타나고, 그 아래 블로그 영역(❹)에 블로그 포스트가 노출된다. 블로그 포스트를 클릭하면 해당 블로그로 이동되며, 해당 블로그가 일반적인 순수 블로그인지 상거래가 이루지고 있는 블로그마켓인지 확인할 수 있다. 다음 그림2는 여성 니트 관련 제품 포스트에 자체적으로 운영하는 스마트스토어로 이동하도록 링크 주소를 적용시킨 사례이다.

◆ 그림1 '여성 니트' 블로그 탭 검색 결과   ◆ 그림2 스마트스토어 링크가 설정된 블로그 포스트

위의 사례처럼 판매하려는 상품과 연관된 대표 키워드, 또는 '대표 키워드+공구', '대표 키워드+공동구매', '대표 키워드+블로그마켓'을 합성한 키워드 등으로 벤치마킹할 대상 블로그마켓을 찾을 수 있다.
【예】벌꿀공동구매, 코트블로그마켓

목표 대상은 상거래가 활발하게 운영되고, 고객 관리가 잘 되는 블로그마켓을 중심으로 찾는다. 예를 들면 방문자 수(❶)가 꾸준히 유지되고, 구매 관련 문의 댓글 및 좋아요(❷) 등 고객과의 소통이 활발한 곳을 선정하면 무난하다.

둘째, 스마트스토어에서 목표 대상 찾기
아이템을 선정한 후 스마트스토어의 상품 카테고리와 키워드를 면밀히 분석한다. 블로그마켓 중 스마트스토어를 함께 운영하는 사례가 많기 때문이다.

다음은 스마트스토어에서 여성의류 카테고리의 판매자 분석 사례이다.

01 네이버(naver.com) 상단에서 '쇼핑' 카테고리를 클릭한다.

02 네이버 쇼핑 메인 화면의 좌측 카테고리에서 '패션의류'–'여성의류' 카테고리를 클릭한다.

03 여성의류 카테고리에 등록된 약 2,500만 개 상품 중 네이버 랭킹 순으로 정렬된다. 즉, 정렬 순서 중 상위에 노출된
상품(단, [광고] 상품은 제외)은 여성의류 카테고리에서 잘 파는 판매자라고 유추할 수 있다. 해당 상품을 클릭한다.

04 판매자가 운영하는 스마트 스토어로 이동한다. 스마트스 토어 메인 화면에서 블로그명 (**❶**)을 클릭하여 판매자가 운 영하는 블로그로 이동한다. 상 품을 직접 판매하는 블로그마 켓인지, 또는 스마트스토어에 등록된 상품의 홍보 목적으로 운영되는지 확인할 수 있다.

셋째, 베스트 100에서 목표 대상 찾기

네이버 쇼핑 상단의 '베스트 100'을 클릭하면 유사 아이템별, 고객층별 가장 인기 있는 상품을 확인 할 수 있다. 각 상품을 클릭한 후 판매자가 운영하는 블로그마켓을 확인할 수 있다.

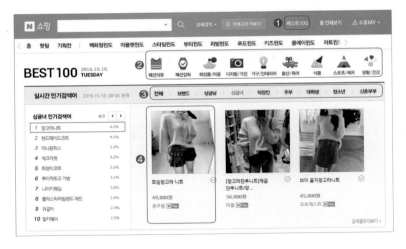

위의 내용과 같이 다양한 방법으로 검색한 여러 블로그마켓 중 내 블로그마켓의 컨셉과 유사하거나 롤 모델이 될 만한 대표적인 블로그마켓을 집중 벤치마킹하기 위해 블로그를 선정한다. 너무 많은 블로그 마켓을 롤모델로 삼게 되면 분석에 너무 많은 시간이 소요되고, 자칫 이곳저곳을 짜깁기하여 내 블로그 마켓의 컨셉을 잃어버릴 수도 있기 때문에 1차로 10여 곳, 그중에서 3~4곳을 최종 선정한다.

2. 벤치마킹 대상 분석하기

벤치마킹 대상 블로그마켓 선정이 끝났으면 이제 본격적인 벤치마킹 블로그마켓 분석한다. 벤치마킹 블로그마켓은 다음 14가지 항목을 중심으로 분석한다. 분석한 내용을 '블로그마켓 벤치마킹 분석 보고서' 형식으로 작성한다.

❶ 대표 키워드 분석

"블로그마켓의 대표 키워드는 무엇인가요?"

벤치마킹할 목표 대상을 찾는 과정에서 대표 키워드로 검색한 결과로 나타난 블로그의 메인 화면과 발행한 포스트에서 해당 블로그마켓의 대표 키워드를 확인할 수 있다. 예를 들면 주얼리, 패션귀걸이, 실버귀걸이, 피어싱 등의 키워드가 해당된다. 상품과 연관된 대표 키워드 분석을 통해 벤치마킹 블로그마켓의 대표 키워드의 사용 빈도, 배치 등을 분석할 수도 있다. 벤치마킹 블로그마켓 메인 화면과 포스트를 통해서 대표 키워드를 어떻게 사용되고 있는지 분석할 수 있다.

우선 벤치마킹 블로그마켓에 접속한 후 ⌈Ctrl⌋+⌈F⌋를 누른다. '찾기' 입력 상자에 대표 키워드를 입력한다. 여기서는 '주얼리(❶)'을 입력해보자. 찾기 창에 '19개 일치(❷)'라고 표시된다. 즉 블로그 메인 화면에 카테고리명, 프로필 내용, 포스트 내용 등을 포함하여 '주얼리' 키워드를 19번 사용했다는 것을 의미한다. 해당 키워드는 형광색(❸)으로 표시된다. 이 방법으로 대표 키워드가 블로그마켓 메인 화면 포스트 내용에서 어떻게 얼마나 사용되었는지 분석한다.

이번에는 포스트 내 대표 키워드를 분석해보자. 관심 있는 포스트를 클릭한 후 본문 내용이 보이면 Ctrl + F를 누른다. '찾기' 입력 상자에 포스트의 키워드를 입력한다. 여기서는 포스트의 제목에 사용된 키워드인 '가시도트(❶)'를 입력해보자. 찾기 창에 '11개 일치(❷)'라고 표시된다. 즉 이 포스트의 내용을 포함하여 해당 페이지에서 '가시도트' 키워드를 11번 반복 사용했다는 것을 의미한다. 해당 키워드는 형광색(❸)으로 표시된다. 이 방법으로 핵심 키워드가 제목 및 본문 내용에서 어떻게 배치되고 얼마나 사용되었는지도 분석한다.

❷ 블로그 도메인과 제목은?

블로그 주소는 'blog.naver.com.아이디' 또는 '아이디.blog.me'이다. 여기서 '아이디'는 네이버 회원 가입 시 설정한 아이디이다. 블로그 아이디는 블로그 제목, 별명 등과 일맥상통하는 단어를 사용하면 방문자에게 통일감을 줄 수 있고 기억하기 쉽다는 장점이 있으며, 또한 블로그의 브랜드화에 유리하다. 블로그 제목은 블로그마켓의 상호 등을 넣어 컨셉을 표현하는 단어를 주로 사용한다.

다음은 '더지미(The Geemi)' 블로그의 주소(http://blog.naver.com/geemih)로 아이디는 'geemih', 즉 영문을 아이디로 사용하였고, 닉네임 역시 '더지미마켓'을 사용하여 '블로그 주소(❶) - 블로그 제목(❷) - 닉네임(❸)'에 통일감을 주었다.

❸ 블로그 히스토리를 살펴보자.

블로그의 히스토리는 블로그 시작부터 현재까지의 발자취를 살펴볼 수 있다. '프로필'을 선택한 후 '프로필 카테고리(profile category)'를 클릭하면 'ㅇㅇㅇ 님의 블로그 히스토리'를 확인할 수 있다. 히스토리에는 블로그를 처음 시작한 날짜부터 운영기간, 블로그 초기화, 블로그 제목 변경, 이벤트 등 주요 내용을 연도별로 확인할 수 있다.

❹ 사업자 유형은?

[조회] 버튼을 클릭하면 공정거래위원회의 정보공개 페이지에서 '상호', '사업자등록번호', '대표자'로 검색하여 통신판매업신고 현황을 확인할 수 있다.

블로그마켓은 블로그 내 '사업자정보' 위젯을 통해 상호, 대표자명, 사업자번호 등을 확인할 수 있다. 사업자번호로 일반과세자, 간이과세자, 법인사업자 등 사업자 유형을 확인할 수 있다.

01 블로그의 '사업자정보' 위젯에 표시된 '사업자번호'를 메모해둔다.

통신판매업번호에 '신고면제'라고 표기된 경우 사업자 유형이 '간이과세자'임을 유추할 수 있다.

02 국세청홈텍스(https://www.hometax.go.kr)에서 조회/발급 메뉴를 클릭한 후 '사업자상태'−'사업자등록번호로 조회' 항목을 클릭한다.

03 사업자등록상태 조회 페이지로 이동하면 사업자등록번호 입력 박스에 메모해둔 블로그마켓의 사업자번호를 입력하고 [조회하기] 버튼을 클릭한다. 아래에 사업자등록상태에 부가가치세 일반과세자인지 간이과세자인지 등을 확인할 수 있다.

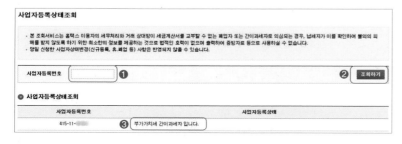

※ 전자상거래소비자보호법 제12조 4항에 따라 통신판매업자의 신원정보가 정보공개 내용과 불일치하거나 신고하지 않은 경우 경쟁업체에서 신고 하는 경우도 있기 때문에 반드시 정확한 사업자 정보로 신고해야 한다.

❺ 블로그 타깃은 누구인가?

구체적인 타깃 선정을 위해서는 고객층의 연령대, 성별, 구매력, 구매가격대, 관심사항 등을 모두 분석해야 한다. 타깃이 결정되어야 그들이 만족할만한 아이템을 선정하고, 블로그마켓을 꾸미고 운영할 수 있기 때문이다. 다음 물음에 한 줄로 표현한다면, 그것이 블로그마켓의 타깃이 될 수 있다.

"누구와 친하게 지내고 싶은가?"

또는

"누구에게 팔 것인가?"

단, 물음에 답하기 전에 주고객층의 연령대(❸), 성별, 구매패턴(❶), 소비트렌드(❷), 환경(❹) 등을 고려해야 한다. 예를 들면 위 물음에 "저렴한 가격의 모던시크를 베이스로 한 좋은 옷을 원하는 20~30대 오피스걸"이라 답할 수 있다.

<u>저렴한 가격</u>의 <u>모던시크</u> 한 옷을 원하는 <u>20~30대</u> <u>오피스 걸</u>
　　❶　　　　　❷　　　　　　　　　❸　　　❹

블로그마켓에서 가죽 구두를 판매한다고 가정해보자.

첫째, 가죽 구두를 구입하는 구매층의 성별과 연령대를 파악하기 위해서 네이버 쇼핑 검색창에서 '가죽 구두'를 검색한다.

상품 이미지 아래에 판매자의 상품을 많이 찾는 연령대와 성별이 표시된다. 즉 가죽 구두는 20~30대 여성 고객(❶)이 많이 찾는 아이템임을 유추할 수 있다.

판매할 아이템을 대표하는 키워드를 이용하면 스마트스토어, G마켓, 옥션, 11번가 등 오픈마켓과 대형 인터넷 쇼핑몰 등을 통해서 연령대와 성별은 물론 오피스 걸 등 직업에 따른 구매 성향도 파악할 수 있다.

둘째, 라이프스타일 분석

고객의 소득수준과 라이프스타일을 분석한다. 주고객층이 관심을 가질 만한 주제로 포스팅해야 공감을 얻을 수 있기 때문이다. 즉 고객층이 오피스 걸이라면 건강 보조 식품보다는 다이어트 이야기가 공감대를 형성하기 쉬울 것이다. 아니면 하이힐의 모양과 스타일에 따른 건강관리와 직장 스트레스 푸는 방법 등에 관한 이야기도 공감을 얻을 수 있을 것이다. 고객층이 커리어 우먼인지, 맞벌이 부부인지, 아이를 키우는 주부인지, 뚱뚱하고 키 작은 남자인지, 30~40대 취미생활을 원하는 고객인지, 혼술이나 혼밥을 좋아하는지 등 고객의 소득 수준과 라이프스타일을 분석하는 것은 타깃 선정에 있어서 매우 중요하다.

셋째, 구매패턴 분석

고객의 상품 구매 용도와 구매 가격대 등을 분석해야 한다. 판매할 아이템은 신발이고 고객층이 20대 초반 여성이라고 가정해보자. 이들은 한 번에 10만 원대 이상 제품을 구입하고, 하이힐 보다는 단화를 선호하는 등과 같은 구매패턴과 상품 재구매주기는 어느 정도인지 등을 분석한다. 이러한 분석 결과에 따라 상품 구성과 가격 정책 등도 달라져야 하기 때문이다.

넷째, 소비 트렌드 분석

내 상품을 어떠한 용도로 구매하는지에 대한 소비 트렌드를 분석해야 한다. 내 상품을 구매한 고객이 구두를 신고 직장생활을 하는 커리어 우먼인지, 아이를 키우는 주부인지 등에 따라 그들은 굽이 있는 정장 구두를 원하는지, 편하게 신을 수 있는 단화를 원하는지 등 소비 트렌드를 파악할 수 있기 때문이다.

❻ 블로그마켓의 컨셉은 무엇인가?

다음 물음에 한 줄로 표현한다면, 그것이 블로그마켓 컨셉이 될 수 있다.

"내 블로그마켓을 한 줄로 표현하면?"
또는
"내 블로그마켓의 슬로건?"

20대 여성의류를 판매하는 패션 블로그마켓은 "쫌 노는 언니들의 스타일을 공유하는 곳"

20대 남성의류를 판매하는 패션 블로그마켓은 "멋진 남자들이 노는 곳"

메이크업 기술을 공유하고 관련 화장품을 판매하는 블로그마켓이라면 "너도 꿀피부 만들고 싶니?"

키가 작은 남자들을 위한 블로그마켓이라면 "숏다리를 위한 스타일을 공유하는 곳"

66사이즈 소녀들을 위한 블로그마켓이라면 "가장 평범한 66사이즈 걸을 위한 블로그마켓"

❼ 판매 방식과 구매 결제 수단은?

벤치마킹 블로그마켓의 배송정책을 살펴보면 아이템 사입 방식과 판매 방식을 파악할 수 있다. 수많은 블로그마켓 중 상당수는 공동구매 방식을 선호한다. 주문이 발생하면 주문 수량에 맞게 사입하는 방식(그림1)과 일정기간 공동구매 기간 동안 발생한 주문 수량만큼 사입 후 일괄 배송하는 방식(그림2)이 있다. 일괄 배송 방식은 반품이나 교환이 발생하는 경우를 제외하면 재고가 전혀 발생하지 않는다는 점으로 안정적으로 판매 활동을 할 수 있는 장점이 있다. 반면 주문 이후 출고까지는 평균 2~4일 정도 소요되기 되기 때문에 빨리 받아보고 싶은 고객에게는 불만족 요인이 될 수 있다. 또한, 무료 배송인지, 가격대별로 배송 정책을 차등 적용하는지 등을 파악한다.

배송안내
주문결제 후 상품 사입이 진행됩니다. 평균 2일 내에 출고가 되지만 거래처 입고지연으로 배송이 늦어지는 상품이 있을 수 있습니다. 배송지연시 개별연락 드립니다. 입금 후에는 취소, 환불 불가하오니 신중한 구매 부탁드립니다.

◆ 그림1

도톰한 기본티과 실내복, 양말도 함께 준비해봤지용 ^_^

배송은 3번에 나눠서 이루어진답니당
1차 - 10월 21일 금요일 저녁 6시까지 주문시, 10월 24일날 일괄배송
2차 - 10월 28일 금요일 저녁 6시까지 주문시, 10월 31일날 일괄배송
3차 - 11월 4일 금요일 저녁 6시까지 주문시, 11월 7일날 일괄배송
1,2차 모두 저녁 6시에 마감되니 시간 잘 보고 주문해주세용

그림 이제
10월 가을 신상 공구 상품을 공개합니다 :)

◆ 그림2

"고객의 상품 주문 방식은?"

"평균 배송일과 배송 정책은?"

제품의 판매 가격은 포스트에 직접 노출시키는 경우와 노출시키지 않는 경우가 있다. 그림1과 같이 포스트에 제품 가격을 직접 노출(❶)시키는 경우, 그림2와 같이 여러 상품의 가격을 노출(❷)시켜 선택할 수 있게 하는 경우, 그림3과 같이 "가격문의, 상품문의는 카톡○○ 또는 비밀댓글로 주세요(❸)"와 같이 구매자와 판매자만 알 수 있는 비밀댓글(❹)로 안내하는 경우 등이 있으며, 그 외 인스타그램 등 어떤 방법을 사용하는지 파악한다.

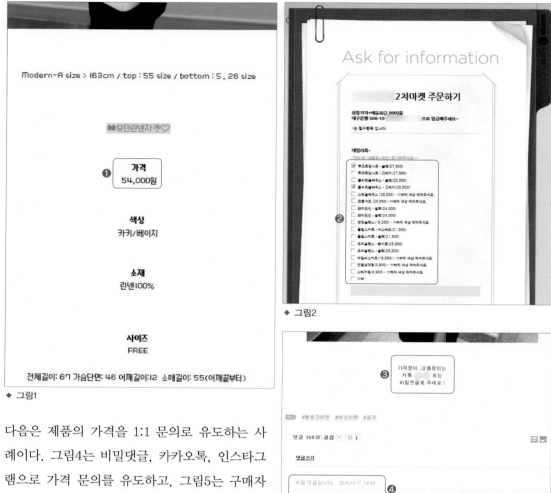

◆ 그림1

◆ 그림2

◆ 그림3

다음은 제품의 가격을 1:1 문의로 유도하는 사례이다. 그림4는 비밀댓글, 카카오톡, 인스타그램으로 가격 문의를 유도하고, 그림5는 구매자가 판매자의 인스타그램에서 1:1 가격을 문의하면 그림6처럼 판매자가 1:1 가격 안내 글을 보낸다. 이와 같은 방식으로 고객별로 제품 가격을 일괄적 또는 탄력적으로 안내할 수 있다. 충성 고객에게는 더 많은 혜택을 줄 수도 있다.

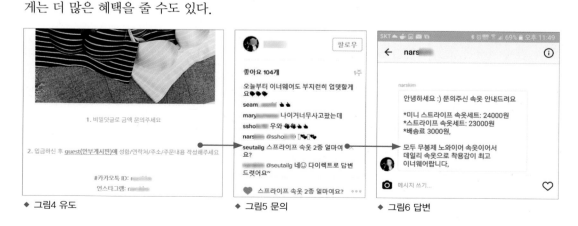

◆ 그림4 유도

◆ 그림5 문의

◆ 그림6 답변

<h2 align="center">"상품 결제 수단은 무엇인가?"</h2>

블로그마켓의 결제 수단은 크게 두 가지 유형으로 운영한다. 무통장입금만을 제공하는 경우(❶)와 신용 카드 등 다양한 결제 방법(❷)을 제공하는 경우이다. 단, 블로그는 결제 서비스를 직접 설정할 수 없으므로 스마트스토어, 인터넷 쇼핑몰 등 카드 결제 등이 가능한 쇼핑몰(❸)로 유도한다.

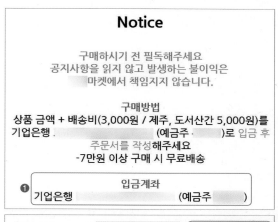
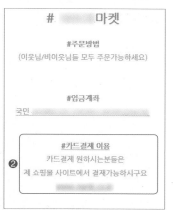

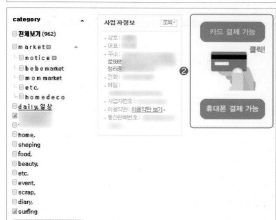
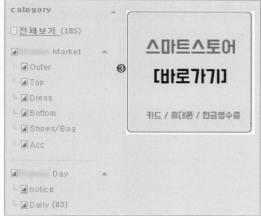

TIP 블로그마켓이 무통장입금을 선호하는 이유?

쇼핑 거리를 거닐다 보면 옷가게 매장 진열대에 "현금 결제 10,000원 카드✕ 환불✕ 교환✕" 이런 문구를 쉽게 볼 수 있다. 블로그마켓이 무통장입금을 선호하는 이유는 이런 맥락과 유사하다. 무통장입금은 판매자가 세무 신고를 하지 않는 이상 국세청으로부터 매출 내역이 노출되지 않는다. 즉 블로그마켓이 무통장입금을 선호하는 것은 판매자 입장에서는 세금 신고를 하지 않아도 된다고 생각할 수 있고, 구매자 입장에서는 저렴하게 구입할 수 있다는 서로의 이해타산이 맞물린 결과이다.

❽ 환불/교환/반품 규정은?

"환불, 교환, 반품 및 주문취소 불가능과 가능한 경우는?"

블로그마켓은 일반적으로 그림1처럼 환불, 교환, 취소할 수 없음을 기본 정책으로 운영하는 경우가 많다. 그림2의 경우는 환불, 교환, 취소 불가가 기본 원칙이지만 24시간 이내에는 불량 상품 교환이 가능하다는 조건부 정책을 운영하는 사례이다. 이처럼 취급하는 아이템이나 블로그마켓 특성을 고려하여 나름의 환불, 교환, 주문취소 등의 정책으로 운영되고 있다.

Notice_

All sales are final.

공동구매 특성 상 교환/환불이 불가합니다.

구매 전 신중히 결정해주세요.

(가끔 거래처에 재고가 없을 경우 제작 기간이 배송기간에 추가로 소요될 수 있습니다. 배송 기간은 환불의 사유가 되지 않습니다.)

◆ 그림1

교환/환불 안내

블로그 마켓 특성상 환불, 취소, 교환 불가합니다. 상품 불량일 시 동일한 상품으로 교환만 가능하며, 배송비는 ▇▇▇▇▇에서 부담합니다. (단, 수령 후 반드시 24시간 내에 연락주셔야 처리 가능합니다.)

◆ 그림2

TIP | 고객이 궁금할 만한 사항은 매뉴얼로 만들어라

교환/환불 안내, 상품별 고객 질의응답 등 고객이 궁금할 만한 사항들은 매뉴얼로 만들어 고객 문의 시 바로 답변할 수 있도록 하거나 블로그마켓 공지사항이나 위젯으로 만들어 찾기 편하게 안내하면 운영에 많은 도움이 된다. 블로그마켓에 필요한 서비스 위젯 제작과 적용은 "Lesson 04 홈페이지 · 쇼핑몰 블로그마켓에 필요한 서비스 위젯 만들고 적용하기"를 참조한다.

---

❾ 블로그마켓 CS 정책은?

"고객 응대와 관리 방법은?"

위 물음에 대한 정확한 답을 얻기 위해서는 창업자 스스로 고객의 입장이 되어봐야 한다.

벤치마킹하고 싶은 블로그마켓이 있다면 크게 구매 전 상태와 구매 후 상태로 구분하여 분석한다.

구매 전 상태라면 구매 상담 방법, 응대 방법 및 매뉴얼 등 구매 결정하기 전까지의 과정에 발생하는 블로그마켓의 CS 정책과 방법이다.

반면 구매 후 상태라면 배송, 제품 포장 상태, 서비스, 혜택, 이벤트 등 구매 이후에 발생하는 블로그마켓의 CS 정책과 방법이다.

특히

"예비 고객을 어떤 방법으로 충성고객으로 만들 것인가?"

에 대한 스스로의 접근 방식을 찾는 것은 매우 중요하다. 자세한 내용은 "Chapter 05 블로그마켓 CS & 단골 고객 늘리기"를 참조한다.

❿ 운영하는 판매 채널은?

블로그마켓에서만 제품을 판매하는지, 또는 인스타그램, 카카오 채널, 페이스북 등 SNS에서도 판매하는지, 카드 결제 시스템이 제공되는 스마트스토어나 자체 인터넷 쇼핑몰 등을 통해 판매하는지 등 블로그마켓의 모든 판매 채널을 조사한다. 또한 이들 채널이 블로그마켓과 어떤 유기적인 관계로 운영하는지 등도 파악해야 한다.

아래 블로그마켓은 스마트스토어에서도 상품을 판매한다. 즉 판매 채널의 베이스캠프는 블로그마켓이며, 스마트스토어는 카드/휴대폰/현금영수증을 원하는 고객을 위한 판매 채널이다.

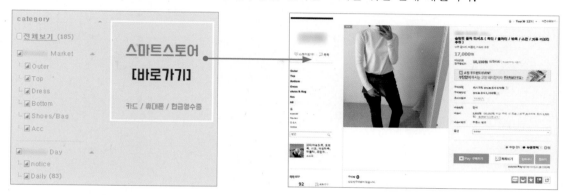

"블로그마켓 이외 어떤 채널을 운영하는가?"
"각 채널의 운영 목적과 블로그마켓과의 관계는?"
"채널마다 판매 가격이 같은가? 또는 다른가?"

블로그마켓과 스마트스토어에서 동시에 동일 제품을 다른 가격에 판매하는 예이다. 블로그마켓에서 무통장입금으로 구입하면 10,000만 원, 스마트스토어에서 카드 결제로 구입하면 카드 결제 수수료 3.8%인 380원 추가되어 10,380원에 판매한다. 필자가 예로 들은 사례지만 실제로 상당수의 블로그마켓이 시행하고 있는 방식이다.

⓫ 카테고리 구성은?

블로그의 카테고리는 어떤 이야기가 담긴 블로그인지 한눈에 파악할 수 있도록 정리해야 한다. 카테고리를 살펴볼 때 메인 카테고리(블로그마켓의 컨셉을 반영한 내용을 담을 카테고리)와 보조 카테고리(체험, 일상 등이 담긴 카테고리)를 어떻게 구성했는지 구분해서 분석한다. 특히 메인 카테고리는 세부적으로 어떻게 분류하였는지 등도 살펴본다. 카테고리를 벤치마킹한 후 아래 물음에 답한다.

"블로그마켓의 메인 카테고리와 보조 카테고리는?"

블로그마켓은 일반적으로 상품을 판매하는 카테고리(❶)와 운영자의 일상, 취미, 관심사 카테고리(❷) 등 크게 2가지로 분류하고 각각 소분류로 구분하여 운영한다. 다음 블로그마켓의 공통점은 카테고리 배치이다. 블로그마켓의 핵심 내용인 '마켓'과 관련된 카테고리를 상단에 배치하였고, 그 아래에 일상, 취미 등과 관련된 카테고리로 분류하여 방문자들이 손쉽게 접근할 수 있도록 구성하였으며, 펼친 상태로 만들었다.

❷ 사용한 레이아웃은?

네이버 블로그는 2단 레이아웃 4가지, 3단 레이아웃 6가지, 1단 레이아웃 2가지 총 12가지 레이아웃이 제공된다. 네이버 블로그라면 12가지 레이아웃 중 한 가지 유형으로 만들어야 한다.

블로그마켓의 포스트에서는 제품 사진이 매우 중요하기 때문에 포스트 영역을 최대한 넓게 사용할 수 있는 1단 레이아웃을 선호한다.

다음은 1단 레이아웃을 사용하는 블로그마켓의 공동구매 포스트 사례이다. 포스트의 영역이 넓기 때문에 상품 사진도 크게 배치할 수 있고, 모바일 상에서도 최적화된 상태로 볼 수 있다.

⓭ 블로그 이웃 수와 방문자 수는?

블로그마켓의 상품 관련 카테고리명(❶)을 클릭하면 포스트 작성일을 확인할 수 있고, '전체보기(❷)'는 블로그마켓에 등록된 모든 포스트를 작성일(❸) 기준으로 확인할 수 있다. 즉 '상품 관련 카테고리명'을 통해 얼마나 자주 신상품 포스트를 등록하는지, '전체보기'를 통해서 블로그마켓에서 발행하는 포스트 중 상품 포스트와 일상, 취미 관련 포스트의 비중과 발행일 등을 분석할 수 있다. 또한, 포스트의 댓글 수(❹)와 스크랩 숫자(❺)를 보면 이웃들의 참여율과 어떤 포스트에 반응하는지, 운영자의 열의 등을 유추할 수 있다. 블로그 이웃 수, 최근 5일간 방문자 수, 오늘 방문자 수(❼), 누적 방문자 수(❼)를 확인한다. 특히 최근 5일간 방문자 수(❻)를 통해서 블로그가 얼마나 활성화되어 있는지 유추할 수 있다.

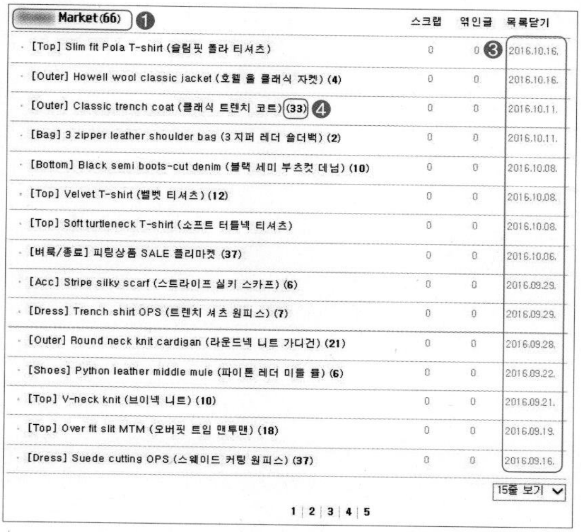

Market(66) ❶	스크랩	엮인글	목록닫기
[Top] Slim fit Pola T-shirt (슬림핏 폴라 티셔츠)	0	0 ❸	2016.10.16.
[Outer] Howell wool classic jacket (호웰 울 클래식 자켓) (4)	0	0	2016.10.16.
[Outer] Classic trench coat (클래식 트렌치 코트) (33) ❹	0	0	2016.10.11.
[Bag] 3 zipper leather shoulder bag (3 지퍼 레더 숄더백) (2)	0	0	2016.10.11.
[Bottom] Black semi boots-cut denim (블랙 세미 부츠컷 데님) (10)	0	0	2016.10.08.
[Top] Velvet T-shirt (벨벳 티셔츠) (12)	0	0	2016.10.08.
[Top] Soft turtleneck T-shirt (소프트 터틀넥 티셔츠)	0	0	2016.10.08.
[벼룩/종료] 피팅상품 SALE 플리마켓 (37)	0	0	2016.10.06.
[Acc] Stripe silky scarf (스트라이프 실키 스카프) (6)	0	0	2016.09.29.
[Dress] Trench shirt OPS (트렌치 셔츠 원피스) (7)	0	0	2016.09.29.
[Outer] Round neck knit cardigan (라운드넥 니트 가디건) (21)	0	0	2016.09.28.
[Shoes] Python leather middle mule (파이톤 레더 미들 뮬) (6)	0	0	2016.09.22.
[Top] V-neck knit (브이넥 니트) (10)	0	0	2016.09.21.
[Top] Over fit slit MTM (오버핏 트임 맨투맨) (18)	0	0	2016.09.19.
[Dress] Suede cutting OPS (스웨이드 커팅 원피스) (37)	0	0	2016.09.16.

15줄 보기

1 | 2 | 3 | 4 | 5

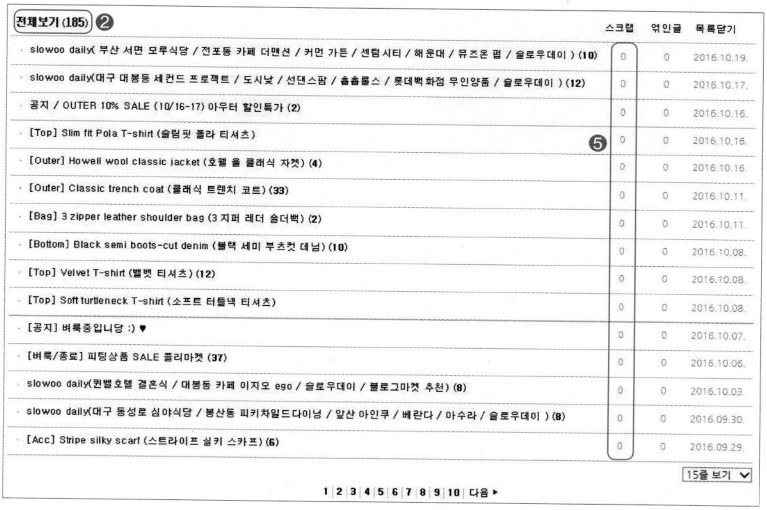

전체보기(185) ❷	스크랩	엮인글	목록닫기
slowoo daily(부산 서면 모루식당 / 전포동 카페 더맨션 / 커먼 가든 / 센텀시티 / 해운대 / 뮤즈온 펍 / 슬로우데이) (10)	0	0	2016.10.19.
slowoo daily(대구 대봉동 세컨드 프로젝트 / 도시낫 / 선댄스팜 / 촙촙롤스 / 롯데백화점 무인양품 / 슬로우데이) (12)	0	0	2016.10.17.
공지 / OUTER 10% SALE (10/16-17) 아우터 할인특가 (2)	0	0	2016.10.16.
[Top] Slim fit Pola T-shirt (슬림핏 폴라 티셔츠) ❺	0	0	2016.10.16.
[Outer] Howell wool classic jacket (호웰 울 클래식 자켓) (4)	0	0	2016.10.16.
[Outer] Classic trench coat (클래식 트렌치 코트) (33)	0	0	2016.10.11.
[Bag] 3 zipper leather shoulder bag (3 지퍼 레더 숄더백) (2)	0	0	2016.10.11.
[Bottom] Black semi boots-cut denim (블랙 세미 부츠컷 데님) (10)	0	0	2016.10.08.
[Top] Velvet T-shirt (벨벳 티셔츠) (12)	0	0	2016.10.08.
[Top] Soft turtleneck T-shirt (소프트 터틀넥 티셔츠)	0	0	2016.10.08.
[공지] 벼룩중입니당 :) ♥	0	0	2016.10.07.
[벼룩/종료] 피팅상품 SALE 플리마켓 (37)	0	0	2016.10.06.
slowoo daily(퀸벨호텔 결혼식 / 대봉동 카페 이지오 ego / 슬로우데이 / 블로그마켓 추천) (8)	0	0	2016.10.03.
slowoo daily(대구 동성로 심야식당 / 봉산동 피키차일드다이닝 / 앞산 아인쿠 / 베란다 / 아수라 / 슬로우데이) (8)	0	0	2016.09.30.
[Acc] Stripe silky scarf (스트라이프 실키 스카프) (6)	0	0	2016.09.29.

15줄 보기

1 | 2 | 3 | 4 | 5 | 6 | 7 | 8 | 9 | 10 | 다음 ▸

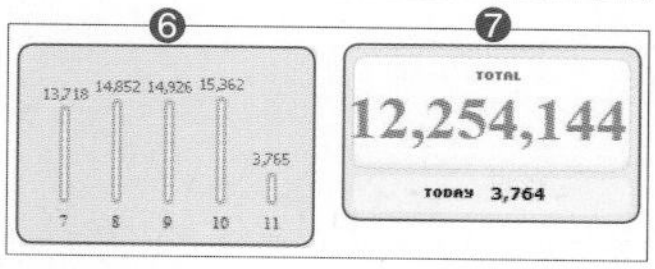

⓮ 블로그마켓 메인 화면 구성은?

"타이틀은 직접 만들었는가?"

"스킨을 직접 만들었는가?"

블로그 타이틀은 네이버가 기본적으로 제공하는 스킨(사례. 그림1)과 운영자가 직접 제작한 스킨(사례. 그림2) 중 선택해서 사용할 수 있다.

◆ 그림1

◆ 그림2

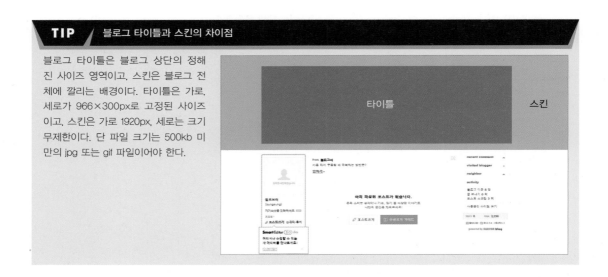

TIP | 블로그 타이틀과 스킨의 차이점

블로그 타이틀은 블로그 상단의 정해진 사이즈 영역이고, 스킨은 블로그 전체에 깔리는 배경이다. 타이틀은 가로, 세로가 966×300px로 고정된 사이즈이고, 스킨은 가로 1920px, 세로는 크기 무제한이다. 단 파일 크기는 500kb 미만의 jpg 또는 gif 파일이어야 한다.

포토샵 등 그래픽 프로그램을 활용하면 다음과 같은 다양한 느낌의 홈페이지/쇼핑몰 디자인을 만들수 있다. 블로그마켓 메인 화면 벤치마킹 시 디자인 컨셉만큼 중요한 요소가 고객의 편리성을 고려한 구성 요소의 배치이다.

다음 예시를 보면 각각 어떤 블로그마켓이라고 유추되는가?
메인 화면 디자인에서 유추할 수 있듯이 그림1은 단추 제품 관련 블로그마켓이고, 그림2는 여성의류전문 블로그마켓이다. 두 곳 모두 메인 화면을 통해 어떤 블로그인지 그 느낌을 잘 전달하였고 블로그마켓 컨셉을 잘 반영한 사례라 할 수 있다.

"고객의 접근성을 고려하였는가?"
"접근성과 편의성을 고려한 항목들은 무엇인가?"

다음 두 블로그마켓 메인 화면은 접근성을 고려하여 제품별 카테고리로 바로 접근할 수 있도록 배너와 메뉴로 꾸몄다. 또한 고객의 편의성을 고려하여 고객 상담 코너를 배치하였다.

◆ 그림1

◆ 그림2

LESSON

08

벤치마킹 분석 보고 및
운영 계획표 작성하기

앞서 소개한 항목에 대한 분석 자료를 토대로 각자의 블로그마켓에 대한 벤치마킹 항목의 내용을 정리하여 블로그마켓 벤치마킹 분석 보고서와 함께 운영 계획표 등도 작성해본다.

벤치마킹 항목	내용				
대표 키워드					
도메인과 블로그마켓 제목	• 네이버 블로그 도메인 사용( ), 자체 도메인 사용( ) • 블로그마켓 제목 :				
사업자 유형					
타깃	• 연령 타깃 : • 경제 능력 : • 관심 분야 :				
컨셉					
슬로건					
판매 방식과 구매 결제 수단	• 판매 방식 : • 결제 서비스 : • 배송 업체와 요금 :				
환불/교환 조건	• 교환/반품/환불 규정 : • 교환 및 환불 절차 :				
CS 정책	CS 사용 도구	내용			
운영하는 판매 채널					
카테고리 구성					
사용한 레이아웃					
이웃/방문자 수	• 이웃 수 :		• 목표 이웃 수 :		
	1개월 : 명	2개월 : 명	2개월 : 명		
	• 방문자 수 : 1일 평균		• 목표 방문자 수 :		
	1개월 : 명	2개월 : 명	2개월 : 명		
메인 화면 구성					
고객 혜택					
신상품 업데이트 주기					
공동구매 배송일					
포스트 발행 주기					

아래 표는 벤치마킹 13가지 항목을 토대로 분석한 '블로그마켓 벤치마킹 분석 보고서' 샘플 사례이다. 블로그마켓 벤치마킹 분석 보고서의 벤치마킹 항목 중 포스트 발행 주기와 이웃/방문자 수 등에 대한 명확한 운영 계획이 세워져야 방향성을 잃지 않고 꾸준함을 유지할 수 있다.

벤치마킹 항목	내용		
대표 키워드	20대직장여성패션, 오피스룩, 스타일링, 패션니스타, 스타일리시, 코디네이터, 모임 패션, 파티의상, 결혼식 패션		
도메인과 블로그마켓 제목	• 도메인 : 네이버 블로그 도메인 사용 • 블로그마켓 제목 : 패션 트렌드의 시작 셀러샵		
사업자 유형	간이과세자, 통신판매업 신고면제		
타깃	• 연령 타깃 : 20~30대 여성 • 경제 능력 : 경제활동을 하면서 패션 스타일에 관심이 많은 여성 • 관심 분야 : 최신 패션 트렌드에 민감한 여성, 코디		
컨셉	일상을 공유하며 관심사가 비슷한 이웃과 소통하며 여성의류를 중심으로 공동구매하는 블로그마켓		
슬로건	부러움의 시선을 셀러샵과 연출하자!		
판매 방식과 구매 결제 수단	• 판매 방식 : 블로그 비밀 댓글 1:1 판매 • 기본 : 무통장 입금 방식 • 서브 : 카드 결제, 휴대폰 소액결제(결제 링크를 SMS로 보내는 방식)		
	거래 은행	우리은행, 농협	
	에스크로	농협	
	카드사(PG 사)	이니시스	
	배소 업체	우체국택배	
	택배 계약요금	2,500원	
환불/교환 조건	교환 및 반품이 가능한 경우 – 배송 받은 날로부터 7일 이내 교환/환불 신청 시 제품과 태그를 손상시키지 않은 물품에 한해 반품 가능, 1회 교환 가능 • 교환/반품 및 환불이 불가능한 경우 – 고객의 단순변심으로 인한 경우 – 배송 받은 날로부터 7일이 소요된 경우 – 이벤트 특가 상품인 경우 • 교환 및 환불 절차 – 카카오톡 또는 오픈채팅으로 1:1 문의 – 사이즈, 색상 교환의 경우 반송 비용(3,000원)은 고객 부담		
CS 정책	댓글, 카카오톡과 오픈채팅으로 1:1 실시간 고객 응대		
	댓글, 쪽지	하루 4차례 답글	
	카카오톡	즉시 응답/하루 2차례 답변	
	오픈채팅	하루 4차례 답변	
운영하는 판매 채널	블로그마켓 상품 정보 홍보를 위한 인스타그램, 페이스북 운영		
카테고리 구성	• 더셀러 : 일상, 후기, 맛집, 여행 등 • 셀러샵마켓 : 마켓 이용안내, 판매 상품 정보 및 리뷰 등		
사용한 레이아웃	1단		
이웃/방문자 수	• 이웃 수 :	• 목표 이웃 수 :	
	1개월 : 명	2개월 : 명	3개월 : 명
	• 방문 수 : 1일 평균	• 목표 방문자 수 :	
	1개월 : 명	2개월 : 명	3개월 : 명
메인 화면 구성	• 메인 화면 타이틀 & 스킨 : 자체 제작한 심플한 디자인 사용 • 고객 접근성과 편의성을 고려한 항목 : 마켓, 제품 구매 안내, 고객상담, 운영자 일상 메뉴		

벤치마킹 항목	내용
고객 혜택	• 이웃 맺기 : 이웃 관계 맺고 새 글 알림 신청한 이웃 : 1,000원 할인 • 신규 고객 : 처음 구입한 고객에 한해 1,000원 적립, 상품 리뷰를 작성하는 고객에게 추가로 1,000원 적립 • 단골 고객 : 서로 이웃 신청, 카카오톡 친구 신청한 고객에 한해 2,000원 할인, 전 품목 무료 배송 • 충성 고객 : 신상품 소식을 받는 고객이며, 친구를 소개한 고객에게는 3,000원 할인, 그 친구에게는 2,000원 할인, 전 품목 무료 배송 • 체험단 모집 : 셀러샵 체험단에게 체험 상품 제공, 체험 미션 수행 시 소정의 사은품 제공
신상품 업데이트 주기	• 매주 월요일, 수요일(주 2회)
공동구매 배송일	• 매주 수요일, 금요일(주 2회) • 동대문 도매시장 사입일 : 매주 화요일, 목요일(주 2회)
포스트 발행주기	상품 상세페이지 포스트, 일상 포스트, 관심사 포스트를 적절하게 배합하여 1일 1포스트 발행 • 상품 상세페이지 포스팅 : 신상품 업데이트에 맞게, 주2회 • 일상 포스트 : 수시로 • 관심사 포스트 : 패션 트렌드 관련 주 2회

LESSON 09

블로그 제목 결정과 블로그 주소 사용 설정하기

블로그 정보에서 제목(❶)은 블로그마켓의 이름, 즉 회사명이나 상호를 의미하고, 소개글(❷)은 회사 소개 또는 블로그마켓 소개 글에 해당한다. 블로그 제목은 사업자등록상의 회사명과 일치시킬 필요 는 없지만 가능하면 회사명을 포함시키면 좋다. 블로그 제목과 소개글에는 회사명과 블로그의 특징 을 잘 나타내는 단어가 포함되면 좋다. 검색 포털 사이트의 검색에도 노출되기 때문이다.

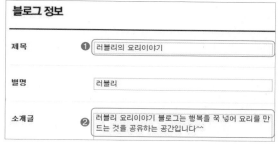
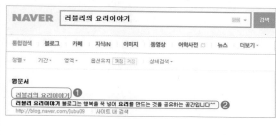

블로그의 주소는 기본적으로 네이버 도메인(blog.naver.com/아이디)으로 설정되어 있고, 네이버에서 제공하고 무료 도메인인 blog.me 도메인(아이디.blog.me), 개인적으로 구입한 도메인(co.kr, com, kr 등) 중 한 가지를 설정할 수 있다.

개인 도메인으로 변경하는 경우에는 도메인 입력 상자에 구입한 도메인 주소(예 sellershop.co.kr)를 입력한 다. 물론 블로그 주 사용 주소를 개 인 도메인으로 변경하여도 개인 도 메인 이외 네이버 도메인 주소로도 블로그에 접속할 수 있다.

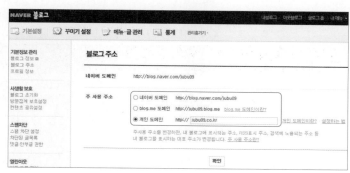

현시점에서 좋은 블로그 제목과 좋은 도메인을 선정하기는 쉽지 않을 것이다. 기억하기 쉬운 블로그 제목이나 도메인들은 대부분 이미 사용하고 있기 때문이다.

그렇다면 좋은 블로그 제목과 좋은 도메인이란 어떤 조건을 갖추고 있어야 할까?

❶ 기억하기 쉬운 단어들을 조합하여 만든다.

월드(world), 피아(pia), 바바(vavi) 등을 상품과 연상되는 이미지나 스타일을 나타내는 단어와 조합하여 만드는 것이 좋다. 예를 들면 여성의류 블로그마켓이라면 바비샵(vavishop), 코디샵(codishop) 등으로 만들 수 있다.

❷ 블로그 제목은 한글 회사명, 도메인은 영문 회사명으로 만든다.

회사명을 블로그 제목 및 도메인과 비슷하게 사용하는 경우는 전문 블로그에서 두드러지게 나타나는 현상이다. 즉, 회사명을 기획할 때부터 회사명, 블로그마켓 이름, 블로그 제목, 도메인을 함께 고려하여 유사하게 만드는 사례이다.

❸ 주력 아이템들을 나타내는 단어들을 조합하여 만든다.

예들 들어 나이키 신발을 판매하는 블로그마켓의 블로그 제목과 도메인을 만든다고 가정해보자. 이 경우 나이키의 'nike', 신발의 'shoes'을 조합한 'nikeshoes' 또는 상점의 샵(Shop)을 합한 'nikeshop' 등과 같이 단어를 조합하여 도메인을 만들고, 블로그 제목은 한글로 '나이키 공동구매 블로그마켓_나이키슈즈'를 사용하면 블로그마켓을 방문하지 않더라도 도메인과 블로그 제목 그 자체로도 그 블로그마켓의 성격을 쉽게 파악하고, 기억하기도 쉬울 것이다.

❹ 블로그 제목은 길게, 도메인은 간단하고 명확한 단어로 만든다.

블로그 제목은 핵심 키워드를 포함하여 길게 작성해도 되지만 도메인은 8~10자를 넘지 않는 것이 좋다. 특히 블로그 주 사용 주소로 개인 도메인을 사용하는 경우 도메인이 너무 길면 기억하기도 불편하고, 혼동될 수 있기 때문이다.

TIP / 개인 도메인 활용

블로그의 주 사용 주소를 개인 도메인으로 설정해서 운영하다 추후 블로그가 활성화되어 스마트스토어 또는 인터넷 쇼핑몰을 함께 운영해야될 경우 블로그 주소로 설정한 개인 도메인 주소를 스마트스토어 또는 인터넷 쇼핑몰 도메인 주소로 사용하면 유리하다.

인허가 사항 신고와 팔면 내야 하는 세금, 세무 지식

1. 블로그마켓에 표기해야 할 사항

인터넷 쇼핑몰, 스마트스토어는 물론 블로그, SNS 등 인터넷과 모바일을 통한 모든 상거래를 위해서는 반드시 신고해야 할 사항과 아이템에 따라 추가로 신고해야 할 사항이 있다. 반드시 신고해야 할 필수 사항은 사업자등록, 통신판매업, 구매안전서비스 이용 확인증 등이며, 관련 사항을 발급받아야 한다. 이외 식품을 판매하는 블로그마켓은 판매 방식에 따라 식품제조가공업, 즉석판매제조업, 건강기능식품 일반판매업, 건강기능식품 제조업, 건강기능식품 수입 판매업 등의 신고 및 허가를 받아야 한다. 소형가전 제품이나 전자/전기 작동 완구를 수입하여 판매하는 블로그마켓은 전기안전검사를 받아야 한다.

분류	신고 항목	내용
공통 필수	사업자등록	상품을 직접 판매하는 모든 블로그마켓의 필수 신고 항목이다. 단, 간이과세자는 통신판매업 신고를 하지 않아도 무관하다.
	통신판매업	
	구매안전서비스 인증	
선택 필수	부가통신사업자	자본금 1억 이상은 신고 의무 사항이다. 단, 1억 미만의 소규모 블로그마켓은 신고 면제 대상이다.
	제조가공업	블로그마켓에서 포장된 김치, 젓갈, 고등어 등을 판매하기 위해서는 신고 및 허가를 받아야 한다.
	건강기능식품 일반판매업	배즙, 양파즙, 호박즙 등 건강 기능에 관련된 식품을 판매하기 위해서는 건강기능식품 일반판매업 허가뿐만 아니라 각 제품마다 품목 허가를 받아야 한다.

신고 후 부여되는 사업자등록번호, 통신판매업번호, 구매안전서비스 이용 확인증 등은 블로그마켓 내 적절한 위치에 반드시 표시해야 한다.

블로그 내에 '사업자정보' 위젯(❶)을 배치해야 한다. '사업자정보' 위젯의 사업자정보에 상호, 대표자명, 사업자번호, 통신판매번호 신고 상태 등을 표시해야 한다. 은행별 판매자 인증마크 페이지에

서 판매자 인증마크 소스 코드를 복사한 후 블로그 메인페이지에 HTML 소스로 붙여넣어 구매안전
서비스 인증마크 이미지(❷)를 적절한 위치에 배치한다. 구매안전서비스 인증마크 위젯 설치 방법에
대해서는 "Lesson 10 인허가 사항 신고와 팔면 내야 하는 세금, 세무 지식"을 참조한다.

◆ 블로그에 배치된 사업자정보 표시 위젯 표시 사례　　　　　◆ 구매안전서비스 인증마크 표시 사례

TIP ╱ 블로그 운영 목적에 따라 달라지는 사업장정보 표기 의무

상품을 직접 판매할 목적이 아니라 상품 리뷰 등 상품 관련 정보를 전달할 목적의 블로그를 운영하는 경우는 사업자등록이나
통신판매업 신고 의무 사항이 아니며 블로그 내 사업자정보를 표기할 의무도 없다.

2. 세금의 시작, 사업자등록

사업을 시작하면 그 사업 내용을 사업장 주소지 관할 세무서에 신고해야 한다. 신고하면 세무서는
사업자에게 사업자등록증을 발부한다. 이렇게 사업자등록을 함으로써, 합법적으로 블로그마켓을 운
영할 수 있게 된다. 블로그에서 상품을 판매하는 마켓을 운영하기 위해서는 사업자등록, 통신판매업
신고, 구매안전서비스 인증 등의 행정절차가 필요하다.

2-1. 사업자의 종류

사업자는 개인사업자와 법인사업자로 구분된다. 개인사업자는 일반과세자, 간이과세자, 면세사업자
로 구분되고, 법인사업자는 일반과세자와 면세사업자로 구분된다. 블로그마켓을 시작하는 분 중 상
당수는 연 매출이 4,800만 원 미만이기 때문에 간이과세자로 시작한다. 간이과세자로 시작하여 매
출 규모에 따라 언제든지 일반과세자로 변경할 수 있다.

구분	간이과세자	일반과세자
대상	연 매출 4,800만 원 미만	연 매출 4,800만 원 이상
발행영수증	영수증(세금계산서 발행할 수 없음)	세금계산서 의무 발행
세금	매출액×업종별 부가가치율×10%−공제세액(매입 세액×업종 부가가치율) ※ 부가가치율 : 소매업 15%, 제조·소매 : 20%) ※ 매입 세액 : 15~40%까지 세액 공제 가능	매출 세액(매출 10%)−매입 세액 ※ 매입 세액은 세금계산서, 신용카드, 현금 영수증에 의해 입증되는 세액만 공제 가능

※ 부가가치세, 소득세 등 사업자가 내야하는 세금에 관해서는 뒤쪽을 참조한다.

2-2. 사업자등록 신청하기

사업자등록증이란, 블로그마켓을 통해서 상품 판매를 시작하면 사업 소득이 발생하고, 그 사업 소득에
대한 세금을 지불하겠다고 국세청에 신고하고 세무서로부터 받는 증서이다. 사업자등록은 원칙적으로
사업을 시작한 날로부터 20일 이내에 사무실 임대차 계약서(그림2), 사업허가증(등록, 신고 업종인 경
우), 동업 계약서(공동 사업자인 경우), 신분증, 도장 지참 후 관할 세무서에 신청해야 한다. 사업자등록
신청서(그림1)는 관할 세무서에 비치되어 있으며, 작성 후 제출하면 7일 이내 발급받을 수 있다.

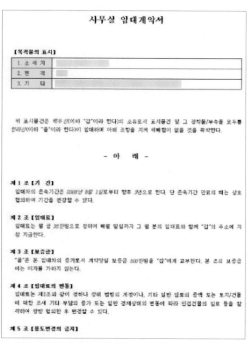

◆ 그림1 사업자등록 신청서 　　　　◆ 그림2 사무실 임대차 계약서

사업자등록증은 간이과세자(그림3), 일반과세자(그림4), 면세사업자(그림5) 등 대상에 따라 유형별로 발급받을 수 있다.

◆ 그림3 개인사업자(간이과세자)

◆ 그림4 개인사업자(일반과세자)

◆ 그림5 개인사업자(부가가치세 면세사업자)

TIP / 간이과세자로부터 매입 시 증빙은?

거래처로부터 물건을 매입한 경우 세금계산서를 끊어 달라고 요청했더니 간이과세자라 세금계산서를 발행해 줄 수 없다고 하는 경우 이렇게 하면 된다.
"지출증빙으로 현금영수증을 발행해주세요"
간이과세자는 세금계산서를 발행을 할 수 없지만, 현금영수증을 발행할 수 있다. 이때 휴대전화번호가 아닌 본인의 사업자번호를 제시하고 지출증빙으로 현금영수증을 발행해 달라고 요청하면 된다. 휴대전화번호로 받은 현금영수증은 사업 관련 매입으로 인정되지 않는다.

3. 구매안전확인증 신청과 블로그에 은행 위젯 설치하기

인터넷 쇼핑몰, 오픈마켓 판매자 뿐만 아니라 블로그에서 공동구매나 1:1 판매 행위를 할 때에도 통신판매업을 신고해야 한다. 블로그를 통해서 상품을 사고파는 행위 역시 전자상거래의 유형이기 때문이다. 통신판매업 신고증을 발급하기 위해서는 구매안전확인증을 첨부해야 한다. 구매안전확인증을 신청하고 은행 위젯을 블로그에 설치해보자.

3-1. 구매안전확인증 신청하기

블로그마켓은 사업자 통장(국민은행, NH농협 등)을 만들고 은행에서 구매안전서비스 일명 '에스크로 서비스'를 신청 후 발급받는다.

※ 개인 통장으로는 구매안전서비스를 신청할 수 없다. 또한 2016년 기준 국내 은행 중 에스크로 구매안전서비스를 가입할 수 있는 은행은 농협, 기업은행, 국민은행이다. 그러므로 사업통장은 3곳 중 한 곳에서 개설하는 것이 편리하며, 실제 입금은 여러 사업자통장으로 해도 무관하지만 에스크로 서비스를 신청한 사업자 통장을 대표 통장으로 사용할 것을 추천한다.

01 거래하는 은행. 여기서는 국민은행을 예로 들어보자. 국민은행 사이트(https://www.kbstar.com) 메인 화면에서 '전체서비스'-'에스크로이체' 메뉴를 클릭한다.

02 에스크로이체 페이지에서 '판매자 인증마크' 메뉴를 클릭한다. [판매 인증마크 등록] 버튼을 클릭한 후 인증마크 등록 절차를 마친다.

03 인증절차를 완료한 후 좌측 '구매안전 서비스 이용확인증 발급' 메뉴를 클릭하여 출력하거나 은행 창구를 직접 방문하여 발급받는다.

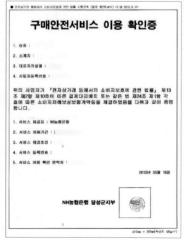

◆ 구매안전서비스 이용 확인증

3-2. 블로그에 국민은행 인증마크 위젯 설치하기

01 판매자 인증마크를 등록한 은행. 여기서는 국민은행을 예로 들어보자. 국민은행 사이트(https://www.kbstar.com) 메인 화면에서 '전체서비스'-'에스크로이체' 메뉴를 클릭한다.

02 에스크로이체 페이지에서 '판매자 인증마크' 메뉴를 클릭하고 좌측의 '인증마크 기존정보 확인' 메뉴를 클릭한다.

03 판매자 인증마크 소스코드의 [복사] 버튼을 클릭한 후 복사한다.

04 메모장 프로그램을 실행한 후 새 파일을 연다. Ctrl + V 를 눌러 판매자 인증마크 소스코드를 복사한다. [파

일]–[저장] 메뉴를 클릭한 후 '다른 이름
으로 저장' 대화상자가 나타나면 파일 이
름(여기서는 '국민은행인증마크.html')과
확장자는 .html로 지정한 후 [저장] 버튼을
눌러 저장한다. 저장한 폴더에 '국민은행
인증마크.html' 파일이 생성된다.

05 국민은행 사이트에서 인증마크 이미지를
더블클릭한다.

06 '에스크로 이체 판매자 확인 정보' 창에서 마우스 오른쪽 버튼을 클릭한 후 '속성' 메뉴를 클릭하고 '속성' 창이 나타나면 주소(URL)를 드래그하여 복사한다.

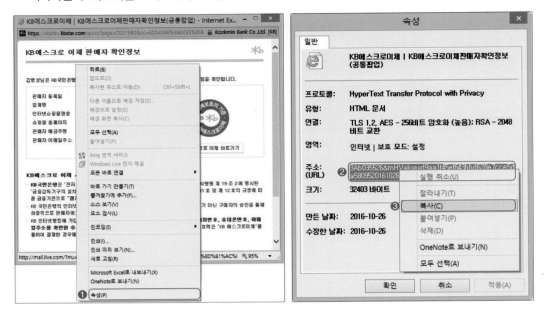

07 메모장 프로그램을 열어 새로운 파일에 복사한 판매자 확인 정보 주소를 Ctrl+V를 눌러 복사한다. 이를 '인증마크 1번'이라고 가정한다.

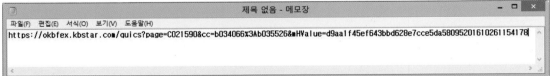

```
https://okbfex.kbstar.com/quics?page=C021590&cc=b034066%3Ab035526&mHValue=d9aa1f
45ef643bbd628e7cce5da58095201610261154178
```

08 4번 과정에서 생성한 '국민은행인증마크.html' 파일을 더블클릭한다.

09 웹브라우저에 에스크로이체
마크가 보인다. 마크를 마우스
오른쪽 버튼으로 클릭한 후 '속
성' 메뉴를 클릭한다. '속성' 창
에서 주소(URL)를 드래그한 후
`Ctrl`+`V`를 눌러 클립보드
에 복사해둔다. 이를 '인증마크
2번'이라고 가정한다.

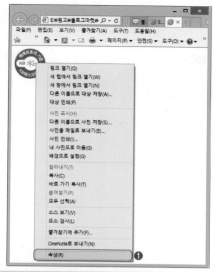

```
http://img1.kbstar.com/img/escrow/escrowcmark.gif
```

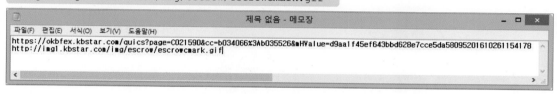

10 메모장에 복사한 소스는 인증마크 1번과 2번이 된다. 블로그 위젯에 설치하기 위해서는 인증마크 1번과 2번 사이에 다음
소스를 추가해야 한다. `Ctrl`+`A`를 눌러 전체 소스 코드를 선택한 후 `Ctrl`+`C`를 눌러 클립보드에 복사해둔다.

```
<a href="인증마크 1번 소스 target="_blank">
<img src="인증마크 2번 소스"/></a>
```

```
<a href="https://okbfex.kbstar.com/quics?page=C021590&cc=b034066%3Ab035526&mHVal
ue=d9aa1f45ef643bbd628e7cce5da58095201610261154178 target="_blank">
<img src="http://img1.kbstar.com/img/escrow/escrowcmark.gif"/></a>
```

11 내 블로그에서 상단 '내 메뉴–관리' 메뉴를 클릭한 후 '꾸미기 설정'–'디자인설정–레이아웃 · 위젯 설정' 메뉴를
클릭한다.

12 레이아웃 · 위젯 설정 페이지에서 [위젯직접등록] 버튼을 클릭한 후 위젯명은 '국민은행 에스크로 인증', 위젯 코드 입력란에는 Ctrl + V 를 눌러 10번 과정에서 클립보드에 복사해 둔 인증마크 1번과 2번 소스 코드 전체를 복사한다. 에스크로 인증 마크가 보이면 [등록] 버튼을 클릭하고 페이지 하단의 [적용] 버튼을 클릭한다.

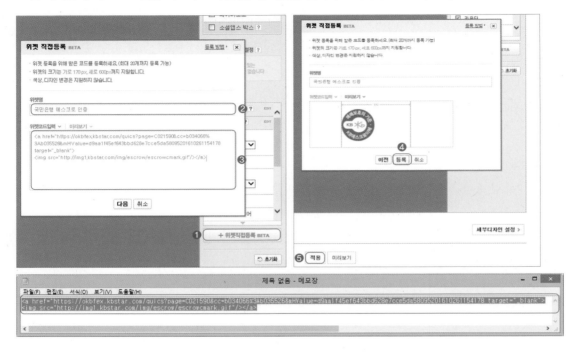

13 내 블로그에 인증 마크 위젯이 배치된 것을 확인할 수 있다. 인증 마크를 클릭하면 국민은행 '에스크로 이체 판매 확인 정보' 페이지로 이동하며 판매자 정보를 확인할 수 있다.

4. 통신판매업 신고하기

소비자와 직접 상거래가 이루어지는 인터넷 쇼핑몰, 스마트스토어, 블로그마켓, SNS마켓 등 전자상거래 사업자는 관할 구청의 생활경제과에서 통신판매업을 신고해야 한다. 신청 1~2일 후 다음 그림과 같은 통신판매업신고증을 발급받을 수 있다. 단, 사업 개시일을 기준으로 최근 6개월 동안 거래 횟수가 20회 미만, 또는 거래금액이 1,200만 원 미만이면 통신판매업 신고가 면제된다. 통신판매업신고증은 면허세가 발행되며, 간이과세자는 비용이 무료이고, 일반과세자는 5만 원 정도(년 단위, 지역에 따라 약간 차이가 있음)의 면허세가 부과된다.

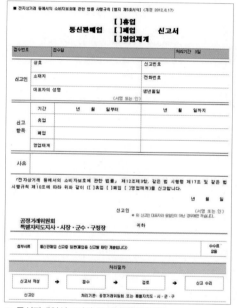 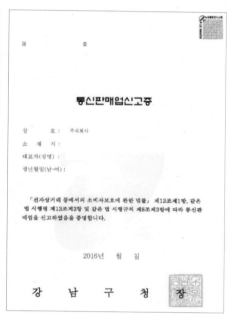

◆ 통신판매업신고서와 통신판매업신고증

통신판매업신고증은 민원 24 사이트에서 온라인 발급 신청할 수 있다.

01 민원 24 사이트(http://www.minwon.go.kr)에 회원가입 후 검색창에서 '통신판매업'을 입력하고 검색한다. 인터넷민원신청 영역의 '통신판매업'의 [신청] 버튼을 클릭한다.

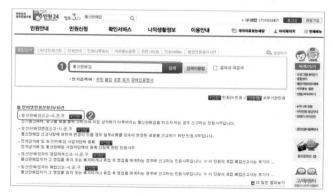

02 통신판매업 신고서 온라인 양식에 맞추어 작성한 후 [민원 신청하기] 버튼을 클릭하면 신청이 완료된다. 담당 부서에서 휴대폰으로 문자 또는 확인 전화가 오면 그 이후에 방문 수령한다.

5. 블로그마켓 운영자의 세무 절세 방법

사업자등록을 함으로써 발생하는 비용은 없다. 사업자등록 이후에 매출액이 발생하면 그 매출과 이익에 대한 부가가치세와 소득세를 납부하면 된다.

사업자등록 신청 시 선택하는 사업자 유형에 따른 주요 세무 신고 및 납부 사항에 대해서 알아보자.

5-1. 소득세 이해와 신고하기

모든 사업자가 매년 1월 1일부터 12월 31일까지 얻은 소득에 대하여 다음 해 5월 1일부터 5월 31일까지 사업장 주소지 관할세무서에 신고 · 납부해야 한다.

종합소득세 신고 시 수입금액(매출액)은 부가세 신고한 매출액의 합계에 기타금액(신용카드 발행 세액 공제 등 혜택을 본 금액)을 더한 금액이 된다. 비용(경비)은 부가가치세 신고 때 반영하였던 매입 항목에 추가적인 기타 경비(간이영수증을 교부받은 경비 등)를 합산하여 신고하게 된다. 실제 비용을 인정받으려면 반드시 장부를 작성하여 이를 입증해야 한다.

※ 사업자가 사업소득 이외에 일정한 금융소득이나 기타소득, 근로소득 등 추가적인 다른 소득이 있다면 합산하여 신고해야 한다. 블로그마켓 운영자 중 상당수는 직장에 다니면서 투잡 형식으로 운영하는 사람이 많다. 이런 경우 자신이 받는 급여와 블로그마켓을 통해서 발생한 매출액을 합산하여 소득세 신고를 해야 한다. 이런 의미에서 소득세를 종합소득세라고 한다.

5-2. 부가가치세 이해와 신고 · 납부하기

부가가치세 신고는 소득세 신고의 출발점이다. 일반과세자는 매년 7월과 1월에, 간이과세자는 매년 1월에 신고 및 납부를 해야 한다. 부가가치세는 소득세 과세대상이 되는 매출액을 확정시키고, 세금계산서, 계산서, 현금영수증, 신용카드 영수증을 발급받은 매입을 공제하여 신고 및 납부하는 것이다.

블로그마켓 운영자들은 사업 초기에는 매출이 미비하여 간이과세자로 시작하게 되는데, 간이과세자의 세금 이야기를 해보자.

매출(내가 블로그마켓을 통해 판매한 금액(신용카드 매출액 등 매출 신고한 전체 금액 기준))이 4,800만 원 미만은 '간이과세자'에 해당하여 부가가치세 납세 부담이 크게 줄어든다. 간이과세자는 매출액의 10%가 부가세 납부세액이 아니라, 매출액의 10%에 부가가치율(업종별로 3~5%)을 곱한 금액만큼만 납부 세액이 된다.

예를 들어, 간이과세자인 내 블로그마켓에서 의류를 공동구매로 10,000원에 팔았다면 납부세액은 10,000×10%×10%(소매업 부가가치율)=100원이 된다.

또한, 블로그마켓을 통해서 판매한 매출액이 연간 2,400만 원 미만이면 부가가치세 신고는 해도 세금은 면제, 즉 부가가치세 납부 의무가 아니라 면제이다.

이번에는 일반과세자에 대해서 알아보자.

매출이 4,800만 원이 넘어가면 자동으로 일반과세자로 전환이 되는데 그때부터는 매출(내가 판매한 금액) 1,000원에 대한 세금 100원(10%)이 납부 세액이 된다.

블로그마켓에서 신용카드로 10,000원에 팔았다면 1,000원 부가가치세 세금을 공제(PG사 수수료 등은 불포함)하며 9,000원이 실제 소득이 된다. 만약 10,000원을 남기고 싶으면 11,000원에 팔아야 한다.

그리고 매출(내가 판매한 금액) 10,000원에 대한 1,000원을 납부할 때 매입(거래처에서 구입한 물건값) 5,000원에 대한 세금 500원(10%)을 공제하고 500원만 세금을 납부하는 것이다. 그래서 매출이 어느 정도 올라가면 세금을 내야 하니까 10% 붙여서 판매하고 또한 물건을 매입할 때 세금계산서도 끊어야 한다. 매입했다는 증빙을 남겨야 나중에 환급(매출 부가세−매입 부가세=내가 납부할 부가세)을 받을 수 있다. 만약 세금계산서를 받지 않으면 매입 금액이 없으므로 그만큼 세금을 더 지불해야 한다.

TIP 자택을 사업장으로 사용하면 사업자등록과 세금은 어떻게 되나요?

블로그마켓으로 창업하는 분들 중에는 사무실이 필요하지 않거나 사업 초기 사무실을 오픈하기가 부담스러운 경우 등 여러 가지 이유로 살고 있는 집을 사업장으로 이용하는 경우가 많다.

이런 경우, 사업자등록신청서 작성 시 살고 있는 집을 사업장으로 표기하게 된다. 월세로 임대하는 경우도 사업장으로 사용할 수 있으며 주민등록상 주소지와 현 거주지가 동일하면 집주인과 별도의 임대차 계약서를 작성하지 않아도 된다. 그래서 사업자등록은 주민등록상 주소로 해놓고 실제 사업은 다른 곳에서 하는 경우도 많다. 다만, 집을 사업장으로 사용하는 경우 사업과 관련된 경비와 가사에 관련된 경비를 구분하기 어렵기 때문에 각종 사업 연관 경비를 세무 증빙서류로 제출할 때 제약을 받을 수 있다.

주도중세무사 블로그(http://blog.naver.com/ctaju)에서 우측 상단의 [메모] 메뉴를 클릭한 후 [주세무사에게 질문하기] 카테고리를 클릭한다. 질문하기 전 질문 목록 중 궁금한 사항과 연관된 답변글이 있는지 확인한다. [글쓰기] 버튼을 클릭한 후 스마트에디터 글쓰기 창에서 질문 제목과 세무에 관한 궁금한 사항을 질문하시면 빠른 시간에 답변글(❼)을 받을 수 있다. 또한 주도중세무회계사무소(TEL: 031-908-4995) 상담실로 연락하면 자세한 세무회계 상담을 받을 수 있다.

◆ 주도중세무사 블로그(http://blog.naver.com/ctaju)

블로그마켓에서 제공할 결제 서비스 신청하기

1. 블로그마켓에 결제 서비스가 필요한가요?

앞서 설명한 "블로그마켓 · SNS마켓 고객 이용도 설문조사" 통계 결과에서 보았듯이 구매자들이 가장 불편해하거나 개선해야 할 사항은 '결제방식 다양화'와 '거래 안전장치 서비스 제공'이었다.

블로그마켓은 판매자의 계좌로 물품 대금을 입금하는 무통장입금 서비스(❶)가 가장 많이 사용되고 있는 상황이다. 하지만 블로그마켓을 더욱 활성화시키기 위해서는 지금보다 더 투명하고, 안전하고, 편리한 결제 서비스가 제공되어야 할 것이다.

블로그마켓에서 제공할 수 있는 결제 수단은 무통장입금, 신용카드, 가상 계좌이체, 실시간 계좌이체, 모바일 결제, 전화 결제(폰뱅킹), 전자화폐 등이 있다. 특히 PC나 핸드폰에서 결제하기 위해서는 온라인 결제 보안프로그램을 설치하고 결제를 해야 하는 번거로움이 있는데, 페이앱(payapp)의 블로그페이, 아이페이앱(ipayapp), 페이마켓(paymarket) 등 신개념 간편결제 서비스(❹)를 이용하여 이러한 문제를 해결할 수 있다.

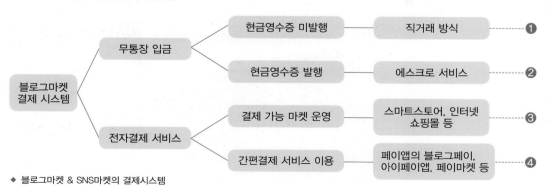

◆ 블로그마켓 & SNS마켓의 결제시스템

무통장입금의 사용 비중이 가장 많은 블로그마켓들은 가장 먼저 안전한 현금 결제를 위한 에스크로 서비스(❷)를 신청해야 한다. 물론 블로그마켓의 운영 방식이나 목적에 따라서 "블로그마켓 & SNS 마켓의 결제시스템"의 유형 중 필요한 결제 서비스를 선택적으로 사용한다.

첫째, 신용카드 결제 시스템 장착이 가능한 마켓을 운영한다

블로그마켓이나 SNS마켓은 자체적으로 신용카드 결제 시스템이 제공되지 않기 때문에 고객이 신용 카드 결제를 원하면 다양한 결제시스템을 장착시킬 수 있는 마켓(스마트스토어, 인터넷 쇼핑몰 등) 을 만들고, 이곳으로 이동할 수 있는 위젯이나 배너를 설치하거나 포스트에 링크 주소를 안내한다. 다음은 "블로그마켓 & SNS마켓의 결제시스템"의 3번째(❸) 유형에 해당한다.

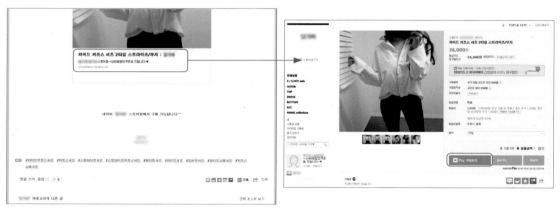

◆ 블로그마켓에 스마트스토어 바로가기 위젯 링크와 포스트에 바로가기 링크 설정 사례

둘째, 블로그마켓의 상품 포스트에 간편 결제 페이지를 링크시킨다

주문서 작성과 카드 결제가 가능한 페이앱(payapp), 아이페이앱(ipayapp) 등 간편 결제시스템을 통 해 블로그마켓이나 SNS마켓에서 발행하는 상품 관련 포스트에 카드 결제, 계좌이체, 소액결제 등 결제 페이지 링크를 안내(❶)하고, 고객은 해당 주문서(❷)를 사용하여 결제할 수 있다.

◆ 블로그 포스트에 결제할 수 있는 주문 페이지로 이동

또는 수기 결제도 가능하다. 블로그마켓 고객이 카드 결제를 원하면 블로그마켓에 휴대폰 결제 가능 위젯을 설치(❸)하여 고객이 클릭하면 판매자는 페이앱 서비스를 통해 구매자에게 SMS 결제 요청

문자(❹)를 보낸다. 또는 블로그 댓글, 카카오톡 등으로 요청하면 구매자에게 SMS 결제 요청 문자(❹)를 보낸다. 구매자는 문자를 클릭한 후 웹 결제화면(❺)이 나오면 결제 진행이 가능하다.

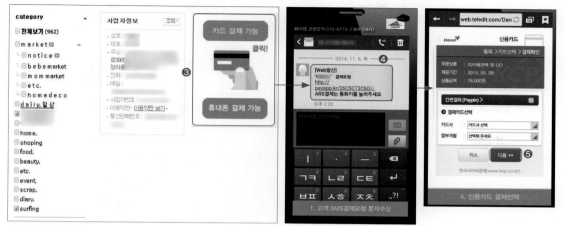

◆ 수기 결제 서비스

또는 결제시스템 제공업체에서 제공되는 모바일 쇼핑몰 등에 상품을 등록한 후 위의 첫째 사례와 같은 방식으로 활용할 수도 있다.

◆ 블로그페이에서 제공되는 모바일 쇼핑몰

2. 현금 결제 시 필요한 에스크로 서비스 신청하기

블로그마켓 운영자가 구매자의 댓글, 쪽지, SNS로 안내한 계좌번호로 물품 대금을 직접 송금하는 무통장입금 방법은 현재의 블로그마켓 판매자들이 가장 선호하는 구매자 결제 유형이다. 상당수의 블로그마켓은 판매자와 구매자 간 암묵적으로 무통장입금 결제 방식을 이용하고 있다.

만약 구매자가 물품 대금을 신용카드로 결제한다면 판매자(블로그마켓 운영자)는 부가가치세 10%, 카드 수수료 2~5% 등을 기본적으로 지불해야 한다. 즉 판매자 입장에서는 구매자가 신용카드로 결제하면 무통장입금 등 현금 결제보다 15%~20% 정도 손실이 발생한다고 생각할 수 있다. 물론 엄밀히 말하면 손해라고 할 수는 없다. 사업 소득에 대한 정당히 부과되는 세금을 내는 것이기 때문이다. 이런 이유로 상당수 블로그마켓은 카드 결제보다는 현금 결제를 선호한다. 그러므로 상당수 블로그마켓은 현금 결제 시 할인이라는 혜택을 통해 현금 결제를 권유하는 것이다.

이런 행위는 탈세에 해당하지만 블로그마켓의 고객들은 '현금으로 결제하면 싸게 구입할 수 있다'는 것을 너무도 당연하게 생각한다. 하지만 법적으로 물품 판매 시 현금 결제액과 카드 결제액을 다르게 안내한다면 엄밀히 말하면 위법 사항이다. 왜냐하면, 이는 탈세를 조장하는 행위이기 때문이다. 물론 현금 결제 시 고객은 처벌을 받지 않는다. 그래서 카드와 현금 결제 시 금액 차이가 없는 곳이 합법적인 블로그마켓이고, 금액을 달리 받으면 법을 위반하는 블로그마켓이 되는 것이다.

또한 현금 결제한 구매자 중에는 판매자에게 '현금영수증'을 요구하는 경우가 많다. 하지만 대부분의 판매자(블로그마켓 운영자)들은 현금영수증 발급을 거부한다. 본인들은 인터넷 쇼핑몰보다 저렴하게 판매한다는 이유에서이다.

불만족스러운 구매자 중에는 현금영수증 발급을 거부 사실을 국세청에 민원 넣는 경우도 종종 발생하므로 구매자가 원하면 원칙적으로 현금영수증을 발급해주어야 한다.

블로그마켓 판매자가 구매자에게 현금영수증을 발급하기 위해서는 우선, 현금영수증 서비스를 신청해야 한다. 다음은 현금영수증 서비스 신청부터 발급까지의 일련의 예시이다.

01 국세청 홈택스 사이트(www.hometax.go.kr) 메인 화면에서 [현금영수증 사용내역 조회] 아이콘을 클릭한다. 우측의 [현금영수증] 아이콘을 클릭한다.

02 현금영수증 페이지에서 [현금영수증 인터넷 발급 안내] 버튼을 클릭한다. 현금영수증 인터넷 발급 영역에서
현금영수증 사업자를 클릭한다. 여기서는 금융결제원을 클릭해본다.

 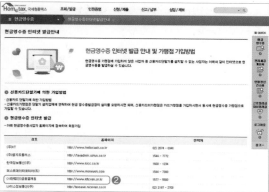

03 금융결제원(KTTCVAN) 홈페이지로 이동하면 메인 화면에서 [현금영수증 회원가입]을 클릭한다. 현금영수증
서비스 가입의 [가입하기] 버튼을 클릭한다.

04 회원가입 약관에 동의하고 [다음] 버튼을 클릭한다. 가입여
부 확인에서 사업자등록번호를 입력하고 [다음] 버튼을 클릭
한다.

05 회원가입 페이지에서 기본정보와 개인정보를 입력
하고 [가입] 버튼을 클릭한다.

06 회원가입이 완료되었다. 공인인증서를 등록하기
위해 [인증서 등록] 버튼을 클릭한다.

07 공인인증서 등록 페이지에서 항목을 입력한 후 [다음] 버튼을 클릭한다. 공인인증서 등록 페이지에서 '사업자'
라디오 버튼을 클릭하고 사업자번호를 입력한 후 [등록] 버튼을 클릭한다.

08 공인인증서 암호를 입력하고 [확인] 버튼을 클릭한다. 공인인증서 등록이 완료되었으며 [확인] 버튼을 클릭한다.

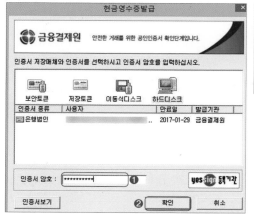

09 고객이 현금영수증을 요청하면 '영수증 발행/조회'-'현금영수증 승인요청' 메뉴를 클릭하고 거래 내역과 상품가격 등을 입력한 후 [입력] 버튼을 클릭한다.

10 현금영수증 발급 내역을 조회하기 위해서 '영수증 발행/조회'-'현금영수증 조회/출력' 메뉴를 클릭한 후 조회 조건을 설정하고 [조회] 버튼을 클릭하면 내역을 확인할 수 있다.

3. 신용카드 결제를 위해 마켓 이용하기

3-1. 블로그마켓의 신용카드 결제 시스템 이용 사례

블로그에는 결제 시스템이 제공되지 않는다. 만약 구매자가 카드 결제를 원하면 "블로그마켓 특성 상 제품을 저렴하게 판매하기 때문에 신용카드 결제가 불가능합니다."라고 안내할 수밖에 없다. 고객의 편의를 위해 쇼핑몰 없이도 주문서 작성과 결제 및 배송 관리가 가능한 블로그페이, 페이앱 솔루션이나 미니 쇼핑몰인 네이버 스마트스토어를 운영하면 신용카드 결제 등 다양한 결제 서비스를 제공할 수 있다. 예를 들면 블로그마켓에서 등록한 상품 포스트에 판매자가 운영하는 스마트스토어에서 결제할 수 있는 상품 상세페이지로 링크를 걸어 안내하면 된다.

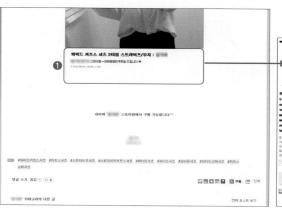

◆ 블로그 포스트 내용 아래 스마트스토어 링크

◆ 스마트스토어의 상품 상세페이지 결제

3-2. 스마트스토어와 쇼핑몰 솔루션의 수수료와 정산 주기 비교

카페24, 메이크샵 등 쇼핑몰 솔루션을 이용하여 인터넷 쇼핑몰을 만드는 경우 전자결제 지불대행사(PG 사)와 계약해야 한다. 대표적인 PG사에는 KG 이니시스, 삼성올앳, KCP, KSNET, 올더게이트, LG U+ 등이 있으며 가입비, 수수료, 정산주기 등 서비스 내용을 살펴본 후 가장 유리한 PG사를 선택한다.

PG사를 선택할 때 특히 주의해야 할 사항이 수수료와 정산 주기이다. 수수료는 신용카드 수수료와 계좌이체 수수료가 다르다. 정산주기는 결제일 이후 7일(영업일 기준)부터 매일 정산되는 일정산, 주간 단위로 정산되는 주정산 외에 15일 단위, 월단위 정산 등 다양하므로 블로그마켓의 자금 계획 등을 고려하여 선택한다. 예를 들어 일정산 정산 주기를 선택하여 10월 1일 신용카드로 거래가 이루 어졌다고 가정하면 판매 대금 입금 날짜는 금융권의 영업일(공휴일 제외) 기준이기 때문에 10월 10 일이다.

인터넷 쇼핑몰은 제작하기 쉽지 않고, 상품의 가짓수가 다양해야 하므로 단순히 블로그마켓의 신용 카드 결제 서비스 제공을 위한 마켓으로는 규모가 크다고 할 수 있다. 또한 인터넷 쇼핑몰을 직접 운 영하는 경우 필요한 지식과 운영상의 어려움이 따른다.

반면 스마트스토어는 1시간 정도면 충분히 만들 수 있을 만큼 사용 방법이 쉽다. 운영 또한 어렵지 않으며, 무엇보다도 큰 장점은 수수료이다. 스마트스토어는 블로그마켓과 같은 독립적 채널을 통해서 상품을 구매 할 경우 결제수수료가 저렴한 편이다. 또한 가입비 등의 별도 비용이 발생하지 않는다. 네이버 쇼핑을 통한 주문일 경우 네이버 쇼핑 매출연동수수료 2%가 네이버페이 결제수수료와 별도로 과금된다.

블로그마켓을 통해 결제하는 경우(❶) 상품 대금의 3.74%만 지출하면 된다. 예를 들어 10,000원짜 리 제품이라면 수수료 374원만 지불하면 된다. 사실 2%라면 크게 느껴지지 않겠지만, 제품 가격이 비싸게 되면 상황은 달라진다. 수백만 원짜리 해외 명품브랜드를 판매한다면 적지 않은 수수료가 발 생하기 때문에 신중히 고려할 필요가 있다. 100만 원짜리 제품이 판매되면 매출연동수수료만 2만 원 이다. 마진 구조가 취약하다면 이는 큰 금액이 될 수 있다.

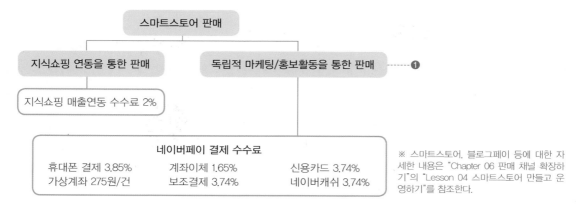

※ 스마트스토어, 블로그페이 등에 대한 자 세한 내용은 "Chapter 06 판매 채널 확장하 기"의 "Lesson 04 스마트스토어 만들고 운 영하기"를 참조한다.

LESSON 12

블로그마켓 제작 시
필요한 기술

블로그마켓 제작 시 관련된 기술을 알아두면 고객의 동선을 고려한 디자인, 매출을 높이는 디자인, 쇼핑몰 느낌의 화면 구성 등을 적용해서 만들 수 있다.

다음은 이 책에서 제작해볼 두 가지 유형의 블로그마켓 디자인으로 고객의 편리성과 쇼핑 동선을 고려한 UI를 반영한 사례이다.

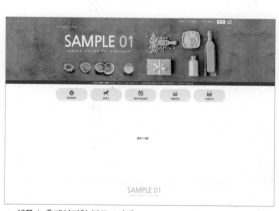

◆ 샘플 1_홈페이지형 블로그마켓

◆ 샘플 2_쇼핑몰형 블로그마켓

위의 샘플 1과 같은 홈페이지형 블로그마켓을 제작하려면 포토샵의 간단한 기능 정도만 알면 충분하다. 샘플 2와 같은 쇼핑몰형 블로그마켓을 제작하려면 포토샵 이외 정교한 코딩 작업에 필요한 드림위버의 기초 지식이 필요하다.

◆ 1단계 : 포토샵에서 블로그 스킨 디자인하기

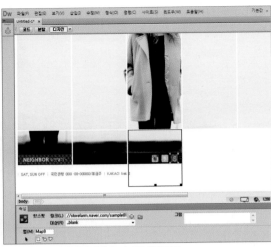

◆ 2단계 : 드림위버에서에서 디자인 작업하기

◆ 3단계 : 드림위버에서 코딩하기

◆ 4단계 : 블로그에 디자인 적용하기

※ 드림위버를 처음해보는 왕초보도 만들 수 있도록 쉽게 설명되어 있으니 미리 걱정할 필요는 없다.

LESSON

13

포장과 배송 준비하기

1. 상품 포장하기

일반적으로 제품 포장은 제품 파손 방지를 위한 1차 포장, 선물이나 블로그마켓 로고 부착을 위한 2차 포장, 배송을 위한 택배용 박스 3차 포장 단계를 거친다. 이 과정을 얼마나 정성 들여 진행하는가에 따라 제품을 받아보는 고객의 첫 느낌이 달라진다.

포장은 제품 포장과 배송 포장으로 구분된다. 제품 포장은 제품을 보호하고, 제품의 가치를 극대화시키는 요소이다. 배송용 포장은 단순히 상품을 포장하는 본래의 기능 이외에도 마케팅 도구로도 활용할 수 있다. 예를 들어 4,000~5,000원 티셔츠를 판매한다고 가정하면 전체 원가에서 포장 박스는 적지 않은 비중을 차지한다. 그럼에도 불구하고 일부 블로그마켓 판매자들은 배송용 포장 박스를 단순히 상품 포장 용도로만 사용하는 경우가 많다.

배송용 박스에는 상품과 함께 상품 할인 쿠폰을 새겨 넣거나 포장 박스에 자사 행사 광고를 인쇄하는 등 업체마다 다양하게 활용할 수 있다. 진행 중인 할인 이벤트와 각종 행사 관련 소식을 포장 박스에 동봉하는 것도 좋은 방법이다. 이처럼 포장 박스 자체를 하나의 광고판으로 활용하면 상품 포장 이외에 목적으로도 활용할 수 있다.

제품을 보호하기 위해 사용되는 포장 재료는 내장 재료와 외장 재료로 구분된다. 왜장 재료는 상품을 담는 용도로 사용하며, 내장 재료는 상품의 파손 및 손상을 막기 위해 사용한다. 외장 재료는 택배용 박스, 폴리백, 아이스박스, 에어백, 에어캡 등을 주로 사용하고, 내장 재료는 부직포 가방, 스티로폼, 부직포, 비닐팩 등 주로 사용한다.

◆ 골판지 박스　　◆ 폴리백　　◆ 아이스박스　　◆ 에어백　　◆ 에어캡

◆ 부직포 가방　　◆ 스티로폼　　◆ 부직포　　◆ 공기주입 비닐

2. 블로그마켓에게 유리한 배송 업체 선택하기

블로그마켓 운영에서 배송 업체는 매우 중요한 비중을 차지한다. 특히 택배사 문제로 배송이 지연되거나 배송 과정에서 상품의 파손, 분실 등이 발생하면 블로그마켓의 신뢰도는 하락하게 될 것이다. 이웃과 이웃으로 연결된 블로그마켓 특성상 '신뢰도 하락'은 치명적일 수 있다. 다음은 택배 업체에 대한 불만 사항에 관한 블로그마켓의 댓글이다.

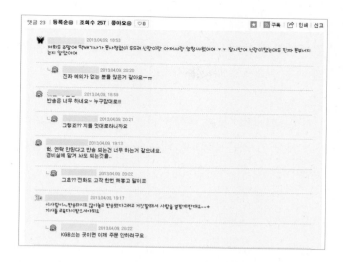

배송 관련 문제 중에는 '너무 늦게 도착한다.', '배송 업체 직원이 너무 불친절하다.', '배송 업체 직원이 말도 없이 관리실에 놓고 갔다.', '물품 일부가 손상되었다.' 등 배송 업체와 직접 연관된 크레임들이 종종 발생한다. 이런 경우 블로그마켓 운영자가 배송 업체에 책임을 물을 수도 있지만, 서로의 견해 차이로 쉽게 해결되지 않는 경우가 대부분이다.

위와 같은 사례를 겪지 않기 위한 최적의 배송 업체를 선택하기 위해서는 다음 사항을 체크한다.

- 안전하게 배송하는가?
- 배송 시간은 빠르고 정확한가?
- 배송료는 적합한가?
- 배송 사고 시 사후처리는 가능한가?
- 지원 사항이 있는가?

만약 농수산물을 판매하는 경우 배송 지연에 따른 제품의 가치가 훼손될 수 있기 때문에 냉동차량 보유 여부를 확인해야 한다. 고가의 명품 브랜드 제품을 사다드림 형식으로 판매하는 경우 분실이나 파손에 따른 손실률은 매우 크기 때문에 안정성이나 배송 사고에 따른 손해배상 등의 사후처리를 반드시 확인해야 하고, 계약서 등에 명시해야 한다.

블로그마켓 창업 초기에는 판매 수량이 미비하기 때문에 배송 업체와 협상하여 건당 배송비를 낮추는 것은 쉽지 않다. 처음 계약 시 예상 배송 물량을 부풀려 배송료를 낮추어 협상하는 경우 있는데, 입장을 솔직하게 이야기하고 물량이 늘어나면 계약조건을 유리하게 변경할 수 있도록 하는 것이 바람직하다. 계약 시 예상 물량보다 현저히 적을 경우 택배 업체의 제품 수거를 위한 방문 시간이 잘 지켜지지 않거나 배송에 잘 신경 쓰지 않는 등의 부작용이 발생할 수 있기 때문이다.

배송 소요 시간에 대한 고객 불만은 고스란히 블로그마켓 운영자가 떠안게 된다. 동일 제품을 '빠른 배송, 안전한 배송'으로만 바꾸어도 고객의 반응은 달라진다. 배송 업체 선택 기준으로 오로지 가격으로만 정하지 말고 적정한 가격이라면 서비스 품질이 우선 시 되어야 한다.

배송사고나 고객 크레임 시 처리 조건은 어떻게 되는지, 배송료에 부가가치세가 포함되는지, 도서산간 배송비는 어떻게 되는지, 택배 기사의 제품 수거를 위한 방문시간과 정산 주기 등도 확인해야 한다. 특히 집하 시간과 주기는 빠른 배송을 위해 매우 중요하기 때문에 정확히 확인해야 한다.

배송 업체를 선택할 때는 신속하고 안정적인 서비스와 배송 상품 분식에 따른 사고 처리가 원활한 업체를 선택하는 것이 바람직하다. 너무 저가의 배송 업체를 선택하면 배송 사고 등에 따른 책임을 묻기가 쉽지 않을 수 있으므로 계약 내용을 꼼꼼히 살펴본 후 계약한다.

배송 업체의 배송기간은 당일 물품을 보낸다면 다음날에 받아보는 다음날 배송시스템이 가장 많으며, 배송 물량이 1일 평균 4~5건 이하면 배송비는 평균 2,500원 전후에 계약한다.

TIP / 사무실과 사입처 사이의 이동 거리

사무실이 제품 공급업체와 가까이 있으면 재고 관리에 유리하다. 창업 아이템이 '신발'이고, 주로 동대문 신발 도매 시장에서 사입한다고 가정해보자.
만약 위 상황에서 동대문 도매 시장 주변에 사무실을 마련하면 제품 사입처와 사무실의 거리가 도보로 이동할 만큼 가깝다보니 굳이 사무실에 일정 수량 이상의 재고를 쌓아둘 필요가 없고, 필요에 따라 하루에 두 번 사입도 가능하며, 매일 배송이 가능하기 때문에 고객 만족도 또한 높아질 것이다.

배송 업체는 규모에 따라 대형 택배 업체와 중소형 택배 업체로 구분된다.

- **대형 택배 업체** : 사업이 일정 규모로 커지거나 안정성, 배송 시간 등이 정확하게 지켜지는 편이다. 초기 계약 시 배송료가 비싼 편이지만 배송 물량이 많아지면 가격을 협상할 수 있다. 대한통운, 한진, CJ, 현대 등이 있다.
- **중소형 택배 업체** : 거래 물량이 적은 사업 초기에 적합하다. 대형 택배 업체보다 비용이 저렴하다. KGB택배, 로젠택배 등이 있다.
- **우체국 택배** : 일반 택배 업체보다 분실, 배송 시간, 배송 사고 시 사후 처리가 안정적이다. 반면 배송료가 상대적으로 비싼 편이지만 배송 물량이 많아지면 가격 협상이 가능하다.

TIP / 블로그마켓 운영 방식에 따른 택배 업체 선정 시 주의해야 될 사항

택배 업체가 같아도 영업소마다 계약조건과 서비스가 다를 수 있으므로 상담을 통해 입장을 충분히 설명하고 그에 맞는 영업소를 선택한다. 특히 해외 명품 브랜드를 공동구매 형식으로 판매하는 일명 '사다드림' 형식으로 운영하는 블로그마켓은 매입 상품 대부분이 해외 배송이기 때문에 배송비는 물론 배송지연 및 분실 등 배송 부분의 비중이 매우 크다. 이런 경우 배송료와 배송 서비스가 사업의 성패를 판가름할 정도로 중요하기 때문에 서비스 품질, 배송료, 배송지연 및 분실 등의 문제가 발생하지 않는 곳을 선택해야 한다.

3. 배송 조회 안내하기

운송장 번호를 카카오톡이나 블로그 댓글로 확인할 수 있도록 알려주면 고객은 "내가 구입할 물건이 지금쯤 어디에 있을까?" 이런 고민을 해결해 줄 수 있다.

배송 계약한 택배 업체를 통해 배송 상태를 조회할 수 있도록 안내(❶)한다. 택배 조회는 검색 포털, 택배 업체 홈페이지, 어플리케이션 등을 통해 가능하다. 특히 택배 업체의 어플리케이션을 이용하면 고객의 휴대폰으로 자동 알림 서비스 등을 받을 수 있다.

네이버 검색 창에서 '택배조회'를 검색한다. 택배 배송 조회에 택배 업체를 선택하고 조회 박스에 운송장 번호를 입력한 후 [조회] 버튼을 클릭하면 배송 상태(❸)를 확인할 수 있다. 또한 이용하는 택배사의 홈페이지를 통해서도 배송 조회와 택배 추적이 가능하다.

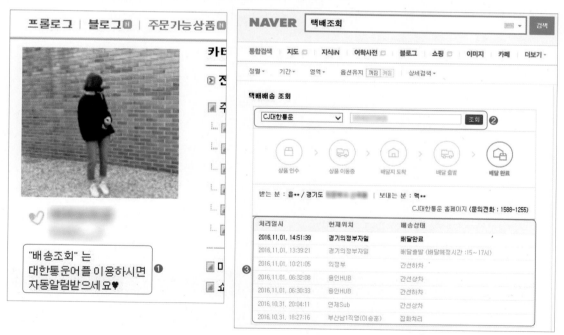

운송장에는 받는 분(구매자), 보내는 분(판매자) 정보를 입력해야 한다. 사업 초기에는 배송 물량이 많지 않기 때문에 일일이 수기로 작성할 수 있지만 수량이 많아지게 되면 수기로 작성하는데 몇 시간은 소요된다.

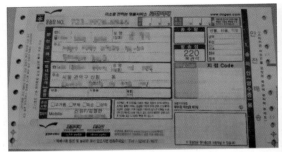
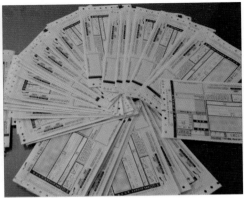

운송장 용지는 택배 업체로부터 공급받을 수 있다. 운송장 용지 요청 시 보내는 분 영역에 상호, 주소, 연락처 등의 내용이 프린트될 수 있도록 택배 업체에 요청하면 수기로 작성하는 것보다 한결 수월해진다.

※ 택배 업체에 따라 운송장 용지를 장당 100원 정도에 판매하는 곳이 있기 때문에 업체 선정 시 사전에 무상 지원 등을 문의해야 한다.

일일 평균 배송 수량이 많아질 경우 수기로 작성하는 것은 시간상으로 비효율적이고, 정확성도 떨어지기 때문에 능률적이지 못하다. 택배 송장 출력기를 이용하면 비교적 짧은 시간에 정확한 택배 송장 출력이 가능하다. 이용하는 택배 업체에서 제공되는 택배 프로그램을 설치한 후 입력하면 자동으로 수백 장의 송장 번호가 입력된 송장을 자동 출력한다.

◆ 감열프린터 택배송장출력기 TDP-247

※ 택배 업체 중에는 발송량이 많으면 송장 출력기를 무상으로 설치해준다. 택배 업체 선정 시 사전에 송장 출력기 무상 지원 등에 대해서 확인한다.

TIP 　송장 번호 안내하기

판매자는 택배 배송 후 송장 번호를 고객의 휴대전화번호로 전송하고, 부득이한 경우 블로그마켓 공지 사항으로 다음과 같이 송장 번호와 택배사 및 출고일 등을 안내하고 수령에 관련된 주의 사항 등도 안내한다.

블로그마켓 운영의 효율성을 높이는 이용 가이드 만들기

1. 블로그마켓 이용 가이드 종류 살펴보기

블로그마켓 이용 가이드는 고객 문의가 현저히 줄어드는 효과가 있고, 블로그마켓의 신뢰성을 높이는 데 효과적이다. 블로그마켓 이웃들이 쉽게 확인할 수 있도록 배너 형태로 공지하면 효과적이다. 블로그마켓을 이용하는 가이드 중 미리 준비해두어야 할 기본적인 사항은 다음과 같다.

가이드 종류	내용
공지사항	블로그마켓 기본 운영 정책 및 비전, 구매 후 적립금이나 이웃 회원 적립금 등 기본 혜택 등
구매 및 결제 방법	주문 절차부터, 배송비 및 배송 정책, 기본 배송 기간 등 구매부터 현금영수증 안내 및 신청 방법, 카드 결제 관련 안내 및 사용 방법
문의 방법	상품 교환 안내 가능과 불가능한 경우에 대한 기본 가이드, 환불 가능과 불가능한 경우에 대한 기본 가이드 안내
모델 사이즈 정보	의류 등 모델 정보가 필요한 경우 제품 피팅 모델에 관한 기본 신체 정보 안내
제품 사용 설명서	제품 사용 절차에 관한 일련의 내용을 담은 제품 사용 설명서 안내

위 사항들을 문서화 또는 이미지로 만들어 블로그마켓 메인 화면의 배너나 카테고리 등에 배치하여 이웃들이 손쉽게 확인할 수 있도록 한다. 단, 위 가이드 종류는 블로그마켓의 주요 아이템이나 성격에 따라 그 명칭을 세분화하거나 목적에 맞게 사용한다.

다음은 의류 블로그마켓의 메인 화면에 고객 편의를 고려하여 'market guide' 마켓가이드에 공지사항, 이용 방법, 주문 방법, 문의 방법, 교환 및 환불 정책, 사업자정보, 모델 사이즈 등을 구분한 배너로 쇼핑 가이드를 안내하는 사례이다. 즉 각각의 배너(❶, ❷, ❸, ❹)를 클릭하면 자세한 내용의 안내 글을 확인할 수 있도록 링크한 사례이다.

◆ ❶ 공지사항 안내 글

◆ ❷ 구매 방법과 주문서 작성 예시 안내 글

◆ ❸ 마켓 이용 약관에 관한 안내 글

◆ ❹ 사업자정보 확대 글

2. 반품, 교환, 환불, 사업자정보, 주문서 가이드 작성하기

벤치마킹을 통해 정리한 반품, 교환, 환불에 대한 내부 정책을 매뉴얼로 만들고 그 내용들을 블로그 마켓 메인 화면이나 상품 포스트마다 삽입하여 고객에게 안내한다.

다음은 상품 주문서 가이드 폼 샘플이다. 주문서 폼에는 교환/환불에 대한 구매자 동의를 요구하는 항목을 만들어 발생할 수 있는 고객 클레임에 대해 대비할 수 있도록 하였다.

[○○○ 마켓] 주문서

주문서 작성은 꼭 입금 후 진행해주세요.
주문 후 단순 변심, 배송지연 등으로 인한 교환/환불은 어려우니 신중한 주문 부탁드려요^^
배송 기간은 마감 후 평일 기준 5~7일 정도 넉넉하게 생각해주세요. (지연 시 2주 소요)
문의사항은 댓글, 카카오톡으로 부탁드려요. (카카오ID: ○○○)

사업자번호 : ○○○-○○-○○○
통신판매번호 : 제001-서울-0000호
*는 필수항목 입니다.

주문자 이름*
예금자와 동일한 이름을 입력해 주세요. 만약 주문자와 예금자가 다를 경우 '주문자:○○○, 예금자:○○○' 형식
으로 각각 입력해 주세요.

아이디/닉네임*
주문하신 분의 아이디와 닉네임을 입력해 주세요. **예** ID1234 / 0000마켓

핸드폰 번호*

배송지 주소*

주문상품 (상품명, 색상, 사이즈, 수량)*
주문하신 상품의 상품명과 컬러, 사이즈, 수량을 각각 입력해 주세요. **예** 가죽레깅스,블랙,free,1개

입금 안내
- 입금계좌 : 블로그은행 123-456789-01234
- 예금주 : 김개똥

입금액 (배송비 포함)*
배송비(2,500원)를 포함하여 주문하신 전체 상품에 대한 입금액을 입력해 주세요.

하고 싶은 말 (선택사항)
제게 요청하실 부분이나 하고 싶은 말은 뭐든 남겨주세요.^^

제품 불량 이외의 사유로는 교환/환불이 되지 않는 것에 동의하시나요?*
☐ 동의합니다.

네이버 오피스 사이트(http://office.naver.com/)에서 '폼' 메뉴를 클릭하면 무료로 제공되는 '상품 주문' 폼과 '문의접수' 폼 '이벤트' 폼을 사용할 수 있다. 특히 '상품 주문' 폼은 블로그마켓에서 상품을 주문할 때 많이 사용한다. 각종 서비스 관련 폼 제작 및 적용 방법은 "Chapter 02 블로그마켓 기획하기-Lesson 04 홈페이지 · 쇼핑몰형 블로그를 위한 컨텐츠 준비"를 참조한다.

◆ 네이버 오피스의 '상품 주문' 폼

LESSON 15

블로그마켓 상품 촬영과 개인용 스튜디오 만들기

1. 블로그마켓 상품 촬영 장비 준비하기

블로그마켓에서 판매할 상품을 촬영하기 위해서는 디지털 카메라와 삼각대, 조명, 배경지 등 보조 장치가 필요하다. 디지털 카메라는 크기와 기능에 따라 콤팩트 카메라, 하이엔드 카메라, DSLR 카메라, 미러리스 카메라 등으로 나뉠 수 있다. 다음과 같은 장ㆍ단점을 가지고 있다.

분류	콤팩트	하이엔드	DSLR	미러리스
장ㆍ단점	일명 '똑딱이'라 불리우며, 슬림하고 휴대가 간편하고 가격이 저렴하다. 수동 기능이 제공되지 않으며, 핫슈 단자가 없어 외부 조명을 연결할 수 없다. 스냅 사진을 촬영하기에 적합하다.	콤팩트 카메라 중 고급 기능을 삽입한 카메라로, 접사 촬영 및 수동 기능을 지원한다. 아웃포커싱 느낌을 연출하기 어렵고, 정확도가 떨어진다.	화질이 뛰어나며 목적에 맞게 렌즈 교환이 가능하다. 촬영 테크닉을 익혀야 원하는 결과물을 얻을 수 있다. 가격이 비싸고 무게가 무겁다.	화질이 우수하고 뛰어난 동영상 촬영 기능이 제공되며 무게가 가볍고 소지하기 편해 여성들이 선호한다. DSLR에 비해 초점 속도가 느리고 배터리 사용 시간이 짧다.

예산이 100만 원 이하라면 미러리스를 추천하고, 100~200만 원이라면 미러리스 또는 DSLR, 200만 원 이상이라면 DSLR을 추천한다. 처음부터 작가급 수준으로 사진 촬영을 원하는 경우가 아니라면 미러리스 카메라로 시작하거나 스마트폰에 내장된 카메라로 촬영해도 충분하다.

최근 블로그마켓의 상품 사진은 디지털 카메라 대용으로 스마트폰을 활용해 촬영하는 경우도 늘어나고 있다. 최근 출시된 스마트폰에 내장된 카메라는 1,600만 화소 이상 지원되는 등 디지털 카메라에 버금가는 퀄리티 높은 사진 촬영이 가능해졌다. 또한 스마트폰 전용 삼각대, 전용 플래시, 스마트폰용 광각렌즈, 접사 렌즈, 확대경 등 다양한 액세서리 제품들이 출시되어 양질의 상품 촬영과 동영상 촬영이 가능해졌다. 특히 셀카 렌즈, 플래시가 내장된 촬영용 셀카봉, 블루투스 리모콘 등은 자신이 피팅 모델이 되어 직접 상품 촬영을 해야 하는 블로그마켓 운영자에게 매우 유용하게 사용되는 액세서리이다.

◆ 스마트폰 카메라 렌즈 ◆ 스마트폰 삼각대와 블루투스 리모콘

TIP 스마트폰 카메라용 액세서리 공동구매

셀프 피팅 모델용 스마트폰 카메라 액세서리는 앤써북 독자 지원센터의 프리마켓에서 공동구매로 저렴하게 구매할 수 있다. 자세한 내용은 5페이지를 참조한다.

2. 촬영 보조 장치

디지털 카메라 이외 다양한 주변기기들이 있다. 상품 촬영 시 필요한 기본적인 주변기기로는 삼각대, 조명, 반사판, 배경지, 소프트 돔과 디퓨징 박스, 스트로보 등이 있다.

◆ 조명 ◆ 소프트 돔, 스트로보

3. 누구나 할 수 있는 상품 촬영 핵심

상품 상세페이지 포스트에 넣을 상품 촬영 컷은 전체적인 분위기와 스타일을 전달하여 구매가 발생하게 만드는 게 주요 목적이다. 단순히 상품만이 아니라 배경, 날씨 등을 총체적으로 고려해 하나의 스타일을 완성하는 작업이다. 일례로 오피스 의류 촬영 컷은 실루엣과 고급스러운 질감이 잘 표현되어야 되기 때문에 인물이 크게 보이도록 촬영하고, 데일리 캐주얼은 편안한 느낌으로 커피숍, 백화점 레스토랑, 길에서 공간감을 주는 기법을 활용한다.

상품 촬영 시 꼭 알아야 할 3가지 기술에 대해서 알아보자.

3-1. 상품 포인트를 찾아라

상품사진은 상품의 특징을 잘 전달할 수 있는 주요 포인트를 찾아내어 촬영하는 감각이 필요하다. 다음은 가방의 전체적인 느낌을 전달하는 사진과 가방의 주요 특징을 나타내는 포인트를 찾아 접사 촬영한 사진들이다. 특히 가방의 지퍼 부분은 닫은 채로 촬영하지 말고, 약간 벌려준 후 입구를 구부려 촬영하면 가방의 입체감이 표현된 사진을 얻을 수 있다.

 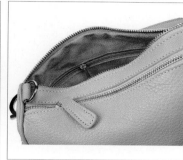 

3-2. 초점 포인트를 찾아라

초점은 자동 또는 수동으로 맞출 수 있다. 디지털 카메라의 셔터는 초점 등을 맞추는 반셔터와 사진을 촬영하는 셔터로 구성되어 있다. 셔터를 살짝 누르면 '삐릭' 등과 같은 소리가 나는데 이때가 반셔터 상태이다. 반셔터 상태에서는 카메라가 사물과 떨어진 거리, 초점, 빛의 양에 따른 조리개와 셔터 속도 등을 계산한다. 반셔터 상태에서 셔터 버튼을 완전히 누르면 사진이 촬영 상태가 된다.

정상적으로 보이는 사진도 흐린 영역(❶)과 선명한 영역(❷)이 있기 마련이다. 다음 사진을 보면 흐린 영역과 선명한 영역으로 구분되어 있다. 흐린 영역은 선명하게 초점이 맞는 영역의 앞이나 뒤의 물체는 흐려지는 부분, 즉 초점이 맞지 않게 보이는 부분이고 선명한 영역은 제대로 초점이 맞은 '초점 포인트(❷)'이다. 초점 포인트는 반드시 상품사진에 전달하고 싶은 부분에 맞추어져야 한다.

3-3. 주제와 의도에 맞는 사진 구도를 찾아라

사진을 통해 무엇을 전달할 것인가를 미리 계획한 후 촬영해야 한다. 특히 야외 촬영의 경우 구도의 중요성이 더욱 크다. 사진의 구도를 잡는 것은 피사체와 배경을 주제와 의도에 맞게 배치하여 화면을 구성하는 작업이다. 사진의 구도를 잡기 위해서는 우선 가로로 촬영할 것인지 또는 세로로 촬영할 것인지 결정한 후 주제와 의도에 맞는 구도를 선택하여 촬영을 시작한다. 다음은 상품 촬영 시 가장 많이 사용되는 3등분할 구도와 삼각형 구도이다. 3등분할 구도는 야외 피팅 촬영 시 안정감을 연출할 수 있고, 삼각형 구도는 스튜디오 촬영 시 안정감과 균형감을 연출할 수 있다.

◆ 세로 사진의 3등분할 구도　　　　◆ 가로 사진의 3등분할 구도　　　　◆ 삼각 구도

TIP　촬영 컷 포인트

블로그마켓의 상품 상세페이지 포스트에 넣을 촬영 컷은 전체적인 분위기와 스타일을 전달하는 게 주요 목적이며, 제품의 특성에 따라 촬영 장소를 선별적으로 활용한다. 예를 들어 캐주얼과 같은 편안함을 강조해야 되는 의류는 커피숍. 백화점 레스토랑. 문화 거리 등에서 공간감을 활용하여 촬영하고, 오피스 룩과 같은 의류는 고급스러운 질감을 잘 살려야 되기 때문에 사무실. 스튜디오에서 촬영한다.

---

4. 상품 촬영 스튜디오 만들기

실내 또는 야외에서 촬영한 상품 사진이 만족스럽지 않다면 직접 스튜디오를 만들고 조명을 설치하여 상품 사진을 찍을 수 있다. 촬영 스튜디오처럼 실제 촬영 세트같이 꾸며도 좋겠지만, 간단한 스튜디오에 조명만 효과적으로 설치해도 좋은 사진을 얻을 수 있다. 판매하는 제품에 따라 피팅 촬영이 가능한 스튜디오와 작은 제품 촬영 목적의 미니 스튜디오로 구분해서 만들어보자.

4-1. 피팅 촬영 가능한 개인용 스튜디오 만들기

의류, 패션 등을 판매하는 블로그마켓은 운영자 스스로가 피팅 모델이자 사진작가 역할을 해야 한다. 이런 경우 집에서 피팅 촬영이 가능한 개인 스튜디오를 만들면 편리하다. 피팅 촬영이 가능한 개인 스튜디오는 천장에 커튼을 설치할 만한 작은 공간만 있으면 만들 수 있다.

• **준비물** : 곡선레일, 레일조명 2~3개, 전신 거울, 커튼, 카펫, 전동드릴
• **제작 방법** : 곡선레일을 구부려 원하는 모양으로 만들고, 전동 드릴을 이용하여 벽 천장에 설치한 후 커튼을 장착한다. 레일조명과 전원부분을 연결하여 2~3개 정도 설치하거나 거울 앞쪽 등에 설치한다. 피팅룸 안을 가득 채울 수 있는 크기의 카펫을 바닥에 깔고, 피팅룸 전면에 대형사이즈 거울을 배치하면 다음과 같은 피팅 촬영이 가능한 스튜디오 설치가 완성된다.

TIP 상품 촬영 스튜디오 공동구매

피티 촬영 가능한 개인용 스튜디오 셋트 상품은 앤써북 독자지원센터의 프리마켓에서 공동구매로 저렴하게 구매할 수 있다. 자세한 내용은 5페이지를 참조한다.

레일 조명은 LED 램프나 주광색 램프를 선택한다. '주광색'은 하얀빛이고 '전구색'은 노란빛을 띤다. 피팅용 커튼은 빛 차단율이 높은 암막 커튼을 사용을 권고하고, 암막 커튼 안쪽에 레이스 커튼을 함께 설치하면 색다른 분위기를 연출할 수 있다. 거울은 피팅 모델이 자연스러운 포즈를 취할 수 있을 만큼 큰 사이즈를 선택한다. 피팅룸 안에는 마네킹, 의자 등 소품을 활용하면 색다른 분위기를 연출할 수 있다.

4-2. 초간단 미니 스튜디오 만들기

농수산물, 완구 등 크기가 작은 제품을 촬영하는 경우 간단하게 미니 스튜디오를 만들 수 있다.

초간단 미니 스튜디오 재료는 다음과 같다.

- **준비물** : 우드락 3장, 투명 테이프, 가위, 백지(모조 전지)
- **제작 방법** : 우드락(여기서는 폼보드(600×900mm)) 3장의 이음을 붙여서 'L'자로 만들어 투명 테이프나 접착제(우두보드 본드)로 고정하고 그 위에 배경지와 백지(전지)로 가려주면 다음과 같은 초간단 미니 스튜디오가 완성된다.

◆ 우드락 3개 고정시키기

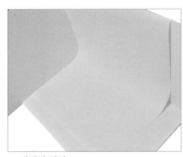

◆ 배경지 깔기

◆ 조명 설치하기

◆ 휴대폰 내장 카메라로 촬영한 결과물

배경지는 흰색 전지가 가장 무난하고 파스텔톤의 전지를 사용하면 색다른 느낌의 상품 사진을 얻을 수 있다. 내 상품의 색상보다 약간 옅은 색의 전지를 사용하면 자연스러운 상품 사진을 얻을 수 있다. 빛의 각도와 카메라의 각도에 따라 사진의 느낌이 달라질 수 있다. 또한 상품을 우드락 벽면에 붙여 놓은 후 촬영하면 그림자가 만들어질 수 있으므로 벽면에서 약간 떨어진 위치에 놓고 촬영한다.

CS 및 고객관리용
카카오톡, SNS 채널만들기

블로그마켓은 실시간 채팅이 불가능하므로에 고객 상담 등은 카카오톡 등으로 관리하는 것이 효율적이다. 또한 인스타그램, 페이스북 등 SNS 채널을 만들어 고객과 팔로우 등으로 관계를 맺는 것도 블로그마켓 운영상 고객 관리에 매우 중요하다.

제품 특징, 가격, 배송 기간, 사이즈, 주문 방법 등 주문 전 문의와 주문 후 배송 상황, 반품, 교환, 환불, 제품 하자 등 주문 후 문의로 구분할 수 있다. 이런 일련의 모든 고객 문의는 고객센터 전화로 문의할 수 있지만 블로그마켓 운영자 중 상당수는 투잡, 나 홀로 창업 유형이 많기 때문에 유선 상담과 응대는 쉽지 않다.

※ 자주 묻는 질문은 공지사항에 안내하고, 이와는 별도로 상황별 응대 방침과 답변을 매뉴얼로 만들면 질의응답에 따른 시간을 단축할 수 있다.

블로그마켓의 운영 특징으로 인해 대부분 운영자는 다음과 같은 방법으로 고객의 문의에 응대하고 있다.

• 블로그 비밀 댓글/답글
• 카카오톡 1:1 채팅 , 카카오톡 오픈채팅
• 인스타그램, 페이스북, 카카오스토리 등 SNS 채널

◆ 고객문의 안내

◆ 비밀 댓글/답글

◆ 카톡 1:1 채팅

◆ 1:1 오픈 채팅

위 방법 중 블로그마켓 운영자들이 가장 선호하는 고객응대 채널은 카카오톡이다. 그리고 주력 아이템이나 주 고객층의 연령대에 따라서 인스타그램이나 카카오스토리, 페이스북을 선호한다. 카카오톡, 인스타그램, 페이스북 등을 통해 상담을 받은 고객들은 신상품 소식, 이벤트 소식 등을 실시간으로 전달하는 매우 중요한 마케팅 도구로도 활용하고 있다.

다음은 블로그 포스트에 운영자의 스토리 '소식받기'로 유도하는 사례이다. 카카오톡의 오픈채팅은 블로그마켓 운영자들이 가장 선호하는 서비스이다. 카카오톡의 일반채팅 서비스를 이용하는 경우 고객은 블로그마켓 운영자와 친구를 맺거나 아이디나 프로필을 공개한 후 문자를 통해 대화를 해야 했다. 하지만 카카오톡의 오픈채팅 서비스를 이용하면 운영자와 친구를 맺지 않고도 메신저 형식으로 궁금한 것은 부담 없이 질문할 수 있다.

블로그마켓 운영자는 자신의 카카오톡에서 오픈채팅방을 만들고, 채팅방 주소를 블로그의 포스트에 우측 그림과 같이 "1:1 문의하기 바로가기 click" 또는 "카카오톡 오픈채팅 문의하기"에 링크를 설정하여 고객이 운영자와 부담 없이 1:1 상담할 수 있다.

01 카카오톡 상단의 채팅 메뉴를 클릭한 후 우측 하단의 '+' 아이콘을 클릭하고 '오픈채팅' 메뉴를 클릭한다. [오픈채팅방 만들기] 버튼을 클릭하면 채팅방 만들기가 진행되며, 채팅방 이름을 입력하고 채팅방 타입 선택에서 '여러 명과 1:1 대화하기' 메뉴를 클릭해야 고객과 1:1 대화할 수 있다. 채팅방이 만들어지면 채팅방은 고유의 주소가 생성된다. 링크 공유에서 '링크복사'를 클릭하여 고유 주소를 복사한다.

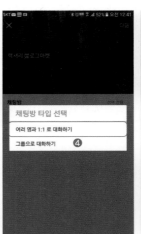

02 블로그 포스트 작성 시 안내 텍스트, 아이콘, 배너 등에 링크를 설정하면 '1:1 오픈채팅 참여하기' 창이 나타나고 버튼을 클릭한 후 운영자의 오픈채팅방에 접속하여 1:1 대화가 가능하다. 즉 고객은 자신의 아이디 등 개인 정보를 최대한 공개하지 않고 편하게 상품 문의, 기타 문의 등을 할 수 있게 된다.

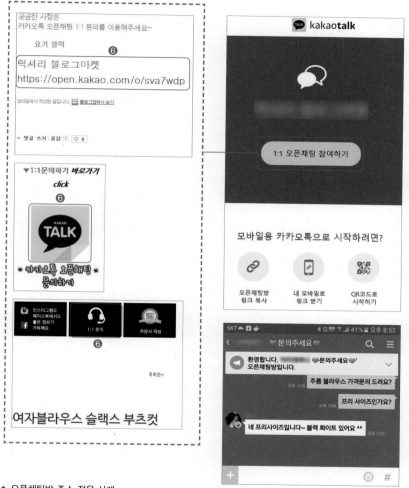

◆ 오픈채팅방 주소 적용 사례

※ SNS를 통한 실시간 고객응대의 경우 실시간 답변 가능 시간을 안내해 두어야 한다. 그렇지 않을 경우 새벽 시간에도 문의가 올 수 있기 때문이다.

'순정에 끌리다'
블로그마켓 인터뷰

블로그 주소 : http://soonzung.blog.me
스마트스토어 : http://soonzung.com

Q1 '순정에 끌리다'는?

제 이름인 '순정'을 딴 여러 네이밍 후보 중 블로그 컨셉의 방향성을 고려하고 가치를 이미지화할 수 있는 네이밍 중 기억하기 쉽고, 독창적성을 고려하여 '순정에 끌리다'가 만들어지게 되어, 2015년 5월부터 운영하기 시작하였습니다.
'순정에 끌리다'는 패션 트렌드에 관련된 주제의 스토리와 그에 맞는 시즌별 패션 잇 아이템(it item)을 소개하는 글을 소제로 담고 있습니다.

Q2 자신이 좋아하는 걸 생각하라?

"블로그를 시작해야겠다!"라고 마음을 먹은 계기는 핸드폰 속의 사진들을 보면서 나의 소중한 추억들을 메모리 속에만 저장해 두기가 너무 아깝다는 생각이 들었기 때문이었습니다. 그래서 저의 일상 속 이야기와 함께 제가 좋아하고 잘할 수 있는 패션 분야를 선정했습니다. '패션 분야'는 가끔 꿈을 꿀 정도로 정말 좋아하고 꾸준히 공부가 필요하기도 하고 차곡차곡 꾸며나가고 싶은 분야이기에 결정했습니다.
데일리룩 포스트를 올리면서 저의 패션 이야기와 포스트에 많은 이웃님이 관심을 가져주시고 LOOK에 대한 정보도 많이들 궁금해 하셨습니다. 당시에는 나만의 패션 스타일을 공유하고 이웃들에게 소개해주고 싶다는 생각 하나밖에 없었던 것 같습니다. 그리고 연관된 패션 아이템 정보도 공유하기 위해 판매를 시작하게 되었습니다.

Q3 자기만의 스타일을 유지하라?

'순정에 끌리다' 블로그마켓의 주요 아이템은 '여성의류'와 '잡화'입니다. 여성의류에는 정말 예쁜 스타일이 많지만, 컨셉과 타깃이 명확하지 않으면 이도 저도 아닌 상황이 발생하는데, 특히 블로그마켓은 명확하지 않으면 꾸준히 운영하기 쉽지 않거든요. '순정에 끌리다'는 제 연령대인 20대 후반, 그리고 30대까지 아우를 수 있는 타깃으로 저만의 데일리룩 스타일을 연출하고 싶은 아이템들을 판매하고 있습니다.
데일리룩은 매번 공동구매 개설 시 꾸준히 구매하는 단골고객이 많은 편이라 스타일 연출은 물론 품질관리에 각별히 신경을 쓰는 편이에요. 옷은 눈으로만 판단하는 것이 아니다 보니 입어보기 전에는 품질 상태를 정확히 파악하기 어려운 때도 있는데, 조금 품질이 떨어진다고 생각되면 솔직히 그냥 판매할까라는 고민할 때도 있지만 블로그마켓은 이웃과의 신뢰로 맺어진 사이라고 생각하기에 저만의 원칙은 반드시 지키려고 합니다. 한번 떨어진 신뢰도는 다시 찾기 어려우므로 '순정에 끌리다' 만의 스타일 연출, 퀄리티 유지는 꼭 유지하려고 노력합니다. 블로그마켓의 판매 아이템은 주로 동대문 도매시장의 전문 매장에서 사입하고, 평균적으로 한 주에 2~3번 정도 사입 목적으로 방문합니다. 주문량이 많을 경우 매일 방문하기도 합니다.

Q4 상품 공동구매 관련 포스트(글)를 작성할 때 가장 중요하게 생각하는 부분은 무엇인가요?

아이템을 소개하는 포스트를 작성할 때는 과장됨은 제거하고 진솔함만 담아야 한다고 생각합니다. 블로그는 이웃과의 소통을 기본으로 하는 채널이기 때문입니다. 블로그는 인터넷 쇼핑몰에서는 담지 못하는 제품이 가지는 다양한 이야기들을 이웃 입장에서 자연스럽게 담을 수 있다는 장점을 최대한 잘 활용하는 포스트를 작성하는 것이 중요합니다.
상품 상세페이지 관련 포스트에서 가장 중요하게 부분은 '사진'이 아닐까 생각합니다. 대부분의 이웃은 저를 믿고 제품을 구입하지만, 그래도 포스트에 담긴 상품 사진이 미흡하면 이웃들에게 전해지는 상품의 메시지 전달력이 떨어지게 되고, 이웃의 공감을 얻지 못하는 것은 물론 적극적인 참여를 기대할 수 없기 때문입니다.
전문 포토그래퍼도 아니고, 전문 모델이 아닌 저와 신랑이 직접 모델이 되어 입고, 촬영하고 있지만 최상의 사진 퀄리티를 표현하기 위해 많은 노력과 연구를 합니다. 상품 사진은 혼자서 직접 촬영하는 경우도 있지만 신랑이 촬영해줍니다. 제가 원하는 컨셉과 분위기를 신랑에게 요청하면 그에 맞게 사진 컨셉을 연출해 줍니다. 방한켠에 설치한 셀프 피팅룸은 깔끔한 상품 사진을 연출하기에 충분합니다. 상품 상세설명 포스트에서 사진만으로 부족한 경우 동영상을 촬영하여 메시지를 전달하면 직관성이 높아 효과적입니다.
메인사진은 몇 가지 마음에 드는 사진을 먼저 고른 후 다시 신중하게 비교해서 선택하고 있고, 모바일 구매가 많기 때문에 작은 크기에서 예뻐 보이는 사진, 배경에서 옷이 돋보이는 사진을 중심으로 선정합니다.

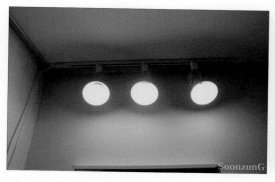

Q5 블로그마켓을 운영하면서 가장 힘들었던 순간은 언제인가요?

처음에는 상품을 판매할 의도가 없었고, 단지 나의 일상적인 이야기와 내가 좋아하는 패션 이야기들을 중심으로 포스팅하고 공유하는 공간으로 블로그를 시작하였습니다. 블로그를 시작한 지 약 6개월 정도 지난 시점부터 블로그 컨셉과 연관되는 상품을 중심으로 판매하기 시작했습니다. 그런데 소통의 공간이었던 블로그가 마켓의 성격을 띠게 되면서 그동안 애써 소통했던 이웃님들 중 상업적으로 받아들이신 분들도 계셔서 상업적인 마켓으로 전환 과정에서 힘들었던 것 같습니다. 시간이 지나니 대부분의 이웃님은 꾸준히 격려해주고 친구처럼 때론 가족처럼 항상 응원해주셔서 더욱 힘낼 수 있었던 것 같습니다. 블로그에 상품 관련 포스트를 작성할 때 너무 제품에 대한 과대한 노출, 소통 없이 일방적인 상품 판매만을 위한 상세 설명 포스트는 절대로 바람직하지 않습니다. 블로그는 소통을 기반으로 하는 프로세스이기 때문입니다. 소통이 없다면 단지 수익만을 쫓는 블로그에 불과하며, 그런 경우 차라리 인터넷 쇼핑몰을 운영하는게 나을 수 있을 것 같습니다.

Q6 고객들의 상품 결제는 주로 어떤 방식을 이용하시나요? 별도로 이용하시는 결제시스템이 있으신지요?

블로그마켓은 무통장입금 방식이 대부분이었지만, 신용카드로 결제를 원하는 사례가 꾸준히 늘어나는 추세입니다. 이런 수요에 맞추어 이웃들의 쇼핑 편의를 위해 유ㅇㅇㅇ 에스크로서비스를 이용해서 안전거래를 했으나, 현재는 조금 더 편리하게 구매할 수 있고 전문성을 띤 스마트스토어를 운영하고 있습니다. 신용카드 결제를 원하는 분들은 언제든 스마트스토어에 등록한 상품을 다양한 결제 방식으로 편리하게 구매할 수 있도록 운영하고 있습니다. 앞으로 블로그는 마켓 기능에 중점을 두기 보다는 제품에 대한 호기심과 궁금증을 자아낼 수 있는 채널로 전환하고 실질적인 상품 구매는 스마트스토어를 이용하도록 전환 계획을 세우고 있고 현재에는 그렇게 진행하고 있습니다.

Q7 고객 문의 및 상담 및 교환, 반품 대처 방법은?

고객 문의는 충성고객이나 정말 친한 이웃님이시면 카카오톡을 이용하시지만 아직은 대부분 포스트의 댓글이나 쪽지를 통해 이뤄지고 있습니다. 많은 사람은 "블로그마켓은 교환과 반품이 어렵다"라고 인식하는 것 같습니다. 하지만, 인터넷 쇼핑몰과 동일하게 고객분들이 맘에 들지 않으면 교환과 반품을 해드리는 것을 원칙으로 운영하고 있고 정말 친한 이웃님이 불편을 겪으셨을 때는 별도로 소정의 선물을 드리면서 이웃 관계 유지는 물론 제 블로그에 대한 인식이 나빠지지 않도록 노력하고 있습니다.

Q8 블로그마켓 운영 시 주의해야 될 사항은?

블로그마켓의 이웃들은 조금이라도 더 저렴하게 구매하고 싶은 마음을 갖는 분들이 많습니다. 만약 이웃이기 때문에 "조금 더 비싸게 판매해도 되겠지"라고 생각한다면 블로그마켓 운영을 다시 한 번 신중히 고민해야 합니다. 즉 "ㅇㅇㅇ 최저가 공동구매"라고 포스팅하는 경우 제품의 실제 가격이 오프라인이나 다른 인터넷 쇼핑몰과 비슷하거나 동일하다면 이웃들은 그런 사실을 바로 인지하게 됩니다. 또한 좋지 않은 이미지는 그 퍼지는 속도가 엄청나게 빠르다는 사실 것도 기억해야 됩니다. "순정에 끌리다" 블로그 디자인은 모두 제가 직접 제작하였습니다. 매 시즌마다 제가 원하는 컨셉과 트렌드에 맞게 스케치하고, 디자인하여 입혀주는 작업 등 블로그 디자인에 관련된 모든 작업은 직접 진행하고 있습니다.

Q9 공동구매나 수익형 블로그 등 블로그마켓을 준비하려는 예비 창업자에게 들려주고 싶은 이야기가 있다면?

공동구매나 수익형 블로그 등 처음부터 판매만을 위한 블로그마켓을 만든다면 운영 노하우 및 정보 부족으로 실패할 확률이 높다고 생각합니다. 무엇보다도 중요한 것은 이웃과의 신뢰를 쌓는 것이라 생각됩니다. 신뢰는 하루아침에 만들어지는 것이 아니라 고객이 공감하는 콘텐츠가 차곡차곡 쌓이고, 관심사를 공유하고, 서로 꾸준히 관심을 갖다보면 쌓이는 것이라 생각합니다. 블로그마켓을 시작하기 위해서는 명확한 컨셉과 주제를 정한 후 이웃들이 공감해줄 수 있는 관심사나 정보를 꾸준히 공유하는 과정을 통해 나만의 노하우를 쌓은 후 판매를 시작하거나 스마트스토어 등 다양한 채널로 늘려가는 것이 바람직하다고 생각됩니다.

Blog market

블로그마켓 기획하기

LESSON 01

나만의 블로그마켓 기획하기

1. 블로그 서비스 선택하기

블로그를 운영하고자 할 때 먼저 고민하게 되는 부분이 바로 어떤 기업에서 제공하는 서비스를 사용할 것인지를 결정하는 것이다.

블로그는 크게 가입형, 설치형, 혼합형으로 나뉜다. 가입형은 간단한 회원가입만으로 블로그가 자동 개설된다. 설치형은 직접 HTML, PHP, CSS 등의 웹프로그래밍 기술을 이용해 제공받은 설치프로그램을 직접 개조하여 독자적인 블로그를 만들고 운영하는 방식이다. 혼합형은 이 둘의 중간 형태로, 웹프로그래밍에 대한 깊은 지식이 없어도 간단한 코드 수정이 가능하다면 독창적인 블로그를 만들어 낼 수 있다는 장점이 있다. 따라서 가입형이 아닌 블로그를 개설하기 위해서는 웹에 대한 지식이 어느 정도 있어야 한다는 제약조건이 있다.

또한 블로그를 개인적인 기록공간이 아닌 블로그마켓, 즉 블로그를 이용한 상업활동, 홍보활동, 소통활동 등의 목적을 가지고 자신의 블로그를 웹상에서 널리 알리고 수많은 방문자와 소통을 하는 마케팅을 진행한다면 사람들에게 가장 많이 노출되는 서비스를 선택하는 것이 좋을 것이다. 현재 국내에서 이용되는 대표적인 검색엔진은 네이버(www.naver.com)와 다음(www.daum.net), 구글(www.google.com)이며, 이 세 곳의 검색엔진 들은 가입형 블로그 서비스를 제공하고 있다.

이 책에서는 국내에서 가장 많이 이용되는 검색엔진인 네이버의 블로그를 예시로 설명하려 한다. 별도의 웹 지식이 없어도 개설이 가능한 가입형 블로그이며, 이용자 수가 가장 많아 타 블로거들과 소통하기 쉽고 검색엔진 노출이 상당이 좋은 편으로, 블로그마켓을 운영하고자 하는 독자들에게 적합하기 때문이다.

2. 블로그 개설하기

네이버 블로그는 가입만으로 개설할 수 있는 가입형 블로그이기 때문에 네이버(www.naver.com)
에 회원가입을 하면 본인의 아이디를 사용하는 블로그가 만들어진다. 블로그 주소는 "blog.naver.
com/아이디"와 "아이디.blog.me"로 생성되므로 블로그 개설을 위한 용도로 네이버에 가입하는 경
우 아이디를 블로그 주제에 맞게 지정하는 것도 마케팅에 도움이 된다.

01 네이버(www.naver.com) 사이트
　　에 접속한 후 로그인한다. 네이버
　　계정이 없다면 [회원가입] 버튼을
　　통해 아이디를 생성할 수 있다.

02 네이버에 로그인한 후 네이버 메
　　인메뉴 중 [블로그] 버튼을 클릭
　　하면 네이버 블로그 홈으로 이동
　　이 가능하다. 이 페이지에서는 주
　　제별 보기, 이달의 블로그, 공식
　　블로그, 파워 블로그 등의 기능이
　　가능하다.

03 블로그 홈에서 우측, 나의 정보에 대한 탭에서 [내 블로그] 버튼을 클릭하여 자신의 블로그에 접속할 수 있다. 회원가입과 동시에 블로그가 개설되었으므로 별도의 블로그 개설 작업이 필요하지 않다.

04 내 블로그에 접속하면 블로그 시작하기에 대한 가이드 창이 나타나며 블로그 별명, 블로그 제목 입력 및 이웃추가, 블로그 글쓰기에 대한 빠른 바로가기로 안내해준다. 이 작업들은 블로그 운영 중 언제라도 변경이 가능하니 건너뛰고 바로 시작해도 무방하다.

05 네이버 블로그는 로그인 상태로 블로그에 접속 시 개인정보설정, 블로그 관리메뉴, 블로그 내부링크, 카테고리 등을 직관적으로 보여주므로 각종 설정이 빠르고 쉬운 장점이 있다.

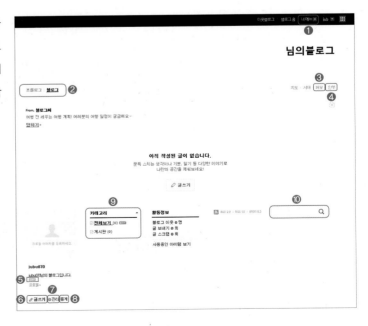

❶ 내메뉴 : 글쓰기, 관리, 리모콘(블로그 꾸미기 도구), 배경음악, 스킨, 폰트, 퍼스나콘에 대한 설정으로 바로 이동할 수 있다.

❷ 프롤로그/블로그 : 프롤로그화면 또는 블로그 화면으로 전환할 수 있다.

❸ 메모 : 메모게시판으로 이동한다. 메모게시판은 블로그 메인 카테고리와는 별도로 이용할 수 있는 자료실 개념의 공간이며 블로그 운영자가 아닌 다른 사람들의 글쓰기가 가능하다.

❹ 안부 : 블로그 방문자들이 간단한 인사말을 남길 수 있는 게시판이다.

❺ 블로그 정보(EDIT) : 블로그 제목, 별명, 소개글, 프로필사진, 모바일앱 표지 사진, 댓글사진 등을 설정할 수 있다.

❻ 글쓰기 : 블로그 글쓰기 화면으로 이동한다.

❼ 관리 : 블로그에 대한 전체적인 세부 설정 메뉴를 이용할 수 있다.

❽ 통계 : 블로그 방문자와 포스트 노출에 대한 통계를 보여준다.

❾ 카테고리 : 블로그 카테고리(게시판 제목)를 설정할 수 있다.

❿ 검색 : 블로그 내의 게시물을 검색할 수 있다.

3. 카테고리 지정하기

블로그에서 카테고리란 게시글을 주제별로 모아두는 게시판의 개념으로 생각하면 된다. 블로그에는 다양한 게시물을 업로드하게 되는데, 이를 모아두는 카테고리를 명확하게 구성한다면 방문자가 필요로 하는 정보를 쉽게 찾아볼 수 있으며, 노출하고자 하는 주제만을 메인 화면에서 보이게 지정할 수도 있다. 네이버 블로그의 카테고리는 "대분류 〉 1차 하위 카테고리"까지만 만들 수 있도록 제한하므로 이를 유념하여 카테고리를 구성한다.

01 카테고리는 ❶내 블로그의 "카테고리〉전체보기" 옆의 [EDIT] 버튼을 클릭하거나 ❷프로필 하단의 [관리] 버튼 클릭 후 ❸"메뉴 · 글관리 〉 메뉴관리 〉 블로그"를 통해 설정화면으로 이동할 수 있다.

02 카테고리는 [카테고리 추가], [구분선 추가], [삭제] 버튼을 이용하여 생성하고 삭제할 수 있으며, 글보기 설정을 통해 블로그형(게시판형)과 앨범형(갤러리형)으로 보이도록 설정할 수 있다. 하위 카테고리를 만들고자 할 때에는 상위 카테고리를 클릭한 후 [카테고리 추가] 버튼을 클릭한다. 구분선은 비슷한 주제의 카테고리들을 하나의 그룹으로 보이게끔 정리해준다.

※ 네이버 블로그에서는 1차 하위 카테고리까지만 생성할 수 있다.

❶ 카테고리명은 한글과 영문의 글자 수 제약이 있으므로 주제를 명확하고 함축적으로 나타낼 수 있는 명칭을 사용한다.

❷ 카테고리에 게시된 포스트의 개수를 보여줄 수 있다.

❸ 주제분류를 선택하면 해당 카테고리에서 글을 쓸 때 자동으로 주제가 지정되도록 할 수 있다.

❹ 게시판 목록보기 형식을 설정할 수 있다. 블로그형을 선택할 경우 일반 텍스트 게시판 형식으로 목록이 표현되고 이미지의 유무와 관계없이 모든 게시글이 노출된다. 앨범형을 선택할 경우 갤러리 게시판의 형태로 썸네일 이미지와 제목이 함께 보인다. 이 경우 이미지를 포함하지 않는 게시물은 노출되지 않는다.

❺ 각 카테고리에 들어가면 게시글의 목록이 상단에 표시되는데, 이 목록 형태를 닫혀있거나 펼쳐있는 상태로 설정할 수 있으며 노출되는 목록의 수를 지정할 수 있다.

❻ 카테고리의 위치를 바꿀 수 있다.

❼ 하위 카테고리가 있는 경우, 하위 카테고리를 펼쳐 보일지 접어둘지를 지정할 수 있다.

❽ 하나의 카테고리만을 지정할 수 있으며 체크해두면 블로그 메인에서 해당 카테고리의 게시물만을 보여준다. 체크하지 않으면 모든 게시물이 블로그 메인에 노출된다.

❾ 모든 설정을 마치고 [확인] 버튼을 클릭해야 적용이 완료된다.

※블로그 만들기, 꾸미기, 글쓰기 등 기본적인 사용법은 "혼자서도 할 수 있는 블로그 마케팅(앤써북)"을 참조합니다.

LESSON

02

홈페이지형 심플 블로그마켓 디자인하기
_상품 카테고리가 적은 업종

운영할 블로그에 대한 기획을 마친 후 이에 맞는 디자인을 제작한다. 디자인 제작에 앞서 블로그를 채울 콘텐츠를 정하고 블로그 디자인에 대한 기본적인 레이아웃, 방문자에게 보일 내 블로그의 전체적인 이미지 등을 구상하는 작업이 필요하다.

이 책에서는 홈페이지형과 쇼핑몰형 등 두 가지 유형의 블로그마켓 제작 방법을 소개하려 한다.

첫 번째 블로그 유형은 심플 블로그마켓이다.

간단한 카테고리를 갖는 소규모의 블로그마켓에 대한 샘플은 "심플 블로그마켓"이라고 부르도록 하겠다.

이 유형은 레이아웃이 복잡하지 않고 링크 배너가 적어 쉽게 따라 할 수 있도록 제작되었다.

이 유형이 적합한 직종군은 패션 등 공동구매, 프리랜서, DIY 공방 및 수제품 판매자, 음식점, 미용실, 카센터, 공부방, 농수산물 등 카테고리가 많지 않고, 상품의 가지 수가 적은 소규모 업체의 홈페이지 또는 쇼핑몰 블로그로 활용할 수 있다. 완성된 디자인은 아래 그림을 참고한다.

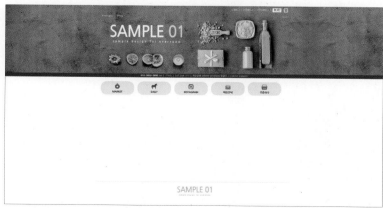

◆ "심플 블로그마켓" 메인 화면 디자인

1. 블로그 메인 화면에서 보여질 콘텐츠 정하기

샘플로써 만들어질 블로그는 소규모의 개인 쇼핑몰을 운영하는 블로그이다. 블로그에 담을 콘텐츠는 메인상품안내와 일상, 배송안내와 주문하기, 인스타그램 같은 SNS로의 이동링크로 구성해 보았다. 상품의 가지 수가 적다는 것을 가정하기 때문에 품목별 배너를 따로 만들기보다는 "MARKET"이라는 대카테고리로 판매 중인 상품을 묶어 진열한다. 방문자가 블로그 메인 배너 링크를 타고 이동하였을 때 해당 카테고리에 콘텐츠가 너무 적으면 다시 새로운 링크로 이동해야 하는 불편함이 있고, 콘텐츠 양이 부족해 미완성된 느낌을 줄 수 있기 때문이다. 또한, 소규모로 운영하는 개인적인 느낌이 강한 블로그인 만큼 상품만 소개하기보다는 개인의 일상을 담은 포스트를 올려 이웃과 소통하고 친밀감을 높여주는 것도 좋다.

2. 블로그 메인 화면에 사용할 이미지 선택하기

방문자가 블로그에 접속했을 때, 블로그가 주는 전체적인 느낌은 블로그에 더 머무를지를 결정하는데 중요한 역할을 한다. 다음은 4가지 유형의 블로그 메인 화면 사례이다. 메인 화면의 전체적인 이미지만으로 이 블로그가 어떤 블로그인지 유추할 수 있을 것이다.

◆ 더지미 블로그 메인 화면

◆ 단추똥꼬 블로그 메인 화면

◆ 황가네농장 블로그 메인 화면

◆ 순정에 끌리다 블로그 메인 화면

블로그마켓에서 메인 화면의 배경 이미지는 블로그마켓의 첫 느낌을 결정짓는 중요한 요소이기 때문에 블로그 컨셉을 고려하여 선택한다.

이번 예제에서는 배경 이미지를 활용하여 간단하면서도 깔끔하게 블로그를 디자인할 것이다. 좋은 배경 이미지를 활용한 디자인은 디자인 관련 지식이 없다 하더라도 손쉽게 블로그를 꾸밀 수 있는 방법 중 하나이다. 중요한 점은 내 블로그가 전달하고자 하는 느낌을 잘 포함하는 이미지를 골라야 한다는 것이다. 이미지는 직접 자신이 판매하는 물품을 촬영하여 제작할 수도 있고, 자신이 취급하는 분야를 나타내는 유료이미지를 구입할 수도 있다. 이번 샘플에서는 직접 제작한 수제비누, 소이캔들 등의 작은 소품들을 취급하는 블로그라고 가정하였으며 이를 나타낼 수 있도록 차분하면서 실내의 아기자기한 느낌을 나타내는 이미지를 선택하였다. 사용한 이미지는 유료 이미지 사이트에서 구매하였으며 수정하여 웹상에서 사용할 수 있는 라이선스를 획득하였다.

샘플은 최근 많이 사용되는 와이드형 디자인으로 구성하기로 한다. 와이드형이란 웹브라우저 창 사이즈에 맞춰 배경이 꽉 차 보이게 보이는 것을 의미한다. 이때 사용할 이미지의 크기는 최소 가로 1920px 이상이어야 한다.

◆ 블로그 메인 화면에 사용할 와이드형 이미지

◆ 블로그 메인 화면에 적용한 사례

TIP　블로그 메인 화면 배경 이미지 구하기

블로그 메인 화면의 배경 이미지는 이미지 전문 사이트에서 구할 수 있다.
- 셔터스톡 : 1억장 이상의 국내외 RF이미지를 판매하고 있는 사이트이다.
- 123RF : 유료와 무료 이미지를 제공한다.

3. 블로그 레이아웃 구성하기

블로그의 전체 레이아웃을 구성하기 위해서는 블로그 스킨의 레이아웃에 대해 알고 있어야 한다. 네이버 블로그는 설치형 또는 혼합형이 아닌 가입형 블로그로 모든 레이아웃을 마음대로 변경하는 것이 불가능하다. 네이버 블로그는 레이아웃 형태가 정해져 있으며 이에 맞추어 디자인해야 이후 다시 수정하는 번거로움을 덜 수 있다.

디자인을 시작하기 위해서는 미리 작업 영역을 표시해둔 첨부 파일을 사용하는 것이 좋다. 포토샵에서 예제 소스(layout-설명.psd) 파일을 불러온다. [보기(View)]-[표시자(Extras)] 메뉴를 클릭하거나 Ctrl + H 단축키를 누르면 네이버 블로그의 레이아웃을 확인할 수 있다.

◆ [Source]-[Chapter 02]-[layout-설명.psd]

❶ 전체 브라우저 창 영역 : 웹브라우저를 전체 창 모드로 두었을 때 보이는 블로그의 최대 노출 가능 영역(배경)으로 일반적인 모니터 해상도인 1920px로 지정한다. 1920px 이하의 브라우저 크기에서는 나머지 부분이 잘려 보이게 되므로 ❷번 블로그 내용 영역 외의 부분은 중요한 내용을 넣기보다는 배경으로 사용한다.

❷ 블로그 내용 영역 : 타이틀, 포스트, 배너 위젯 등이 들어갈 수 있는 블로그 사용 가능 영역이다. 사실상 블로그의 전체 영역으로 볼 수 있으며 이 사이즈에 맞춰 블로그 디자인을 하게 된다.

❸ 배너 위젯 영역 : 네이버 블로그의 배너 위젯은 가로 170px로 정해져 있다. 배너 위젯은 링크 연결, 광고, SNS 연동, 동영상 삽입 등 다양한 용도로 사용되며 위젯을 직접 만들어 운영하면 보다 고급스러운 인터페이스의 블로그가 될 수 있다.

❹ 하단 영역 : 블로그 하단에 고정되는 영역이다. 가로는 982px, 세로는 8~100px까지 지정이 가능하다. 이 영역에는 블로그 하단에서 보여주고 싶은 내용을 넣거나 블로그 디자인 하단 부분 마무리 용도로 사용한다.

블로그 레이아웃을 보며 어느 위치에 어떤 콘텐츠를 배치할 것인지 생각해두면 본격적인 디자인에 들어가서도 막막함을 느끼지 않을 수 있다.
다음은 "심플 블로그마켓"을 디자인하기 위한 레이아웃을 간단하게 작성한 것이다.

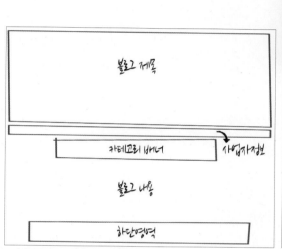

◆ "심플 블로그마켓" 레이아웃

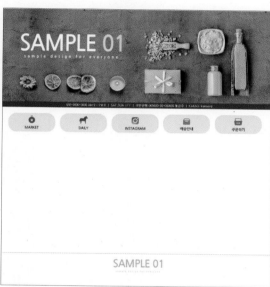

◆ "심플 블로그마켓" 디자인

4. 블로그 스킨을 디자인하기

네이버 블로그를 디자인한다는 것을 '스킨을 입힌다.'고 표현을 하는데, 이때 스킨이란 블로그의 껍데기, 즉 디자인을 블로그에 덧씌우는 것으로 이해하면 되겠다.
블로그 디자인은 포토샵 또는 일러스트 프로그램을 이용해 디자인을 작업하고 작업한 디자인을 그림 파일로 조각내어 블로그 리모콘 메뉴와 레이아웃·위젯설정 등을 이용해 해당 영역에 배치하는 것으로 끝난다.
첨부 파일인 디자인시안 파일을 이용해 쉽게 "심플 블로그마켓"을 디자인할 수 있다. 디자인을 시작하기 전 첨부 파일과 나눔 고딕 폰트를 미리 받아두고 다음 예제를 진행하는 것이 좋다.

• [Source]-[Chapter 02]-[sample1.psd]
• 나눔 고딕 다운로드: http://hangeul.naver.com/2016/nanum

01 포토샵의 기본 환경을 설정하고 시작하는 것이 작업 효율성이 높다. [창(Window)] 메뉴를 열고 기존에 체크되어 있는 항목들을 클릭하여 체크를 해제한 후 "레이어(Layer)", "문자(Character)", "정보(Info)", "옵션 (Options)", "도구(Tool)" 메뉴를 새로 체크하여 활성화한다.

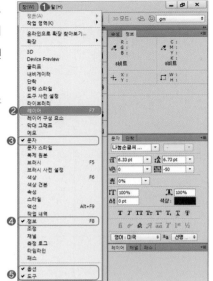

※ 포토샵의 기본 작업 환경에 필요한 체크 항목은 이후 과정에서는 편의상 생략한다. 앞으로 작업 환경 항목 설정은 위 내용을 참조한다.

02 [파일(File)]–[열기(Open)] 메뉴를 클릭해 예제 파일(sample1.psd)을 불러온다. 파일이 열리면 [보기(View)]–[눈금자 (Rulers)] 메뉴를 체크하여 눈금자가 보이도록 설정 한 후, ❶눈금자 부분을 우클릭하여 단위를 ❷픽셀로 바꿔준다.

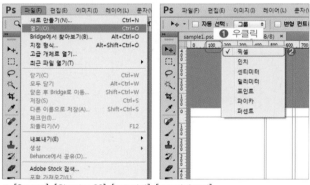

◆ [Source]–[Chapter 02]–[sample1]–[sample1.psd]

03 블로그의 배경 이미지를 불러오자. 샘플의 배경 이미지는 가로 "1920px", 세로 "370px"이다. [파일]–[열기] 메뉴를 클릭한 후 "sample1" 폴더에 있는 "sample1–bg.jpg" 배경 이미지 파일을 포토샵으로 불러온다. 불러온 이미지를 [Ctrl]+[A]를 눌러 전체를 선택한 후 [Ctrl]+[C]를 눌러 복사한 뒤 다시 작업 탭인 "sample1.psd"로 돌아간다. "배경" 레이어를 클릭한 후 [Ctrl]+[V]를 눌러 붙여넣기하여

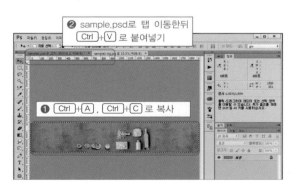

"배경" 레이어 위에 이미지 레이어가 생성될 수 있도록 한다.

04 배경 이미지의 위치를 변경한다. 붙여넣기한 배경
이미지 레이어를 클릭한 뒤 도구모음에서 ❶이동 도
구( )를 선택하면 해당 레이어의 객체를 자유롭
게 이동할 수 있다. ❷배경 이미지가 작업창 최상단
에 위치할 수 있도록 이미지를 이동한다. 이때, 좌우
로 치우치거나 하여 빈 공간이 생기지 않도록 주의
한다.

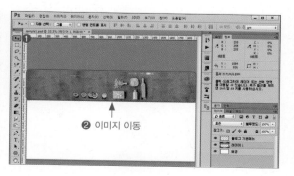

05 배경 이미지의 빈 공간에는 로고 또는 블로그 제목을 넣어주도록 한다. ❶이미지가 포함된 레이어를 클릭하고 우
측의 레이어창 하단에 위치한 ❷레이어 생성 버튼( )
을 클릭하여 새로운 레이어를 만든다. ❸만들어진 레이
어를 클릭하고 좌측 도구 모음 창에서 ❹가로 문자 도
구( )를 클릭하여 텍스트를 쓸 수 있다. ❺텍스트 모
양으로 바뀐 마우스 커서로 원하는 곳을 클릭하여 블
로그 제목을 쓴다. 샘플에서는 "SAMPLE 01"이라고 적
어보았다. ❻옵션 바 우측의 완료 버튼( )을 클릭하거
나 이동 도구( )를 클릭하여 입력을 완료한다.

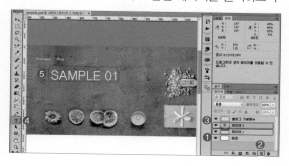

06 텍스트를 조금 더 눈에 들어오도록 수정해보자. 1번에서 환경설정을 맞춰주었다면 우측에 "문자"라는 탭이 보일
것이다. ❶텍스트가 쓰인 레이어를 클릭하고 ❷문자 탭에서 "나눔고딕 Bold"를 선택한다. 글자 크기는 "83pt"로, 가로
비율은 "90%", 글자 간격은 "−25", 색상은 "#ffffff", [앤티 앨리어싱 방법설정] 은 "선명하게"로 지정한다.

07 샘플을 보면 "SAMPLE 01"에서 "01"은 베이지색으로 포인트를 주었는데, 이렇게 글자 중간의 색을 바꾸고 싶
다면 도구 모음 창에서 가로 문자 도구( )를 선택한다. 커서가 모양으로 바뀌며, 글자를 입력한 곳으로
가져가면 커서가 모양으로 바뀌는 것을 볼 수 있다. 이 부분을 클릭하여 텍스트의 중간 수정이 가능하다.
❶"01"라는 문자를 클릭 드래그하여 블록처리한 후 ❷우측 문자(Character) 탭에서 ❸색상값을 "#ebe5dc"로 바꿔준
다. 수정이 끝나면 옵션 바 우측의 완료 버튼( )을 클릭하거나 이동 도구( )를 클릭하면 변경이 완료된다.

08 블로그 제목만 있으니 뭔가 허전한 느낌이 든다. 제목 아랫부분에 부연 설명을 넣어보는 것도 좋다. ❶"SAMPLE 01"이 적힌 레이어를 선택한 후 새로운 레이어 생성(Create a new layer) 버튼(◻)을 클릭하여 새로운 레이어를 만

든다. 이 레이어에는 부연 설명 텍스트가 들어갈 것이다. ❷만들어진 레이어를 클릭하고 가로 문자 도구(T.)를 선택한다. "SAMPLE 01" 바로 아래쪽에 글자를 넣으려면 커서가 수정할 때의 모양(Ⅰ)으로 바뀌므로 ❸조금 아래에서 커서 Ⅰ 모양이 모양으로 바뀌면 클릭하여 텍스트를 적어준다. 샘플에서는 "sample design for everyone"이라고 적어보았다. 글자쓰기가 끝나면 이동 도구(▶+.)를 클릭한다.

09 "sample design for everyone"이라는 부연 설명을 꾸며보자. ❶해당 레이어를 클릭한 후 ❷문자(Character) 탭에서 글꼴은 "나눔고딕 ExtraBold", 크기는 "15pt", 자간은 "500", 가로 비율은 "90%", **aa** (앤티 앨리어싱 방법설정)은 "선명하게", 색상은 "#ffffff"로 지정한다. 지정이 끝나면 ❸이동 도구(▶+.)를 클릭하여 입력을 완료하고 원하는 위치로 이동시켜준다.

10 이번에는 전화번호와 영업시간, 계좌번호, 카카오톡 아이디를 적어보기로 한다. 먼저 해당 내용이 들어갈 공간을 만들어 주도록 한다. ❶배경 이미지 레이어를 클릭한 후 ❷새로운 레이어 생성(Create a new layer) 버튼(🖻)을 클릭해 배경 이미지 레이어 위에 새로운 레이어를 만들고 ❸생성된 레이어를 클릭한 후 ❹사각 선택 도구(▢)를 선택하여 가로 "1920px", 세로 "20px" 의 사각형을 만들어보자. 사각형이 만들어지면 Alt

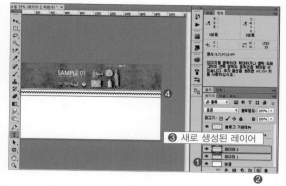

+ Del 를 눌러 전경색(■)으로 채워준다. 색 채우기가 끝나면 Ctrl + D 를 눌러 선택 영역을 해제한다.

11 만들어진 레이어의 색상과 위치를 정해주자. 사각형이 그려진 레이어를 우클릭하여 ❶[혼합 옵션]을 선택하면 레이어 스타일 창을 조절할 수 있는 창을 열 수 있다. ❷[색상 오버레이]를 클릭하여 색상 오버레이 메뉴로 이동한 뒤 ❸색상 버튼을 클릭하여 "#54514a"로 지정한 후 ❹❺확인을 눌러주면 해당 레이어의 색상이 지정된다.

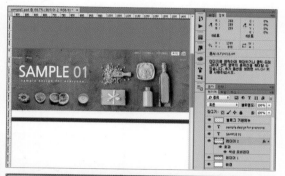

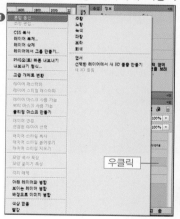

12 색상을 입힌 레이어를 선택한 상태로 [편집(Edit)]-[자유변형(Free Transform)] 메뉴를 클릭하면 우측 정보 탭에 위치 좌표 값이 표시된다. 이 값을 보면서 정확한 위치로 이동할 수 있다. 샘플에서는 X축 "0", Y축 "350"으로 이동하였다. 이동이 끝나면 Enter 를 눌러 변형을 완료한다.

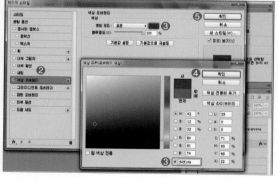

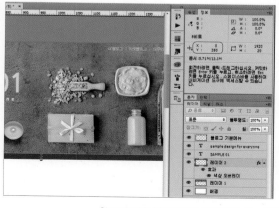

13 색상을 칠한 공간에는 전화번호와 영업시간, 계좌 번호, 카카오톡 아이디를 넣기로 한다. ❶새로운 레이어 생성(Create a new layer) 버튼(🔲)을 클릭해 새로운 레이어를 만든다. ❷만들어진 새로운 레이어를 클릭하고 ❸가로 문자 도구(T)를 클릭한 후 다음과 같은 ❹내용을 일렬로 입력한 후 이동 도구(▶✛)를 클릭하여 입력을 완료한다.

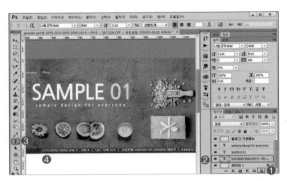

010-0000-0000 AM 9 - PM 6 | SAT,SUN OFF | 국민은행 000000-00-000000 예금주 | KAKAO: kakaoid

14 입력한 전화번호, 영업시간, 계좌번호, 카카오톡 아이디 텍스트의 속성을 변경해보자. 우측 문자 단락에서 글꼴은 "돋움 Regular"로, 크기는 "11pt" 자간은 "-25", 가로 비율은 "100%", 글자색은 "#ffffff"로 지정한다. 전화번호는 "굵게", 중간의 "OFF"라는 텍스트는 "#f88484" 색상으로 포인트를 주었다. 글자가 또렷하게 보이도록 앤티 앨리어싱 방법 설정(ªª)은 "없음"으로 설정한다.

❷ 문자 속성 변경

❶ 레이어 선택

15 전화번호, 영업시간, 계좌번호, 카카오톡 아이디를 적은 텍스트의 위치를 지정한다. 이미지 아래에 만들어 둔 띠에 수평, 수직으로 가운데 정렬하여 균형감 있게 보이도록 만들기로 한다. ❶ Ctrl 을 누른 채로 "전화번호, 영업시간, 계좌번호, 카카오톡 아이디를 입력한 텍스트 레이어"와 "갈색 띠로 만든 레이어"를 클릭하여 복수 선택 상태를 만든 뒤, 이동 도구(▶✛)를 클릭하면 포토샵 상단에 이동도구의 옵션이 나타난다. ❷정렬 옵션 중 수평중앙정렬(🔯)을 선택하면 띠에 맞춰서 텍스트가 띠의 가운데로 정렬된다. 다음으로 ❸수직중앙정렬(🔠)을 선택하면 텍스트가 띠의 중앙에 위치하게 된다.

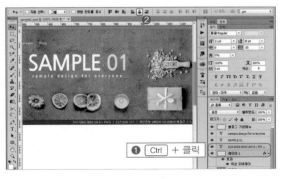

❶ Ctrl + 클릭

16 카테고리 메뉴를 만들어보자. 카테고리 메뉴는 다른 링크 또는 블로그 카테고리로의 이동을 수월하게 하며 블로거가 보여주고자 하는 내용을 눈에 띄게 표현해주는 역할을 한다. 샘플 예제로 만들고 있는 "심플 블로그마켓"에서는 블로그 메인에서 보여줄 메뉴를 "MARKET", "DAILY", "FOOD", "INSTAGRAM", "배송안내", "주문하기"로 정했다.

"MARKET"과 "DAILY"는 블로그의 해당 카테고리로, "INSTAGRAM"은 인스타그램 페이지로, "배송안내"는 배송안내에 대한 게시물, "주문하기"는 주문서를 작성하는 네이버 폼으로 이동할 것이다. 또한 각 메뉴를 클릭할 수 있는 버튼을 만들어 블로그 방문자가 해당 링크로 쉽게 이동할 수 있도록 만들어보자. 새로운 레이어 생성(Create a new layer) 버튼( )을 클릭해 새로운 레이어를 만들고 ❶사각형 도구( )를 1초 이상 클릭하여 ❷둥근 사각 도구
( ) 도구를 선택한다. ❸상단에 해당 도구의 옵션을 조절할 수 있다. 도구의 타입은 "픽셀"로 지정하고, 모드는 "표준"으로, 불투명도는 "100%", 앤티 앨리어스 체크박스를 선택한다.

17 옵션 설정 후 ❶작업영역을 클릭하면 모서리가 둥근 직사각형을 만들 수 있는 창이 열린다. ❷폭은 "170px", 높이는 "70px", 반경은 네 모서리 모두 "30px"로 지정한 뒤 ❸[확인]을 누르면 설정해둔 전경색( )으로 된 모서리가 둥근 직사각형이 만들어진다. 전경색이 흰색이면 사각형이 만들어져도 구분하기 어려우니 미리 눈에 띄는 색으로 지정한다.

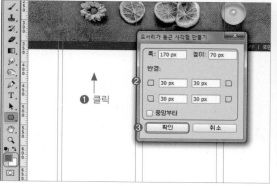
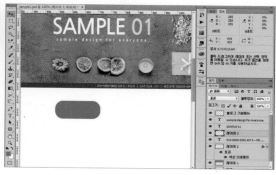

18 이 사각형은 배너의 버튼 영역을 표시하는 역할을 한다. 블로그 디자인에 어울리도록 색상을 변경해보자. ❶둥근 사각형의 레이어를 우클릭하여 ❷[혼합 옵션]을 클릭한다. 레이어스타일 창이 열리면 옵션 중 ❸색상 오버레이를 선택하고 ❺색상을 "#edeae8"로 지정한 후 ❻[확인]을 클릭하여 레이어에 스타일을 입힌다. 선택한 색상으로 둥근 사각형의 색이 바뀐 것을 확인할 수 있다.

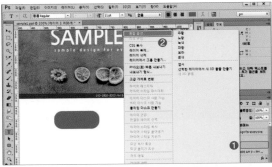

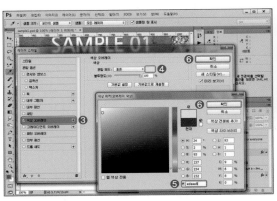

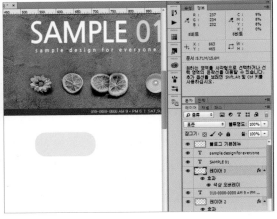

19 만들어진 버튼 영역을 복사하여 5개의 버튼으로 만들기로 한다. 네이버 블로그에는 한 줄에 5개의 위젯을 등록할 수 있다. 다양한 방법을 응용하여 여러 개의 버튼을 구성할 수 있으나, "심플 블로그마켓" 샘플은 가장 쉽고 간단하게 홈페이지형 블로그 디자인을 구현하기 위해 네이버의 원칙에 따라 한 줄에 5개의 버튼을 배치하였다. ❶레이어 탭에서 버튼 영역이 그려진 레이어를 클릭한 뒤 [Ctrl]+[J]를 눌러 레이어를 복사할 수 있다. [Ctrl]+[J]를 네 번 입력하여 레이어를 네 번 복사한다.

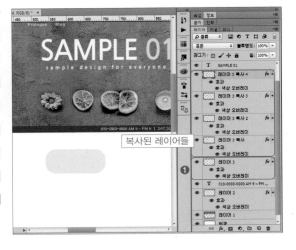

20 복사한 레이어를 각각의 위치에 배치한다. ❶가장 마지막에 복사된 레이어를 선택한 뒤 상단의 [편집]-[자유변형] 메뉴를 클릭하면 우측 정보 탭에 해당 레이어에 속한 객체의 위치값을 알 수 있다. 둥근 사각형을 드래그하

여 "X축 487", "Y축 392"로 이동한다. 이동이 끝나면 Enter 를 눌러 편집을 마무리한다.

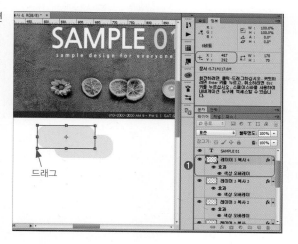

21 이동한 ❶레이어 아래에 있는 다음 레이어도 [편집]-[자유변형] 메뉴를 클릭하여 위치를 이동한다. 우측의 정보 탭에서 위치값을 확인하며 이동할 수 있다. 두 번째 레이어는 "X축 674", "Y축 392"에 배치한다. Enter 를 눌러 변형을 완료한다.

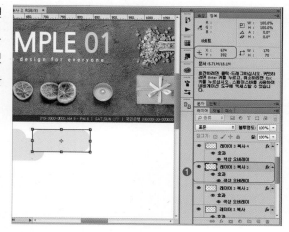

22 아래의 세 번째, 네 번째, 다섯 번째 레이어까지 위와 동일하게 [편집]-[자유변형] 메뉴를 눌러 위치를 변경한다. 각 편집이 끝나면 Enter 를 눌러 완료한다.

세 번째 레이어 : X축 861, Y축 392
네 번째 레이어 : X축 1047, Y축 392
다섯 번째 레이어 : X축 1234, Y축 392

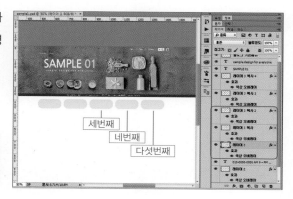

23 다음은 각 버튼명을 작성한다. 레이어 탭에서 ❶"SAMPLE 01" 텍스트 레이어 바로 아래의 레이어를 클릭한 뒤 탭 아래의 ❷새로운 레이어 생성(Create a new layer) 버튼(🖿)을 클릭해 새로운 레이어를 만든다. 이 레이어에 텍스트를 입력하기 위해 ❸가로 문자 도구(T)를 클릭한 후 ❹작업영역을 클릭하여 ❺텍스트를 입력한다. 첫 번째 버튼명은 "MARKET"로 입력하고 ❻이동 도구(►₊)를 클릭하여 완료한다.

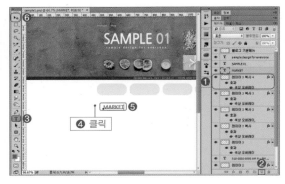

24 다시 ❶가로 문자 도구(T)를 클릭한 후 ❷작업영역을 클릭하여 ❸새로운 텍스트를 입력한다. 두 번째 버튼명은 "DAILY"로 입력하고 ❹이동 도구(►₊)를 클릭하여 완료한다.

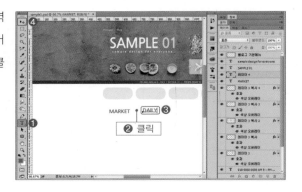

25 위 과정을 반복하여 "INSTAGRAM", "배송안내", "주문하기" 텍스트 레이어를 만들어 보자.

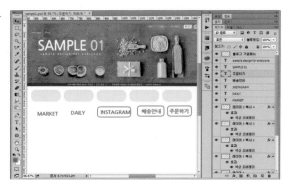

26 각 버튼의 텍스트 레이어들을 한 번에 같은 스타일로 변경한다. ❶레이어 탭에서 Ctrl 을 누른 채로 "MARKET", "DAILY", "INSTAGRAM", "배송안내", "주문하기" 텍스트 레이어를 각각 클릭하면 복수 선택이 가능하다. 레이어들을 선택한 상태로 ❷문자 탭에서 텍스트 속성을 변경할 수 있다. 다음과 같이 속성을 지정한다.

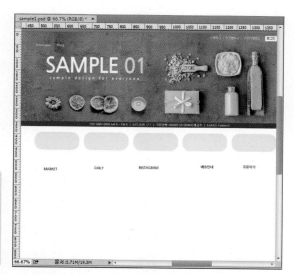

글꼴 : 나눔고딕 Bold
크기 : 13pt
자간 : −25
가로비율 : 100%
글자색 : #3b3736
앤티 앨리어싱 : 선명하게

27 텍스트를 각 버튼에 맞게 위치를 변경한다. 방법은 버튼 레이어를 변경했을 때와 동일하다.
❶"MARKET" 텍스트 레이어를 선택하고 [편집]−[자유변형] 메뉴를 클릭하여 ❷우측 정보 탭에서 위치 값을 확인하며 이동할 수 있다. ❸"MARKET" 텍스트 레이어의 위치값은 "X축 545", "Y축 439"이다. 이동이 끝나면 Enter 로 변형을 완료한다.

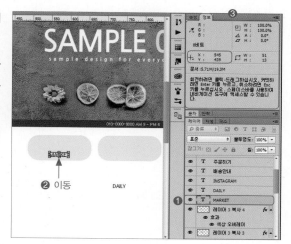

28 "DAILY", "INSTAGRAM", "배송안내", "주문하기" 텍스트 레이어도 이와 같이 각 레이어 선택 후 [편집]−[자유변형] 메뉴를 클릭하여 위치값에 맞춰 이동한다. 각각의 변형이 끝나면 Enter 를 눌러 완료한다.

DAILY : X축 740, Y축 439
INSTAGRAM : X축 909, Y축 439
배송안내 : X축 1108, Y축 439
주문하기 : X축 1295, Y축 439

29 각 버튼에 아이콘을 더해 시각적인 효과를 주도록 한다. 샘플에 사용한 아이콘 이미지는 다운로드받은 첨부파일 폴더에서 가져올 수 있다. "sample1" 폴더에서 "sample1-icon1.png", "sample1-icon2.png", "sample1-icon3.png", "sample1-icon4.png", "sample1-icon5.png" 파일을 확인한다.

◆ 샘플 디자인의 아이콘 이미지들

30 [파일]-[열기] 메뉴를 선택한 후 "sample1-icon1.png" 파일을 불러오자. 불러온 이미지에서 **❶** Ctrl + A 를 눌러 전체를 선택하고 Ctrl + C 를 눌러 복사한 뒤 다시 **❷**작업 파일인 "sample1.psd" 탭으로 돌아와 **❸** Ctrl + V 를 눌러 붙여 넣는다.

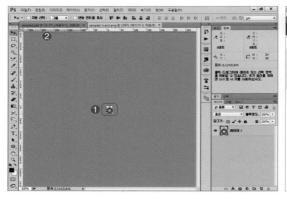 

31 첫 번째 아이콘의 위치를 지정한다. **❶**아이콘의 레이어를 선택한 뒤 [편집]-[자유변형] 메뉴를 클릭하여 지정 위치 값으로 이동한다. 첫 번째 아이콘의 위치는 "X축 560", "Y축 400"이다. 이동이 끝나면 Enter 를 눌러 변형을 완료한다.

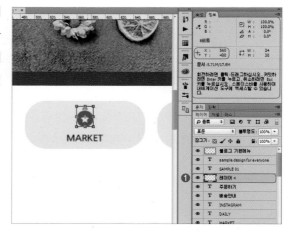

32 두 번째 아이콘인 "sample1-icon2.png" 파일을 불
러온 후 위와 같은 방법으로 두 번째 아이콘을 복사
하여 "sample1.psd" 파일에 붙여 넣는다. 두 번째 아
이콘의 위치 값을 지정한다. [편집]-[자유변형] 메뉴
를 클릭 한 뒤 우측 정보 탭에서 위치 값을 확인하며
이동한다. 두 번째 아이콘의 위치는 "X축 744", "Y축
400"이다. 이동이 끝나면 (Enter)를 눌러 편집을 완
료한다.

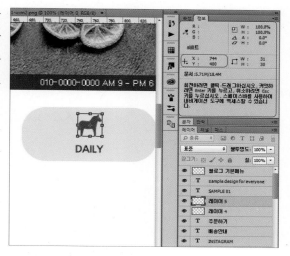

33 세 번째, 네 번째, 다섯 번째 아이콘도 이와 같이 하나씩 불러와서 "sample1.psd" 파일로 붙여 넣은 뒤 [편
집]-[자유변형] 메뉴를 이용하여 정확한 위치에 배치한다.

세 번째 아이콘 : X축 993, Y축 403
네 번째 아이콘 : X축 1119, Y축 406
다섯 번째 아이콘 : X축 1304, Y축 403

34 마지막으로 하단부분을 만들어보자. 하단부분에는 블로그에 대한 정보를 넣거나 디자인상 하단부분을 마무리
할 때 사용된다. 사업자등록증이 있다면 해당 내용을 넣는 것도 좋다. 샘플에서는 블로그 제목과 부연설명을 로
고처럼 넣어보았다. **❶**새로운 레이어 생성(Create a new layer) 버튼(□)을 클릭해 새로운 레이어를 만들고 **❷**사
각 선택 도구(□)를 선택한 뒤 "가로 982px, 세로 1px"의 가는 선을 만들어주자. 선택영역이 지정되면 (Alt)
+(Del)를 눌러 전경색(■)으로 선을 채운다. **❸**작업이 끝나면 (Ctrl)+(D)를 눌러 선택영역을 해제한다.

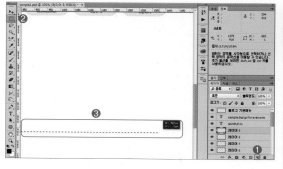
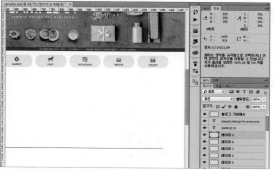

35 만들어진 선은 블로그 하단부분이 깔끔하게 보일 수 있도록 해 줄 것이다. 이 선을 정확하게 가운데로 지정하기 위해 **①**Ctrl을 누른 채로 선이 그려진 레이어와 맨 아래의 "배경" 레이어를 클릭한다. **②**이동 도구(⊹)를 클릭한 후 상단 정렬 옵션 중 수평중앙정렬(♣)을 선택하여 중앙에 정렬할 수 있도록 한다.

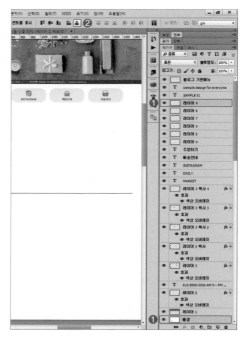

36 선의 색상을 바꾸기 위해 **①**선이 그려진 레이어를 선택한 뒤 우클릭하여 **②**[혼합 옵션]을 클릭한다. 레이어스타일 창이 열리면 옵션 중 **③**색상 오버레이를 선택하고 색상을 **④**"#cecece"로 지정한 후 **⑤**[확인]을 클릭하여 레이어에 스타일을 입힌다.

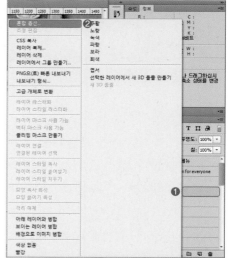

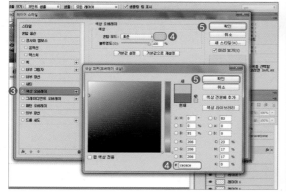

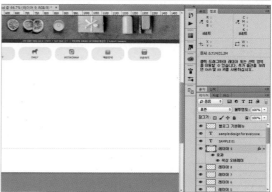

37 중앙에 선을 그려준 후 그 아래에 내용을 넣어주면 하단부분이 마무리 된다. 샘플에서는 블로그 제목과 부연설명 부분을 작게 넣어 로고처럼 보이도록 했다. 레이어 목록에서 **❶**"SAMPLE 01"과 "sample design for everyone" 텍스트 레이어를 Ctrl 을 누른 채 각각 클릭하여 선택한 뒤 Ctrl + J 로 레이어를 복사할 수 있다.

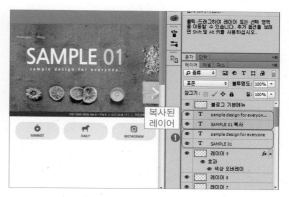

38 복사한 텍스트를 작업영역 하단으로 이동시키고 크기, 색 등을 변형한다. **❶**"SAMPLE 01"은 **❷**글자크기 "40pt", 색상 "#c0c0c0"으로 **❸**"sample design for everyone"은 **❹**글자크기 "7pt", 색상 "#e1e1e1"으로 바꿔주었다.

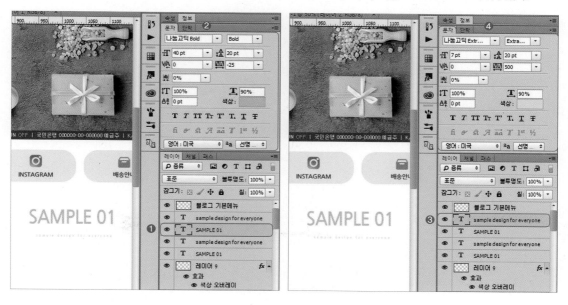

39 하단 텍스트의 위치를 지정한다. 복사한 **❶**"SAMPLE01"을 선택하고 [편집]-[자유변형] 메뉴를 클릭하여 **❷**지정된 위치값으로 텍스트를 이동시키자. "SAMPLE01"의 위치값은 "X축 870", "Y축 934"이다. 우측 정보 탭에서 위치를 확인하며 이동한다. 이동이 끝나면 Enter 를 눌러 변형을 완료한다.

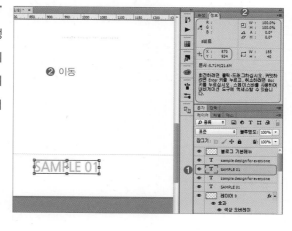

40 복사한 [1]"sample design for everyone" 레이어를 선택한 후 [편집]-[자유변형] 메뉴를 클릭하여 [2]지정된 위치값으로 텍스트를 이동시키자. "sample design for everyone"의 위치값은 "X축 881", "Y축 980"이다. 우측 정보 탭에서 위치를 확인하며 이동한다. 이동이 끝나면 [Enter]를 눌러 변형을 완료한다.

41 "심플 블로그마켓"의 디자인이 완료되었다. [파일]-[다른 이름으로 저장] 메뉴를 클릭하여 새로운 이름의 "PSD" 파일로 저장한다.

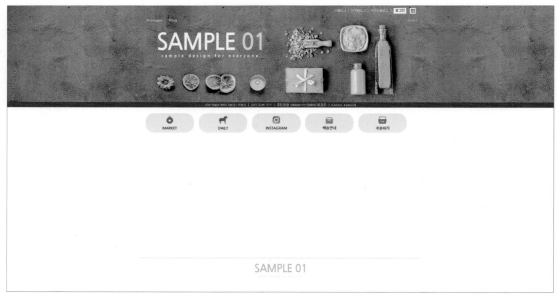

◆ [Source]-[Chapter 02]-[sample1]-[sample1-완성본.psd]

쇼핑몰형 블로그마켓 디자인하기
_상품 카테고리가 많은 업종

"쇼핑몰 블로그" 샘플은 여성의류 쇼핑몰을 예시로 들어보았다. 인터넷 쇼핑몰 제작에는 적지 않은 비용과 제작기간, 홍보비용이 들어가게 되는데, 이를 블로그에서 구현한다면 블로그의 콘텐츠 무료 노출과 무료 개설이라는 큰 이점을 안고 부담 없이 쇼핑몰형 블로그를 시작할 수 있다.

쇼핑몰형 블로그에서는 블로그의 포스팅 기능과 목록 보여주기 기능을 통해 쇼핑몰의 상품 정렬 기능을 대체하고 네이버 폼으로 주문하기 기능을 만들어주면서 블로그를 쇼핑몰로 이용이 가능하도록 만들어 보도록 한다.

1. 블로그 메인 화면에 배치시킬 콘텐츠 정하기

다수의 제품을 취급하는 쇼핑몰로서의 블로그를 운영하려 한다면 제품들을 구분 짓는 다수의 카테고리가 필요할 것이다. 여성의류 쇼핑몰을 예를 들어 설명해보면 제품소개(상의, 하의, 겉옷, 원피스, 신발, 악세사리, 세일상품), 배송안내, 주문하기, 다른 채널로의 이동 링크 등 제품과 제품주문에 대한 사항이 주를 이루게 될 것이다. "쇼핑몰 블로그"에서는 블로그 카테고리를 판매하는 제품 품목별로 나누고 배송안내는 게시물로, 주문하기는 네이버 폼 기능으로, 이웃맺기는 이웃추가링크로 연결하기로 한다.

블로그 카테고리	게시물 링크	네이버 폼 링크	이웃추가 링크	기타 채널 링크
▼	▼	▼	▼	▼
PRODUCT TOP, BOTTOM, OUTER, DRESS, SHOES, ACC, SALE) NOTICE (배송안내, 입금자확인, 주문안내)	배송안내	주문하기	이웃맺기	인스타그램, 카카오스토리, 스마트스토어

2. 내 블로그마켓을 상징하는 이미지 선택하기

"쇼핑몰 블로그"에서는 메인 이미지를 매 시즌, 또는 신상품 업데이트 때마다 바꾸어 보여줄 수 있도록 하였다. 따라서 메인 이미지 교체가 간편하도록 이미지가 들어갈 공간을 정해두었는데, 이 공간의 사이즈에 맞춰 적절한 이미지를 조합하여 만들어 보는 것도 좋다. 메인 이미지로는 판매가 가장 잘되는 상품 사진이나 판매 마진이 높은 상품 사진, 시즌에 맞는 코디 컨셉 사진이 적합하다.

이번 샘플 디자인에서는 판매 제품을 착용한 여성모델의 사진을 선택하였다. 이미지는 가로 "917px", 세로 "525px" 이상이면 샘플 디자인에서 적용할 수 있다.

◆ 쇼핑몰 블로그 메인 이미지 샘플

3. 블로그 레이아웃 구성하기

블로그 메인에서 보여줄 카테고리가 많아지는 것은 메뉴, 즉 배너 위젯이 많아짐을 의미하며 이에 따라 디자인의 레이아웃도 이전의 "심플 블로그마켓"과는 다른 디자인이 필요하다. 샘플 디자인은 쇼핑몰 웹사이트와 유사한 4단 구성의 레이아웃을 선택하였다. 1단에는 쇼핑몰의 로고를, 2단에는 상품메뉴를, 3단에는 쇼핑몰 대표이미지를, 4단에는 주문과 관련된 사항을 넣어보았다. 이는 매우 간단한 구성으로 블로그에서 쉽게 구현할 수 있으며 기존의 쇼핑몰들과 유사한 레이아웃 형태로 방문자에게 친숙한 느낌을 줄 수 있다.

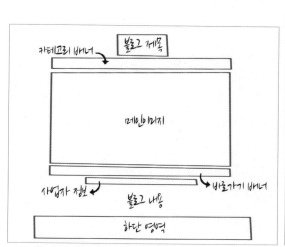

◆ "쇼핑몰 블로그" 레이아웃

◆ "쇼핑몰 블로그" 디자인

4. 블로그 스킨을 디자인하기

두 번째 블로그 디자인 샘플인 "쇼핑몰 블로그"는 "sample2.psd" 예제 파일과 "sample2-bg.jpg" 이미지, "나눔고딕"과 "나눔바른펜" 폰트를 이용해 포토샵에서 디자인하였다. 미리 첨부 파일과 나눔고딕 폰트를 다운로드받아 따라하기를 진행하면 도움이 될 것이다.

• [Soure]-[Chapter 03]-[Sample2.psd]
• 나눔고딕 다운로드: http://hangeul.naver.com/2016/nanum

01 포토샵에서 [파일(File)]–[열기(Open)] 메뉴를 클릭해 "sample2.psd" 파일을 불러온다. 파일이 열리면 [보기 (View)]–[눈금자(Rulers)] 메뉴를 체크하여 눈금자가 보이도록 설정 한 후, ❶눈금자 부분을 우클릭하여 ❷단위를 픽셀(Pixels)로 바꿔준다.

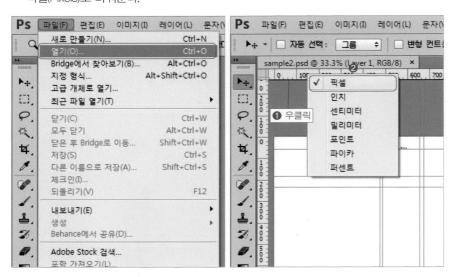

02 "쇼핑몰 블로그"의 제목을 정해보자. 포토샵 우측 레이어 중 ❶배경 레이어를 클릭한 후 ❷새로운 레이어 생성 (Create a new layer) 버튼(▣)을 눌러 새로운 레이어를 만들자. 이 레이어에는 텍스트가 들어가게 된다. ❸가로 문자 도구(**T**)를 클릭하여 블로그 상단에 제목 텍스트를 적어보자. 샘플에서는 "SAMPLE 02"이라고 지정한 다. 제목 밑에는 부연 설명으로 블로그의 주제 및 카피문구 등을 넣어주었다. ❹부연 설명은 새로 레이어를 만든 후 "SAMPLE DESIGN FOR EVERYONE"이라고 적어보았다. 텍스트 입력이 끝나면 이동 도구(▶✛)를 선택해 입력을 완료한다.

03 제목과 부연 설명의 글꼴을 좀 더 예쁘게 디자인 해보자. 먼저 제목 텍스트인 ❶"SAMPLE 02"가 있는 레이어를 클릭한 후 문자(Character) 탭에서 글꼴은 "나눔바른펜 Regular"로, 글자 크기는 "55pt"로, 자간은 "0", 가로 비율은 "90%", 색상은 "#848484", 앤티 앨리어싱 방법은 "선명하게"로 지정한다. ❷제목 아래 부연 설명인 "SAMPLE DESIGN FOR EVERYONE"의 글꼴은 "나눔고딕 Light", 크기는 "10pt", 자간은 "200", 가로 비율은 "90%", 색상은 "#b5b5b5", 앤티 앨리어싱 방법은 "선명하게"로 지정해주었다.

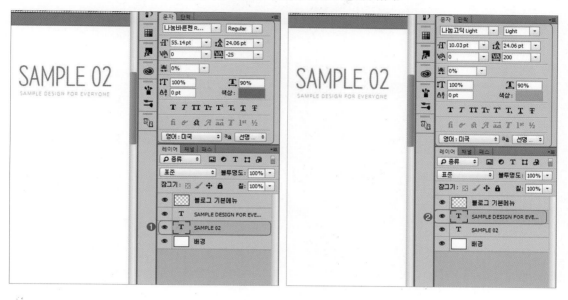

04 제목과 부연 설명의 글꼴 설정이 완료되었다면 두 레이어의 위치를 중앙으로 정렬해 보기 좋게 만들어주자. ❶"SAMPLE02"와 "SAMPLE DESIGN FOR EVERYONE"의 두 개 레이어를 ［Ctrl］을 누른 채 각각 클릭하여 복수 선택한 후 ❷이동 도구( )를 클릭 선택하고 옵션창의 수평중앙정렬 버튼( )을 클릭한다. 두 개의 레이어가 중앙 정렬하게 된다.

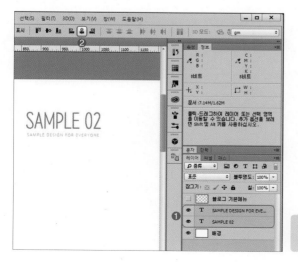

> 수평중앙정렬 버튼( )을 클릭하면 선택한 모든 레이어가 중앙 정렬하게 된다.

05 제목과 부연 설명의 위치는 매우 중요한데, 블로그 레이아웃에서 이 부분은 "타이틀 영역"으로 지정하여 이 부분을 누르면 블로그 메인으로 이동하도록 만들어 줄 것이기 때문이다. 블로그의 타이틀 영역은 세로 최대 300px까지만 지정 가능하기 때문에 제목 영역의 크기를 고려하고 디자인하는 것이 이후 디자인 적용을 수월하게 해준다. "sample2.psd"에서 [보기(View)]–[표시자(Extras)] 메뉴를 클릭하면 미리 지정해둔 레이아웃 틀을 볼 수 있다. 블로그 제목 영역은 세로 125px로 지정해 두었다.

[Ctrl]을 누른 채 두 개의 레이어를 클릭하고 [Ctrl]+[G]를 눌러 그룹으로 묶어준다. 묶인 그룹을 클릭하고 [편집(Edit)]–[자유 변형(Free Transform)] 메뉴를 누르면 해당 그룹의 정보가 우측 정보 탭에 나오게 되는데, 이때 X축과 Y축을 확인하여 위치를 조정하면 된다. 샘플시안에서는 X축 "864", Y축 "85"로 지정되어 있다.

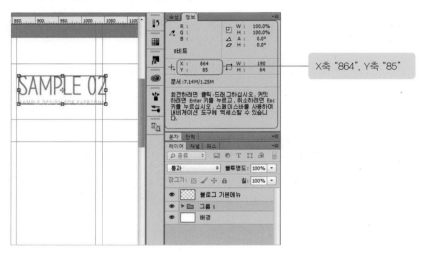

X축 "864", Y축 "85"

06 제품 카테고리를 만들어 블로그 제목 밑에 나열해 보자. 샘플에서는 블로그 상단에서 보여주는 제품에 대한 카테고리를 "TOP", "BOTTOM", "OUTER", "DRESS", "SHOES", "ACC", "SALE"로 만들어 보았다. 각 카테고리는 각자의 레이어 영역을 가질 수 있도록 새 레이어로 만들어주기로 한다. ❶배경 레이어를 클릭한 후 ❷새로운 레이어 생성(Create a new layer) 버튼(⬜)을 선택하여 새로운 레이어를 만든다. ❸가로 문자 도구(T)를 클릭하고 작업 영역을 클릭한 후 "TOP"이라고 적어보자. 이와 같이 나머지 메뉴들도 새로 레이어를 만들어 하나씩 적어준다.

07 카테고리 텍스트의 글꼴 및 크기 등의 설정을 통일 시키도록 한다. ❶텍스트가 적힌 레이어를 Ctrl 을 누르고 복수 선택한 후 문자(Character) 탭에서 텍스트의 상세 설정이 가능하다. 카테고리 텍스트는 다음과 같이 설정하였다.

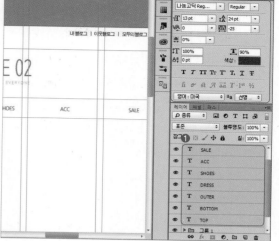

글꼴 : 나눔고딕 Regular
크기 : 13pt
자간 : 0
가로 비율 : 90%
색상 : #4c4c4c
앤티 앨리어싱 방법 : 선명하게

08 카테고리를 각각의 레이어에 적어주었다면 이를 블로그 위젯 위치에 맞게 배열해야 한다. 네이버의 위젯 공간에 맞춰 배너를 디자인하고 적용하면 레이아웃이 정해진 네이버 블로그라도 홈페이지형으로 만들 수 있다. 따라서 클릭되는 각 배너를 위젯이 들어가는 영역에 배치하는 것이 중요하다. 카테고리 배너의 위치는 ❶해당 카테고리가 있는 레이어를 클릭한 후 [편집(Edit)]–[자유 변형(Free Transform)] 메뉴를 클릭하면 우측 정보 탭에 X축과 Y축으로 표시된다. 정보 탭의 X축과 Y축 값을 확인하며 텍스트를 드래그하여 위치를 변경한다. 각 배너의 위치는 다음과 같다. 위와 같이 위치를 맞춰주고 [보기]–[표시자] 메뉴를 클릭한다. ❷화면에 표시자가 나타나면 위젯이 들어가는 공간에 맞춰 배너가 위치된 것을 확인할 수 있다.

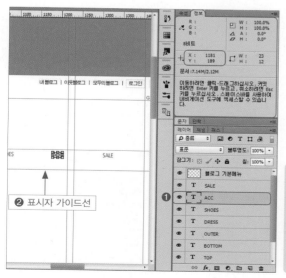

❷ 표시자 가이드선

TOP : X축 565, Y축 191
BOTTOM : X축 673, Y축 191
OUTER : X축 803, Y축 191
DRESS : X축 927, Y축 191
SHOES : X축 1050, Y축 191
ACC : X축 1181, Y축 191
SALE : X축 1302, Y축 191

09 미리 작성한 레이아웃을 보면 카테고리 배너 아래에는 메인 이미지가 들어가는 것을 알 수 있다. 카테고리 배

너와 이미지 사이의 경계를 주기 위해 배너 아래에
점선으로 된 밑줄을 그어보자. ❶"배경" 레이어를 클
릭하고 ❷새로운 레이어 생성(Create a new layer) 버
튼(🗍)을 클릭하여 배경 이미지 윗줄에 새로운 레이
어를 만든다. 펜 도구(✐)를 선택한 후 ❸상단의 도
구 옵션에서 [모양(Shap)]을 [패스(Pass)]로 선택한
후 작업 영역에 ❹이미지의 가로 크기에 맞게 시작과
끝 위치를 클릭하면 패스가 만들어진다. [Shift]를
누른 채로 클릭하면 정확한 직선으로 그릴 수 있다.

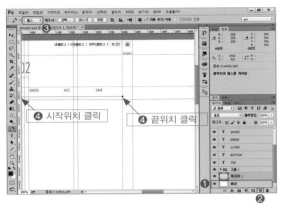

10 패스로 그려진 선을 점선으로 바꿔주기로 한다. 브러시 도구(✐)를 선택하고 ❶옵션창에서 [선명한 원(Hard
Round)]을 선택하고 ❷크기(Size)는 1px로 지정한다. [창(Window)]–[브러시(Brushes)] 메뉴를 클릭하거나 [F5]를
눌러 브러시 설정 창을 열어준 뒤 ❸브러시 모양에서 간격에 체크하고 400%로 설정한다.

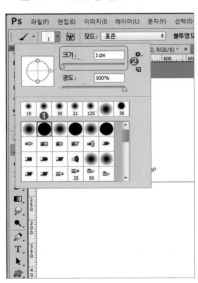 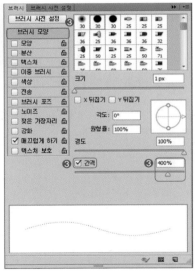

11 브러시 설정이 끝나면 ❶패스(Paths) 탭을 클릭한 후 ❷브러시로 획 패스 만들기
(Stroke path with brush) 버튼(○)을 클릭해 패스를 만들어준다. 패스에 점선이
그려진 것을 확인하고 ❸작업 패스를 휴지통(🗑)으로 드래그하여 없애준 후 다시
❹레이어(Layer) 탭을 클릭해 돌아온다.

12 점선은 도구 모음의 전경색으로 그려질 것이다. 점선의 색을 바꿔주기 위해 ❶점선이 그려진 레이어의 오른쪽 빈 공간을 더블클릭하여 레이어 스타일(Layer Style) 창을 열어 ❷색상 오버레이(Color Overlay)를 클릭하고 ❸색상값(#bcbcbc)을 지정한다.

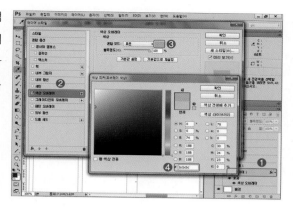

13 이번에는 블로그 메인 이미지를 넣어보기로 한다. 먼저 배경 이미지가 들어갈 영역을 지정해 준 뒤 레이어를 클리핑 마스크로 묶어주어 이미지가 지정된 영역에서만 보이도록 만들어 줄 것이다. "배경" 레이어를 클릭하고 ❶새로운 레이어 생성(Create a new layer) 버튼(🔲)을 클릭하여 새로운 레이어를 만든 후 ❷사각 선택 도구(▢)를 선택하여 ❸새로운 레이어에 가로 "917px", 세로 "525px"의 사각형을 그려주자. 사각형 모양을 만들었다면 ❹ Alt + Del 를 눌러 전경색을 넣어 마무리한다.

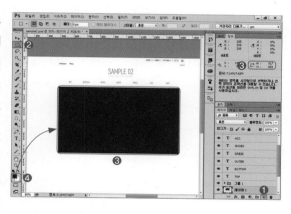

14 배경 이미지 영역의 위치를 지정한다. ❶배경 이미지 영역을 지정한 레이어를 클릭한 후 [편집(Edit)]—[자유 변형(Free Transform)] 메뉴를 눌러주면 우측 정보 탭에서 위치 좌표를 보면서 이동할 수 있다. ❷레이어의 위치는 X축 "487", Y축 "234"로 지정한다. 위치 지정이 끝나면 Enter 를 눌러 편집을 완료한다.

레이어 위치 : X축 487, Y축 234

15 배경으로 사용될 이미지를 불러온다. 이미지는 가로 "917px", 세로 "525px" 이상의 크기를 사용해야 제대로 표시될 수 있다. [파일(File)]-[열기(Open)] 메뉴를 클릭한 후 예제 파일을 불러온다. Ctrl + A 로 전체 영역을 지정하고 Ctrl + C 로 복사한다. 다시 작업 중인 "sample.psd"의 탭을 눌러 돌아온 후 배경 이미지영역을 지정한 레이어를 클릭한 뒤 Ctrl + V 를 눌러 붙여 넣어 주면 배경 이미지영역 레이어 위에 이미지가 들어간 새로운 레이어가 생성된다.

◆ [Source]-[Chapter 02]-[sample2]-[sample2-bg.jpg]

16 ❶배경 이미지가 있는 레이어를 우클릭하여 [클리핑 마스크 만들기(Create Clipping Mask)] 메뉴를 선택하면 아래에 있는 배경영역 레이어에 연결되는 클리핑 마스크가 만들어진다. 클리핑 마스크를 이용해 이미지를 해당 영역에서만 보이도록 만들 수 있다. [편집(Edit)]-[자유 변형(Free Transform)] 메뉴를 선택하고 Shift 를 누른 채 이미지의 크기를 변형하면 비율을 유지한 채로 변형할 수 있다. 이를 이용해 이미지의 크기와 위치를 조정하여 보기 좋게 만들어주면 배경 이미지 설정이 완료된다.

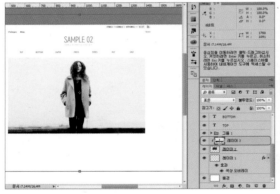

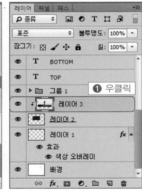

클리핑 마스크가 되면 ⬐ 화살표가 생긴다.

※ 클리핑 마스크된 이미지 레이어는 아래의 레이어 모양만큼 보여진다.

17 배경 이미지 아래에는 "배송안내", "주문하기", "이웃맺기", "인스타그램", "카카오스토리", "스마트스토어"로 이동하는 배너를 만들어보자. 전경색과 배경색 영역(■)의 전경색을 "#18171d"로 지정해주자. 새로운 레이어 생성(Create a new layer) 버튼(◻)을 클릭해 새로운 레이어를 만들고 ❶사각 선택 도구(▣)를 선택하여 가로 "183px", 세로 "33px"의 사각형을 만들어 준다. 선택이 끝나면 Alt + Del 를 눌러 전경색으로 사각형 안을 채워주고 Ctrl + D 를 눌러 선택 영역을 해제한다.

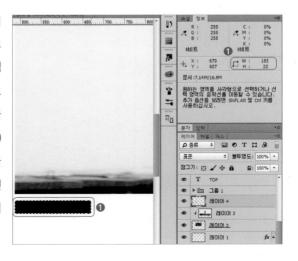

18 만들어진 사각형은 배너의 배경이 될 것이다. 첫 번
째 배너에는 "DELIVERY" "배송안내" "+" 라는 텍스
트가 들어간다. ❶사각형이 있는 레이어를 클릭한 후
❷새로운 레이어 생성(Create a new layer) 버튼(🗋)
을 선택하여 레이어 윗줄에 새로운 레이어를 만든다.
가로 문자 도구(T.)를 클릭한 후 ❸"DELIVERY"라는
텍스트를 적어준다. 이와 같이 다시 새로운 레이어를
만들어 ❹"배송안내" 그리고 ❺"+"라는 텍스트 레이어
를 각각 만들어준다.

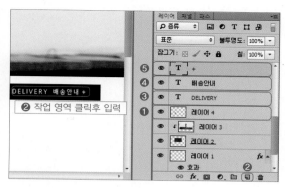

19 텍스트의 글꼴과 크기를 지정한다. 텍스트 레이어를 클릭하고 문자(Character) 탭에서 글꼴, 크기, 자간, 가로
비율, 색상 등의 속성을 다음과 같이 지정한다.

- DELIVERY : 글꼴 "나눔고딕
  ExtraBold", 크기 "16pt", 자간
  "0", 가로 비율 "90%", 색상
  "#ffffff", 앤티 앨리어싱 "선명
  하게"
- 배송안내 : 글꼴 "돋움
  Regular", 크기 "12pt", 자간
  "0", 가로 비율 "100%", 색상
  "#ffffff", 앤티 앨리어싱 "없음"
- + : 글꼴 "돋움 Regular", 크
  기 "12pt", 자간 "0", 가로 비율
  "100%", 색상 "#dcb5a9", 앤티
  앨리어싱 "없음"

20 텍스트를 배너 배경 안에 적당한 간격을 두고 위치시
킨 후 배너의 배경과 텍스트 총 4개의 레이어를 선택
한 후 Ctrl + G 를 눌러 하나의 그룹으로 묶어주자.
그룹을 선택하여 위치를 지정할 것이다. 묶인 그룹을
선택하여 [편집(Edit)]-[자유 변형(Free Transform)] 메
뉴를 클릭한 후 우측 정보 탭에서 위치 정보를 확인하
며 위치를 변경해주도록 한다. "DELIVERY" 배너의 위
치는 X축 "487", Y축 "758"이다. 위치 지정이 끝나면
Enter 를 눌러 변경을 완료한다.

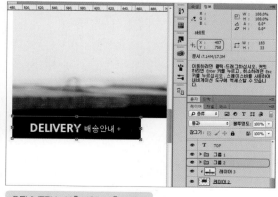

DELIVERY : X축 487, Y축 758

※ 블로그 화면에서 고객이 클릭하여 이동하는 배너이므로 정확한 위젯 위치에 맞춰 지정해야 한다.

21 17~20번을 반복하여 "ORDER"와 "NEIGHBOR" 배
너를 만들어 그룹으로 묶어주고 위치를 지정한다. 각
배너의 위치는 다음과 같다.

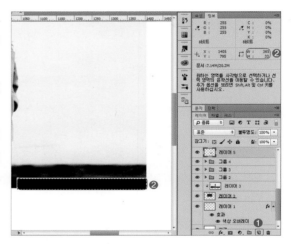

DELIVERY : X축 487, Y축 758
ORDER : X축 671, Y축 758
NEIGHBOR : X축 855, Y축 758

22 이번에는 "인스타그램", "카카오스토리", "스마트
스토어" 아이콘이 들어가는 배너의 배경을 만들어
보자. ●새로운 레이어 생성(Create a new layer) 버
튼(▣)을 클릭해 새로운 레이어를 만들고 사각 선
택 도구(▥)를 선택하여 ●가로 "365px", 세로 "
33px"의 사각형을 만들어 준다. 선택이 끝나면
[Alt]+[Del]를 눌러 전경색으로 사각형 안을 채워
준다. 색상을 채운 후에는 [Ctrl]+[D]를 눌러 선택을
해제한다.

23 ●만들어진 레이어를 클릭하고 ●새로운 레이어 생성(Create a new layer) 버튼(▣)을 클릭하여 새로운 레이
어를 만든다. [파일(File)]-[열기(Open)] 메뉴를 선택한 후 아이콘 아이지 파일(sample2-icon1.png)을 불러온다.
[Ctrl]+[A]를 눌러 이미지 전체를 선택한 후 [Ctrl]+[C]를 눌러 복사한 후 ●만들어진 새로운 레이어에 [Ctrl]
+[V]하여 붙여 넣는다. 이와 같이 ●나머지 2개 아이콘 이미지 파일(sample2-icon2.png, sample2-icon3.png)을
불러와서 새로운 레이어로 붙여 넣어 주자.

sample2-icon1.png   sample2-icon2.png   sample2-icon3.png

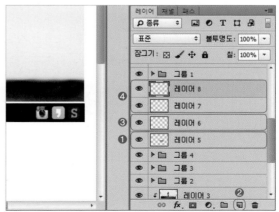

24 붙여넣은 아이콘은 정렬하여 위젯 레이아웃 안에 들어갈 수 있도록 한다. ❶아이콘이 있는 레이어를 선택 후 [편집]–[자유 변형]을 클릭하면 ❷우측 정보 탭에서 정확한 좌표를 확인하며 위치 변경이 가능하다. 위치 변경이 끝나면 Enter 를 눌러 변경사항을 완료한다.

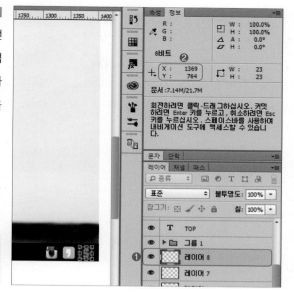

> 인스타그램 : X축 1307, Y축 764
> 카카오스토리 : X축 1338, Y축 764
> 스마트스토어 : X축 1369, Y축 764

25 아이콘의 정렬이 끝나면 아이콘 배너의 배경이 되는 레이어와 아이콘 레이어들을 Ctrl 을 누른 후 클릭하여 복수 선택하고 Ctrl + G 를 눌러 그룹으로 묶어준다. [편집(Edit)]–[자유 변형(Free Transform)] 메뉴를 선택하여 좌표를 확인하며 위치를 이동한다. 이 그룹의 위치는 X축 "1039", Y축 "758"이다. 위치 변경이 끝나면 Enter 를 눌러 변경 사항을 완료한다.

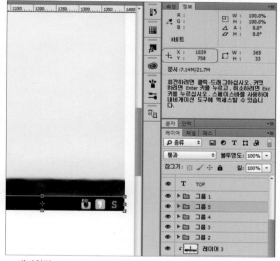

◆ 배너위치

26 사업자에 대한 정보를 블로그 메인에 간단하게 보여주는 것도 좋다. 문의 전화번호와 상담시간, 계좌번호, 카카오톡 아이디 등에 대한 내용을 간략하게 적어보자. ❶새로운 레이어 생성(Create a new layer) 버튼(▣)을 클릭하여 새로운 레이어를 만들고 ❷가로 문자 도구(T)를 선택해 작업 영역에 다음과 같이 입력하고 이동 도구(▶)를 클릭하여 완료한다.

❷ 클릭 후 입력

> 010–0000–0000 AM 9 – PM 6 | SAT, SUN OFF | 국민은행 000000–00–000000 예금주 | KAKAO: kakaoid

27 간략한 정보를 적은 텍스트의 글꼴 및 설정, 위치를 지정한다. 텍스트의 문자 속성은 다음과 같이 글꼴 "돋움 Regular", 크기 "11pt", 자간 "-25", 가로 비율 "100%", 색상 "#656565", 앤티 앨리어싱 "없음"으로 설정한다. 전화번호는 드래그하여 "굵게" 처리하고 각 내용을 나누는 "|"는 색상값을 "#c3c3c3"으로, "OFF" 텍스트의 색상은 "#ab2f2f"로 설정한다. 텍스트의 위치는 X축 "695", Y축 "814"이다.

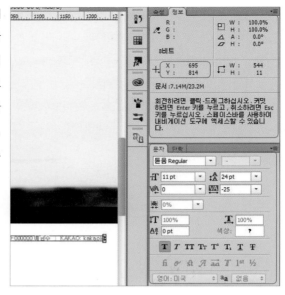

28 마지막으로 하단 부분을 만들어보자. 하단 부분에는 블로그에 대한 정보를 넣거나 디자인상 하단 부분을 마무리할 때 사용된다. 사업자등록증이 있다면 해당 내용을 넣는 것도 좋다. 샘플에서는 블로그 제목과 부연 설명을 로고처럼 넣어보았다.

● 새로운 레이어 생성(Create a new layer) 버튼(🔲)을 클릭해 새로운 레이어를 만들고 ❷ 사각 선택 도구(⬚)를 선택한 뒤 작업 영역 하단에 가로 "982px", 세로 "1px"의 가는 선을 만들어주자. 선의 영역을 지정하면 [Alt]+[Del]를 눌러 영역을 채워주고, [Ctrl]+[D]를 눌러 영역을 해제한다.

29 만들어진 선은 블로그 하단 부분이 깔끔하게 보일수 있도록 해 줄 것이다. 이 선을 정확하게 가운데로 지정하기 위해 ● [Ctrl]을 누른 채로 선이 그려진 레이어와 맨 아래의 "배경" 레이어를 클릭한다. ❷ 이동도구(▶)를 선택하고 옵션창의 수평중앙정렬 버튼(🔳)을 클릭하여 중앙정렬시킨다.

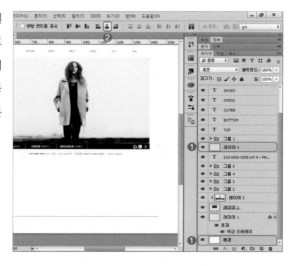

30 선의 색상을 바꾸기 위해 **❶**선이 그려진 레이어의 우측 빈 공간을 더블클릭하고 레이어 스타일(Layer Style) 창에서 **❷**색상 오버레이(Color Overlay)를 클릭한 후 **❸**색상(#cecece)을 지정한다.

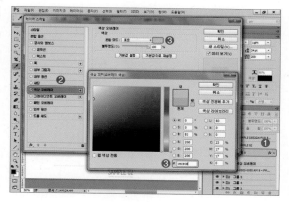

31 중앙에 선을 그려준 후 그 아래에 내용을 넣어주면 하단 부분이 마무리 된다. 샘플에서는 블로그 제목과 부연 설명 부분을 작게 넣어 로고처럼 보이도록 했다. 레이어 목록에서 제목으로 쓴 "SAMPLE 02"와 "SAMPLE DESIGN FOR EVERYONE" 텍스트 레이어를 Ctrl 을 누른 채로 각각 클릭하여 선택한 뒤 드래그하여 새로운 레이어 생성(Create a new layer) 버튼(▣)으로 가져가면 레이어를 복사할 수 있다.

32 복사한 텍스트를 아래로 위치시키고 크기, 색 등을 변형하기로 한다. 레이어를 클릭한 후 우측 문자(Character) 탭에서 문자의 속성을 지정한다. "SAMPLE 02"는 글자 크기를 "38pt", 색상을 "#848484"로, "SAMPLE DESIGN FOR EVERYONE"은 글자 크기 "7pt", 색상 "#b5b5b5"로 바꿔주었다.

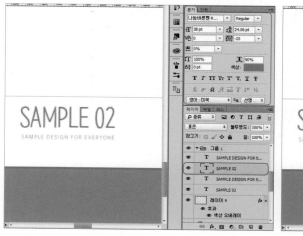
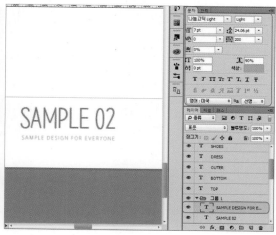

33 "쇼핑몰 블로그"의 디자인이 완료되었다. [파일(File)]-[다른 이름으로 저장(Save As)] 메뉴를 눌러 새로운 이름
의 PSD 파일로 저장한다.

◆ [Source]-[Chapter 02]-[sample2]-[sample2-완성본.psd]

LESSON

04

홈페이지형 · 쇼핑몰형 블로그마켓에 필요한 서비스 위젯 만들고 적용하기

1. 네이버 오피스로 방문자와 소통하기

네이버에서는 네이버 클라우드를 사용하는 회원에게 네이버 오피스 기능을 제공하고 있다. 네이버 오피스는 웹상에서 문서작성이 가능하며 네이버 클라우드 및 내컴퓨터에 저장된 문서까지 자유롭게 읽기 또는 편집기능을 사용할 수 있는 문서작업 서비스이다. 또한 여러 사람의 의견을 모을 수 있는 폼(Form)형식의 문서를 제공하며 작성한 문서에는 URL을 지정해주어 웹상으로 간단하게 문서의 공유가 가능하기 때문에 공유를 통해 다른 사람의 의견을 제출받을 수 있다. 네이버 오피스의 이러한 기능을 블로그에서 활용하면 방문자와 폭넓은 소통이 가능해진다.

일반적으로 블로그에서는 포스트의 댓글, 메모게시판, 쪽지, 안부게시판에 방문자의 의견입력이 가능한데, 여기엔 일정한 양식지정이 불가하며 방문자에게 요구하는 응답사항을 정확하게 전달받지 못하고 의견취합이 어려운 단점이 있다.

특히 블로그마켓을 운영하고자 할 때는 주문사항이나 문의사항을 제출받아 방문자를 고객으로 전환시키는 과정이 필요한데 블로그의 고유기능으로는 이를 달성하기 어려운 면이 있다. 이 레슨에서는 네이버 오피스를 활용하여 기존 블로그에서 사용할 수 없었던 주문하기, 문의하기 기능을 활성화 하는 방법을 설명하려 한다.

네이버 오피스의 URL보내기 기능과 네이버 블로그의 위젯 기능을 활용하면 누구나 손쉽게 방문자로부터 지정된 양식에 맞춘 답변을 받아 볼 수 있다.

네이버 오피스를 사용하기 위해서는 먼저 네이버 클라우드 사용이 필요하다. 네이버 클라우드를 사용해 본 적이 없다면 아래의 기본 절차를 따라해 보자.

01 네이버에 로그인 후 메인메뉴 중 ❶[더보기] 버튼을 클릭한 후 ❷'오피스' 메뉴를 클릭하여 네이버 오피스에 접
속한다. 또는 네이버 오피스(http://office.naver.com)로 바로 접속한다.

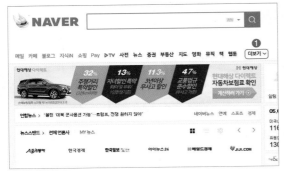

02 오피스를 사용하기 위해서는 네이버 클라우드 운영원칙에
동의하고 클라우드를 사용해야 한다. 네이버 오피스는 클라우
드를 기반으로 파일을 생성, 편집, 저장하기 때문이다. 네이버
클라우드는 네이버에서 제공하는 웹하드 서비스로 웹상의 드
라이브에 파일을 저장하고 공유할 수 있는 기능을 제공한다.
문의하기, 주문하기 등의 폼은 이 클라우드에 저장이 되며 답
변 결과도 클라우드에서 확인이 가능하다. 클라우드 운영원칙
을 읽어본 후 ❶[모든 약관에 동의합니다.]에 체크를 하고 ❷[시
작하기] 버튼을 클릭한다.

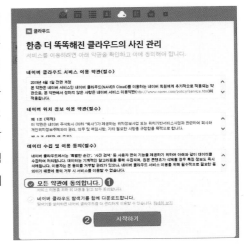

03 네이버 클라우드 운영원칙에 동의하면 바로 네이버 클라우드 및 오피스의 사용이 가능해진다. 아래는 오피스에
접속 시 기본 화면을 보여준다. 오피스에서는 워드, PPT, 엑셀, 폼 형태의 문서를 작성, 읽기, 편집, 저장이 가능하다.

네이버는 하나의 휴대폰 번호로 최대 3개까지의 아이디를
만들 수 있는데, 그중 하나의 아이디로만 네이버 클라우드
이용이 가능하다. 블로그마켓을 만들기 위해 새로운 아이
디를 만들었다 하더라도 이미 다른 아이디로 네이버 클라
우드를 사용하고 있다면 기존에 네이버 클라우드를 이용하
는 아이디로 오피스를 사용해야 한다. 네이버 메인에서 오
피스 메뉴 클릭 시 아래와 같이 네이버 클라우드를 사용하
는 아이디로 로그인이 필요하다는 안내가 나온다면, 해당
아이디로 로그인하여 오피스를 이용한다. 오피스를 이용하
는 아이디는 운영 블로그의 아이디와 동일하지 않아도 충
분히 오피스 폼 기능을 사용할 수 있다.

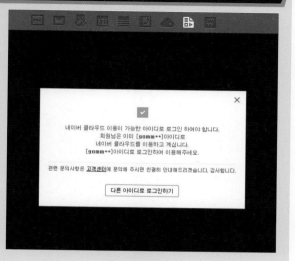

• **네이버 클라우드 사용아이디 변경 방법**
네이버 클라우드 웹페이지의 환경설정에서 [아이디 이전]을
통해 가능하다. 단, 주민등록번호로 가입한 아이디만 이전 가
능하며 전화번호로 가입한 아이디는 이전이 불가하다.

2. 문의하기 기능 만들고 적용하기

문의하기는 블로그마켓 방문자가 상담이 필요하거나 판매하는 제품, 서비스에 대해 더욱 자세한 정
보를 원할 때 1:1로 상담할 수 있도록 방문자의 연락처, 이메일, 간단한 문의사항을 기재하여 블로그
운영자에게 보낼 수 있는 기능을 말한다.

블로그마켓에서 판매하는 제품이 패션, 화장품, 금융상품, 부동산, 차량, 방문판매, 수제제작, 공방, 학
원, 예약상품 등과 같이 서비스 또는 상담과 관련되어 있다면 문의하기 기능의 활용도가 매우 높다.

문의하기 기능은 네이버 오피스에서 사용자가 정보를 입력 가능하도록 폼을 만들고 문서의 URL을
네이버 블로그 위젯에 코딩하여 블로그 메인에 해당 이동 링크를 띄울 수 있다.

2-1. 문의하기 폼 만들기

고객이 문의할 내용을 작성할 수 있는 항목들로 구성된 폼을 만들어보자.

01 네이버 오피스(http://office.naver.com) 메인 화면에 서 ❶[새문서]를 클릭하고 문서 중 ❷[네이버 폼]을 선 택한다.

02 폼이 열리면 아래와 같이 기본 양식이 설정되어 있 다. 각 항목을 클릭하여 폼의 내용을 편집하여 사용 할 수 있다.

03 "제목을 입력해주세요."를 클릭하면 제목영역을 편 집할 수 있다. ❶제목은 "상담신청", ❷설명은 "상담을 원하시는 분은 아래 내용을 기재하여 제출해 주시 면 신속하게 연락드리도록 하겠습니다."라고 입력해 보았다. 설문지가 아니므로 ❸"기간설정 없음"에 체 크해주도록 한다. [확인]을 누르면 편집이 완료된다.

04 다음은 "샘플 1"이라는 항목을 클릭하여 수정해 주자. ❶항목 제목은 "성함"으로 입력하고, ❷유형은 "주관식 단답형", ❸사이즈는 "작게"로 선택하여 방 문자의 이름을 입력할 수 있도록 만들어 준다. ❹필 수항목에 체크하면 꼭 기입을 해야 제출이 가능한 항목이 된다.

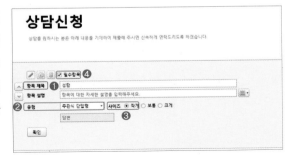

05 "샘플 2"는 단일 선택형으로 임의지정이 되어있는 데, 이를 연락처 항목으로 수정해보자. ❶항목 제목을 "연락처"로 입력하고, ❷유형에서 아래 화살표 버튼을 누르면 다양한 유형 선택이 가능하다. 이 중 "연락처" 항목을 선택하면 전화번호를 기재할 수 있는 입력란 형태가 만들어진다.

06 이번에는 기존의 항목을 수정하는 것이 아닌 새로운 항목을 만들어 보기로 한다. 폼 하단의 [항목추가] 버튼을 누르면 새로운 항목이 생성된다.

07 새로운 항목은 상담 유형을 선택할 수 있도록 만들어 보았다. ❶항목 제목은 "상담 항목"으로, ❷유형은 "목록 선택형"으로 지정한다.

08 유형에서 옵션은 운영하는 블로그마켓에 맞춰 상담 항목을 지정하면 된다. 예제에서는 ❶옵션 1에 "제품상담", ❷옵션 2에 "서비스상담"을 입력하고 아래 ❸[클릭하면 추가] 버튼을 클릭하여 옵션을 추가한 후 ❹옵션 3은 "가맹점문의"로 만들어 보았다. ❺[확인]을 눌러 항목 편집을 완료한다.

09 마지막으로 상담을 원하는 내용에 대해 자세히 기입할 수 있는 입력란을 만들어보자. [항목추가] 버튼을 누르고 ❶항목 제목은 "상담내용"으로, ❷유형은 "주관식 서술형", ❸사이즈는 "보통"으로 선택한다.

10 폼을 완성하고 [저장] 버튼을 누르면 네이버 클라우드에 저장할 수 있도록 경로 지정 창이 열린다. ❶위치는 "네이버 클라우드"에, ❷파일 이름은 "상담신청"으로 하여 저장한다.

11 저장한 폼은 ❶상단 메뉴의 [미리보기]를 통해 완성된 폼의 형태를 볼 수 있다. 폼의 형태를 확인하고 나면 해당 폼의 연결 링크를 블로그 위젯으로 만들기 위해 URL이 필요하다. ❷상단 메뉴의 [폼 보내기]를 클릭하고 ❸[공유하기]를 선택하면 공유할 SNS 목록과 URL이 나타난다. ❹[URL 복사] 버튼을 클릭하여 URL을 복사할 수 있다. 복사한 URL은 윈도우 기본 프로그램인 메모장을 열어 Ctrl + V 를 눌러 붙여넣기한다.

2-2. 문의하기 버튼 이미지 만들기

블로그마켓의 위젯으로 사용할 문의하기 버튼 이미지를 만들어보자.

01 포토샵을 실행한 후 [파일(File)]-[새로만들기(New)] 메뉴를 클릭한다. ❶새로 만들기 창에 각 항목들을 다음과 같이 작성한 후 ❷[확인]을 누른다.

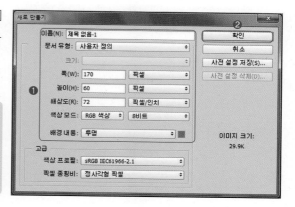

문서 유형 : 사용자 정의
폭 : 170 픽셀
높이 60 픽셀
해상도 72 픽셀/인치
색상 모드 : RGB 색상 / 8비트
배경 내용 : 투명

02 새로운 파일이 열리면 환경 설정을 통일하는 것이 예제를 따라하기 수월하다. [창(Window)] 메뉴를 열고 기존에 체크되어 있는 항목들을 클릭하여 체크를 해제한 후 "레이어(Layer)", "문자(Character)", "정보(Info)", "옵션(Options)", "도구(Tool)" 메뉴를 새로 체크하여 활성화한다.

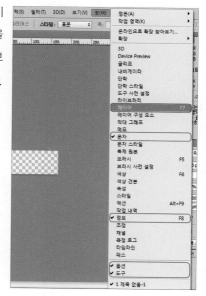

03 ❶사각형 선택 도구(⬚)를 선택한 후 ❷전체 작업 영역 크기(가로 170px, 세로 60px)의 사각형을 만들고 ❸ Alt + Del 를 눌러 영역을 전경색으로 채운다. 색을 채우고 나면 Ctrl + D 를 눌러 선택 영역을 해제한다.

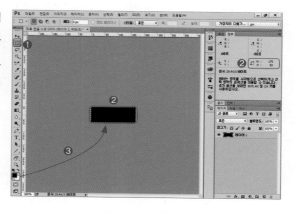

04 색을 채운 영역은 포토샵 도구 모음의 전경색 설정에 따라 색상이 다를 것이다. 영역의 색상을 흰색으로 바꾸고 테두리를 만들어 보기로 한다. ❶우측 레이어(Layer) 탭에서 사각형이 그려진 레이어를 선택해 빈 공간을 더블클릭한다. 그러면 레이어 스타일(Layer Style) 창이 열리는데, 혼합 옵션 중 ❷색상 오버레이(Color Overlay)의 텍스트(체크 박스가 아닌 글자)를 클릭하면 색상을 지정할 수 있다. ❸색상은 "#ffffff"로 지정한다.

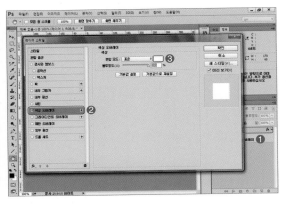

05 색상 선택이 완료되었다면 ❶"획"의 텍스트를 클릭한다. ❷선의 크기는 "1px", 위치는 "안쪽", 색상은 "#cccccc"로 지정하고 ❸[확인]을 눌러 레이어 스타일(Layer Style) 창을 닫는다.

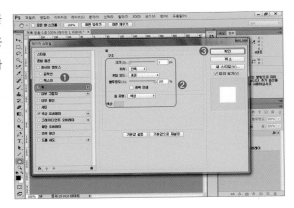

06 이제 버튼 모양의 사각형 안에 "문의하기"라는 텍스트를 넣어주자. ❶가로 문자 도구(T)를 선택하고 ❷"문의하기"라고 입력한 후 ❸옵션 바 우측의 완료 버튼(✓)을 클릭하거나 이동 도구(▶+)를 클릭하여 입력을 완료한다.

07 "문의하기" 텍스트를 깔끔하게 수정하기로 한다. 레이어(Layer) 탭에서 ❶텍스트가 쓰여진 레이어를 선택한 후 ❷문자(Character) 탭에서 텍스트 속성을 다음과 같이 설정한다.

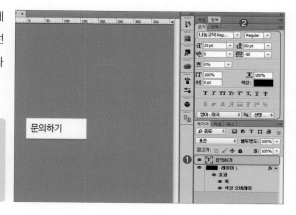

> 글꼴 : 나눔고딕 Regular
> 크기 : 25pt
> 자간 : −50
> 색상 : #272727
> 앤티 앨리어싱 방법 : 선명하게

08 "문의하기" 텍스트를 배경의 가운데로 정렬하기 위해 ❶이동 도구(▶₊)를 클릭한다. 레이어(Layer) 탭에서 ❷ Ctrl 을 누른 채 텍스트 레이어와 배경 레이어를 복수 선택한다. 옵션 창에서 ❸수직 중앙 정렬 버튼(꠸)과 ❹수평 중앙 정렬 버튼(꠸)을 각각 클릭하여 텍스트를 배경의 정중앙에 정렬한다.

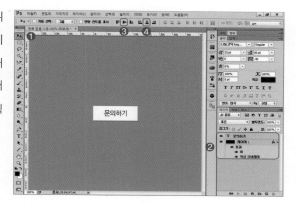

09 완성된 "문의하기" 버튼을 이미지로 저장해보자. [파일(File)]−[웹용으로 저장(Save for Web)] 메뉴를 클릭하면 웹용으로 저장(Save for Web) 창이 나타나며, 여기서 저장 옵션을 설정할 수 있다. ❶압축 형식은 "JPEG", ❷"최대값(Maximum)"을 선택한다. ❸[저장] 버튼을 누르면 경로를 지정할 수 있는데, 파일 이름은 "ban−consult"로 입력하여 저장한다.

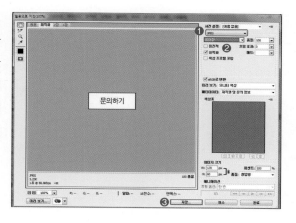

2-3. 문의하기 버튼 위젯 만들고 적용하기

저장한 문의하기 버튼 이미지를 위젯으로 만들어 블로그마켓에 적용해보자.

01 컴퓨터에 저장된 이미지를 위젯으로 만들기 위해서는 이미지를 웹상에 업로드 해야 한다. 블로그의 포스팅 쓰기를 이용하면 이미지를 쉽게 업로드 할 수 있다. 네이버에 로그인 한 뒤 ❶기본 정보 아래의 [블로그] 버튼을 눌러 나오는 창에서 ❷[내 블로그]를 클릭하면 내 블로그로 바로 이동할 수 있다. 내 블로그에서 ❸프로필 영역 하단 부분의 [글쓰기]를 클릭한다.

02 포스트를 작성할 수 있는 포스트 에디터가 열린다. 최근에는 SmartEditor ONE이 기본으로 열리는데 이전버전 에디터를 사용해도 포스팅을 작성하고 문의하기 버튼 이미지를 업로드 하는데 큰 차이가 없다.

◆ 스마트 에디터(SmartEditor) ONE 글쓰기 창

03 제목은 ❶"문의하기 버튼 이미지"로 입력하고 ❷본문을 클릭한 후 상단의 컴포넌트 중 ❸사진 버튼(⊠)을 클릭해 이미지를 업로드한다. '업로드할 파일 선택' 창이 열리면 저장된 ❹"ban-consult.jpg"를 불러온다. 스마트 에디터(SmartEditor) ONE에서 사진파일 업로드 시 포토업로더를 사용하지 않고 바로 불러오기가 가능하다.

04 이미지를 업로드 했다면 ❶상단의 [발행] 버튼을 눌러 게시물을 등록할 수 있다. 이때 게시물은 문의하기 버튼을 업로드하기 위한 게시물로, 공개할 필요가 없으므로 ❷"비공개"를 체크한 후 ❸[발행]을 누른다.

05 등록된 게시물에서 ❶"문의하기" 버튼 이미지를 우클릭한다. ❷우클릭 옵션 중 [속성]을 선택하면 이미지의 속성을 볼 수 있다. ❸주소(URL)란의 이미지 경로를 Ctrl + C 로 복사한 후 새로 메모장을 열어 Ctrl + V 로 붙여두자.

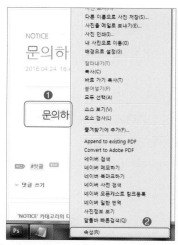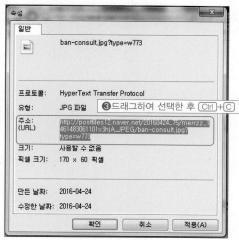

06 메모장에 붙여 넣은 이미지 경로와 네이버 폼의 URL로 위젯 코드를 만들어 보자. 새로 메모장을 열고 아래와 같이 HTML 코드를 입력한다.

```
<a href="네이버 폼" target="_blank"><img src="이미지" border="0" /></a>
```

위 코드 중 한글로 쓰인 "네이버 폼"에는 네이버 폼의 URL을 붙여넣고, "이미지"에는 이미지 경로를 붙여 넣는다. 완성된 예시의 코드는 다음과 같다.

```
<a href="http://me2.do/F0bhYQET"
target="_blank"><img src="http://
postfiles12.naver.net/20160424_75/
merrzz_1461483061101x3hjA_JPEG/ban-
consult.jpg?type=w773" border="0" /></a>
```

07 만들어진 코드를 복사하여 위젯으로 설정하면 블로그 메인에서 상담신청서를 작성하는 네이버 폼으로 바로 이동하는 문의하기 버튼이 된다. 내 블로그 프로필영역 하단의 ❶[관리]를 클릭하여 관리자 페이지로 이동한다. ❷[꾸미기 설정]–[디자인설정]–[레이아웃·위젯 설정]을 클릭한다. 레이아웃·위젯 설정 페이지의 우측 하단으로 페이지를 내리면 ❸"위젯 사용 설정" 탭을 찾을 수 있다. 탭 아래의 [위젯직접등록] 버튼을 클릭한다.

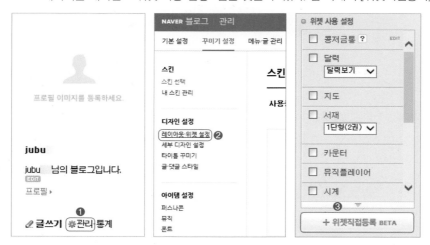

08 '위젯 직접등록' 창이 열리면 ❶위젯명을 "문의하기"로 입력한다. ❷메모장에 만들어 둔 문의하기 버튼 소스코드를 드래그하여 선택 영역을 지정하고 Ctrl+C를 눌러 복사한 후 위젯 코드 입력란에 Ctrl+V로 붙여 넣는다. ❸[다음] 버튼을 누르면 위젯을 미리 볼 수 있다. ❹[등록] 버튼을 클릭해 위젯으로 등록한다.

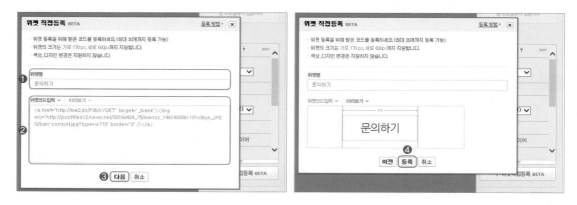

09 위젯을 등록하면 레이아웃·위젯 설정 화면에 "문의하기" 위젯이 나타난다. ❶이 위젯을 드래그하여 원하는 위치에 놓을 수 있다. ❷등록한 위젯은 "위젯 사용 설정" 탭에서 체크 박스를 체크하거나 해제함으로써 노출 여부를 설정할 수 있다. 레이아웃·위젯 설정 페이지 하단의 [적용] 버튼을 누르면 위젯 설정을 완료하고 블로그에 적용한다.

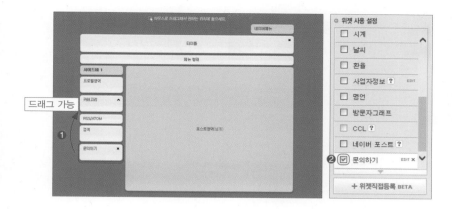

10 블로그 메인 화면에서 "문의하기" 버튼이 노출되는 것을 볼 수 있다. 이 버튼을 클릭하면 "상담문의 네이버 폼"이 새 창으로 열린다.

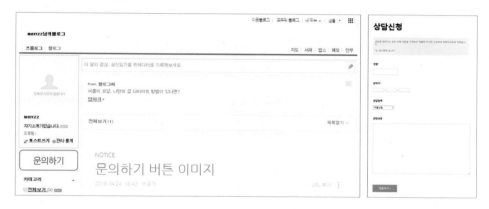

3. 주문하기 기능 만들고 적용하기

주문하기 기능은 상품, 서비스를 블로그마켓에서 구입할 수 있도록 주문서를 작성하는 기능이다. 블로그에 소개된 상품을 구매하기 위해서는 댓글로 주문내용과 개인정보를 적거나 쪽지문의를 보내야한다. 이때 주문서는 개인별로 작성방식이 다르며 기록된 위치가 일정하지 않아 주문이 누락되는 경우가 발생할 수 있다. 이러한 단점을 극복하고자 양식이 지정된 주문서를 제공하고 제출한 주문서들을 한데 모아 서류화 할 수 있는 방법을 소개하고자 한다. 앞서 설명했던 네이버 오피스 기능을 활용하는 것이다. 오피스 문서 중 네이버 폼은 설문지의 형태를 띠며 다양한 입력방식을 제공하기 때문에 상품에 대한 주문서로 활용이 가능하다. 제출한 주문서는 판매자의 네이버 클라우드에 저장되어 주문내역을 한 곳에서 확인 가능하다.

네이버 폼은 제작한 문서에 URL을 지정해주기 때문에 간단한 html 코드를 통해 해당 문서로 바로 이동할 수 있는 버튼을 만들 수 있다. 이 레슨에서는 구매자가 이 기능을 쉽게 이용할 수 있도록 "주문하기" 버튼을 블로그 메인에 위젯으로 등록하는 방법을 설명한다.

3-1. 주문하기 폼 만들기

고객이 구매할 상품 내역을 입력할 수 있는 항목들로 구성된 주문하기 폼을 만들어보자.

01 네이버 오피스(http://office.naver.com) 메인 화면에서 **①**[새문서]를 클릭하고 문서 중 **②**네이버 폼을 선택한다.

02 폼이 열리면 아래와 같이 기본 양식이 설정되어 있다. 각 항목을 클릭하여 폼의 내용을 편집하여 사용할 수 있다.

03 "제목을 입력해주세요."를 클릭하면 제목영역을 편집할 수 있다. **①**제목은 "주문서", **②**설명은 "제품 주문을 원하시는 분은 아래 내용을 기재하여 제출해주세요."라고 적어보았다. 일정 기간을 갖는 프로모션이 아니라면 **③**"기간설정 없음"에 체크해주도록 한다. **④**[확인]을 누르면 편집이 완료된다.

04 "샘플 1"의 항목을 수정한다. 항목을 클릭하면 편집이 가능하다. **①**항목 제목은 "추천상품"으로 적고 판매 제품 중 추천하는 상품 2가지를 넣어보기로 한다. **②**유형을 "복수 선택형"으로 변경하고 "좌우 정렬"에 체크한다.

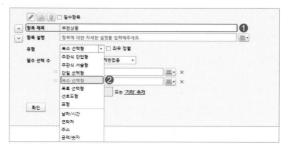

05 복수 선택형 유형에서 ❶"옵션1"은 "flower dress / ₩39,000"으로 입력하였다. ❷우측의 업로드 버튼 (▤▾)을 클릭하여 ❸해당 상품 사진을 업로드 할 수 있다.

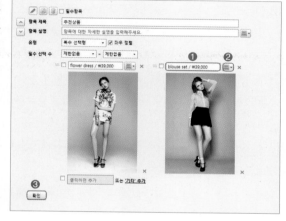

[Source]–[Chapter 02]–[p1.jpg]

06 ❶"옵션2"는 "blouse set / ₩39,000"으로 입력하였 다. 마찬가지로 ❷업로드 버튼(▤▾)을 클릭하여 상품 사진(예시 파일명은 p2.jpg)을 업로드한다. 이와 같이 옵션을 추가하여 구매자가 주문서 작성 시 제품 선 택이 가능하도록 만들 수 있다. ❸[확인] 버튼을 눌러 편집을 완료한다.

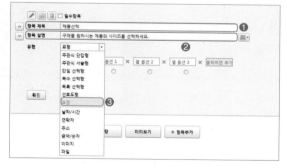

[Source]–[Chapter 02]–[p2.jpg]

07 하나의 상품에 사이즈 혹은 기타 주문 옵션이 필요 한 경우, "표형" 유형을 사용하면 유용하다. "샘플 2" 항목을 클릭하여 수정한다. ❶항목 제목은 "제품선 택", ❷항목 설명은 "구매를 원하시는 제품의 사이즈 를 선택하세요."로 입력한다. ❸유형은 "표형"을 선택 한다.

08 "표형" 유형의 옵션을 채워보자. ❶"열 옵션 1"은 "사 이즈 55"로, ❷"열 옵션 2"는 "사이즈 66"으로, ❸"열 옵션 3"은 "사이즈 77"으로 입력하였다. ❹"행 옵션 1"은 "제품 1번"으로 입력하였다.

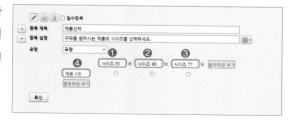

09 행 옵션을 더 추가해보자. "제품 1번"으로 입력한 ^❶행 옵션 아래의 [클릭하면 추가] 버튼을 누르면 행 옵션이 추가된다. ^❷추가한 행 옵션은 "제품 2번", 다시 추가하여 "제품 3번", "제품 4번", "제품 5번"을 만들어보자. 작업이 끝나면 ^❸[확인] 버튼을 눌러 편집을 종료한다.

10 다음으로는 주문자 정보를 입력할 수 있는 항목을 만들기로 한다. 하단의 [항목추가] 버튼을 클릭하여 새로운 항목을 만든다. ^❶항목 제목은 "주문자 성함", ^❷유형은 "주관식 단답형", ^❸사이즈는 "작게", ^❹필수 항목에 체크한다. ^❺[확인] 버튼을 눌러 편집을 완료한다.

11 주문자의 연락처 기입란을 만들기 위해 하단의 [항목추가] 버튼으로 새로운 항목을 만든다. ^❶항목 제목은 "연락처"로 입력하고, ^❷유형은 "연락처"를 선택, ^❸필수항목에 체크한 후 ^❹[확인] 버튼을 눌러 편집을 완료한다.

12 배송을 위한 배송지 정보가 필요하다. 하단의 [항목 추가] 버튼으로 새로운 항목을 만들자. ^❶항목 제목은 "배송지 주소"로 입력하고 ^❷유형은 "주소"를 선택한다. ^❸필수항목에 체크하고 ^❹[확인] 버튼을 눌러 편집을 완료한다.

13 배송방법을 선택할 수 있는 항목을 만들어보자. 하단의 [항목추가] 버튼으로 항목을 새로 만든다. ^❶항목 제목은 "배송 방법"으로, ^❷항목 설명은 "기본 배송료는 2,500원이며, 도서/산간지역의 경우 배송료가 추가될 수 있습니다."를 입력한다.
^❸유형은 "목록 선택형"을 선택한다. ^❹옵션1에는 "선불택배(+2,500원)", ^❺옵션2에는 "착불택배"를 입력한다. ^❻필수항목에 체크한 후 ^❼[확인] 버튼을 눌러 편집을 완료한다.

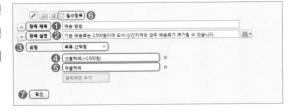

14 주문 및 배송 시 요청사항을 적을 수 있는 입력란을
만들기로 한다. 하단의 [항목추가] 버튼으로 항목을
새로 만들고 ❶항목 제목은 "요청사항"으로, ❷유형은
"주관식 서술형"으로, ❸사이즈는 "작게"를 선택한다.
❹[확인] 버튼을 눌러 편집을 완료한다.

15 입금에 대한 안내사항을 만들어보자. 네이버 폼 편
집화면 상단의 [그룹] 버튼을 클릭하고 [그룹추가]를
선택하여 그룹을 생성한다.

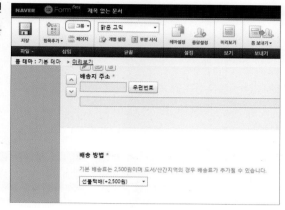

16 ❶그룹 제목은 "입금 안내"로, ❷그룹 설명에는 다음
과 같이 입력한다. 입력이 끝나면 ❸[확인] 버튼을 눌
러 편집을 완료한다.

> – 입금계좌 : 국민은행 XXXXXX–XX–XXXXXX
> – 예금주 : OOO

17 마지막으로 주문자의 개인정보를 수집하는 것에 대한 이용 동의 항목을 만들어보자. [항목추가] 버튼으로 새로
운 항목을 만들고 ❶항목 제목은 "■ 개인정보 수집 및 이용 동의"로, ❷항목 설명에는 "상품 주문 및 배송을 위
해 위에 입력된 개인정보를 수집합니다. 수집한 개인정보는 이외의 목적으로는 사용하지 않으며, 상품 배송 완
료 즉시 파기합니다. 개인정보의 수집 및 이용에 대한 동의를 거부할 수 있으며, 이 경우 상품 주문이 어려울 수

있습니다."라고 입력한다. ❸유형은 "복수 선택형"으
로 선택하고 ❹"옵션1"에는 "개인정보 수집 및 이용에
동의합니다."로 입력하고 ❺"옵션2"는 우측 X표시를
눌러 삭제한다. 필수항목에 체크한 후 ❻[확인] 버튼을
눌러 편집을 완료한다.

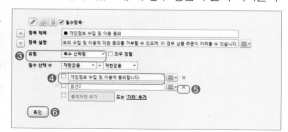

18 위의 과정을 거쳐 간단한 주문서가 제작되었다. [저장] 버
튼으로 네이버 클라우드에 저장 할 수 있다. 경로는 **❶**"네이
버 클라우드"로, **❷**파일 이름은 "주문서"로 저장한다.

19 저장한 폼은 URL을 가질 수 있다. 네이버 폼 편집화면 상단의 [폼 보내기] 버튼을 클릭하고 [공유하기]를 선택
하면 공유할 SNS 목록과 URL이 나타난다. [URL 복사] 버튼을 클릭하여 URL을 복사할 수 있다. 복사한 URL은
윈도우 기본 프로그램인 메모장을 열어 Ctrl + V 를 눌러 붙여넣기한다.

3-2. 주문하기 버튼 이미지 만들기

블로그마켓의 위젯으로 사용할 주문하기 버튼 이미지를 만들어보자.

01 주문서 폼으로 연결하는 "주문하기" 버튼을 만들
어보자. 포토샵을 실행하고 [파일(File)]–[새로만들기
(New)] 메뉴를 클릭하여 새로 만들기 창에 각 항목들
을 다음과 같이 작성한 후 [확인]을 누른다.

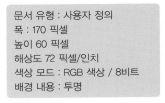

문서 유형 : 사용자 정의
폭 : 170 픽셀
높이 60 픽셀
해상도 72 픽셀/인치
색상 모드 : RGB 색상 / 8비트
배경 내용 : 투명

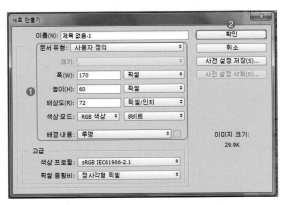

02 ❶사각형 선택 도구(▭)를 클릭하고 ❷작업 영역 전체크기(가로 170px, 세로 60px)에 맞는 사각형을 만든다. 영역이 만들어지면 ❸ Alt + Del 를 눌러 선택 영역을 전경색으로 채운다. 작업이 끝나면 Ctrl + D 를 눌러 선택 영역을 해제한다. 전경색으로 채워진 사각형 영역의 색상을 변경하고 테두리를 만들어보자. ❹레이어(Layer) 탭에서 사각형 영역 레이어를 찾아 빈 공간을 더블클릭하여 레이어 스타일(Layer Style) 창을 열 수 있다.

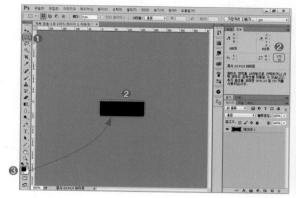

03 스타일 옵션 중 ❶색상 오버레이(Color Overlay)의 텍스트(체크박스가 아닌 글자영역)를 클릭하여 ❷색상을 "#ffffff"로 설정한다.

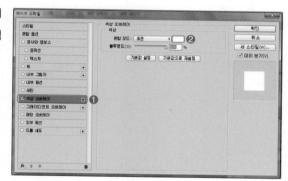

04 스타일 옵션 중 ❶"획(Stroke)"의 텍스트(체크박스가 아닌 글자영역)를 클릭하고 테두리를 설정한다. ❷크기는 "1px", 색상은 "#cccccc"로 지정한 후 ❸[확인]을 누르면 레이어 스타일이 적용된다.

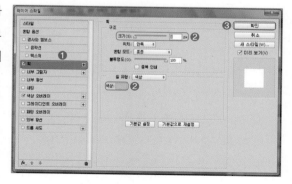

05 ❶가로 문자 도구(T)를 선택하고 ❷작업 영역을 클릭하여 "주문하기"라는 텍스트를 입력하고 ❸완료 버튼(☑)을 클릭하거나 이동 도구(▶✛)를 클릭하여 입력을 완료한다.

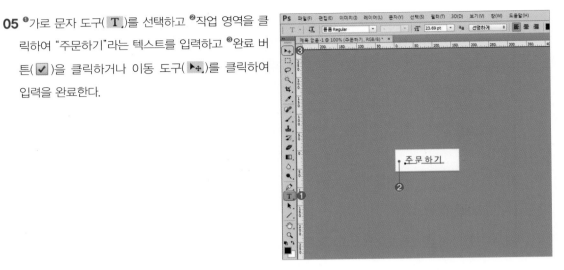

06 레이어(Layer) 탭에서 ❶"주문하기" 텍스트가 적힌 레이어를 선택하고 ❷문자(Character) 탭에서 이 텍스트의 속성을 다음과 같이 설정한다.

글꼴 : 나눔고딕 Regular
크기 : 25pt
자간 : −50
색상 : #272727
앤티 앨리어싱 방법 : 선명하게

07 "주문하기" 텍스트를 가운데로 정렬한다. ❶레이어(Layer) 탭에서 Ctrl 을 누른 채로 "주문하기" 텍스트 레이어와 배경이 되는 레이어를 각각 클릭하여 복수 선택한다. 이동 도구(▶✛)를 선택하고 옵션창의 ❷수직 중앙 정렬 버튼(▐◼)과 수평 중앙 정렬 버튼(◼)을 각각 클릭하여 두 개의 레이어를 정렬한다.

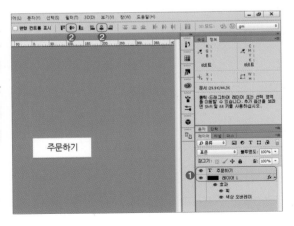

08 간단하게 버튼이 만들어졌다. ^❶[파일(File)]-[내보내기(Export)]-[웹용으로 저장(Save for Web)] 메뉴를 클릭하면 웹용으로 저장(Save for Web) 창이 나타난다. ^❷압축 형식은 "JPEG", ^❸"최대값"을 선택하고 ^❹[저장] 버튼을 눌러준다. "주문하기" 버튼의 파일 이름은 "btn-order"로 지정한다.

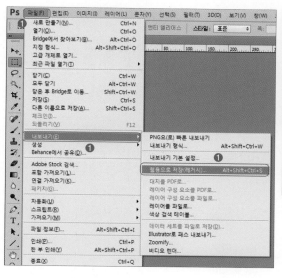
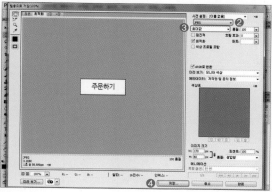

3-3. 주문하기 버튼 위젯 만들고 적용하기

저장한 주문하기 버튼 이미지를 위젯으로 만들어 블로그마켓에 적용해보자.

01 포토샵으로 만든 "주문하기" 버튼을 블로그 위젯으로 등록하기 위해서는 이미지를 웹상에 업로드한 후 URL을 가져와야 한다. 웹상의 저장 공간은 블로그가 제공하고 있으므로 블로그에 포스팅으로 이미지를 업로드 한 후 그 URL을 알아내도록 한다. 네이버에 로그인 한 뒤 ^❶기본 정보 아래의 [블로그] 버튼을 눌러 나오는 창에서 ^❷[내 블로그]를 클릭하면 내 블로그로 바로 이동할 수 있다. 내 블로그에서 ^❸프로필 영역 하단 부분의 [글쓰기]를 클릭한다.

02 포스트를 작성할 수 있는 포스트 에디터가 열린다. ^❶제목은 "주문하기 버튼 이미지"로 입력한 후 ^❷상단의 컴포넌트 중 사진 버튼(🖾)을 클릭한다.

03 '업로드할 파일 선택' 창이 열리
면 저장된 이미지를 불러올 수 있
다. "btn-order.jpg" 파일을 불러
온다.

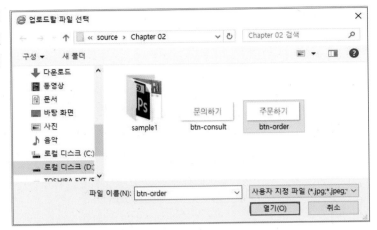

04 이미지를 업로드 했다면 ❶상단의 [발행] 버튼을 눌러 게시물을 등록할 수 있다. 이 때 게시물은 주문하기 버튼
을 업로드하기 위한 게시물로, 공개할 필요가 없으므로 ❷"비공개"를 체크한 후 ❸[발행]을 누른다.

05 업로드한 "주문하기 버튼 이미지" 게시물에서 ❶"주문하기" 버튼을 우
클릭한 뒤 ❷[속성] 옵션을 클릭한다.

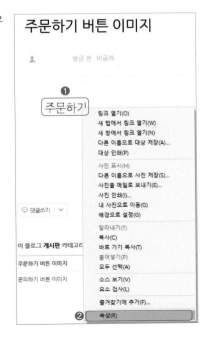

06 속성 창에서는 이미지의 속성을 확인할 수 있다. "주소(URL)"의 내용을 Ctrl + C 를 눌러 복사한 후 메모장에 Ctrl + V 를 눌러 붙여 넣는다.

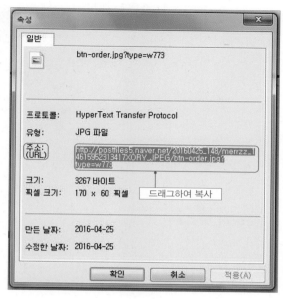

07 이제 네이버 폼의 URL과 "주문하기" 버튼 이미지의 URL을 활용하여 위젯 코드를 만들 수 있다. 새로 메모장을 열고 아래와 같이 HTML 코드를 입력한다.

```
<a href="네이버 폼" target="_blank"><img src="이미지" border="0" /></a>
```

위 코드 중 한글로 쓰인 "네이버 폼"에는 네이버 폼의 URL을 붙여넣고 "이미지"에는 이미지 경로를 붙여 넣는다. 완성된 예시의 코드는 다음과 같다.

```
<a href="http://me2.do/FG0Dcd2n"
target="_blank"><img src="http://
postfiles5.naver.net/20160425_148/
merrzz_14615952313417XORY_JPEG/btn-
order.jpg?type=w773" border="0" /></
a>
```

08 만들어진 코드를 복사하여 위젯으로 설정하면 블로그 메인에서 주문신청서를 작성하는 네이버 폼으로 바로 이동하는 문의하기 버튼이 된다. 내 블로그 ❶프로필영역 하단의 [관리]를 클릭한다. 관리 페이지에서 ❷[꾸미기 설정]-[디자인설정]-[레이아웃·위젯 설정]을 클릭한다. 레이아웃·위젯 설정 페이지의 우측 하단으로 페이지를 내리면 "위젯 사용 설정" 탭을 찾을 수 있다. 탭 아래의 ❸[위젯직접등록] 버튼을 클릭한다.

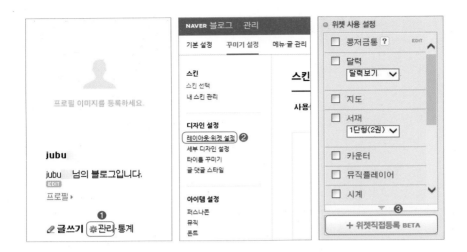

09 위젯 직접등록 창이 열리면 ❶위젯명을 "주문하기"로 입력하고 ❷메모장에 만들어 둔 주문하기 버튼의 소스 코드를 선택한 후 Ctrl + C 를 눌러 복사하여 위젯 코드 입력란에 Ctrl + V 를 눌러 붙여 넣는다. ❸[다음] 버튼을 누르면 위젯을 미리 볼 수 있다. ❹[등록] 버튼을 클릭해 위젯으로 등록한다.

10 위젯을 등록하면 레이아웃 화면에 "주문하기" 위젯이 나타난다. 이 위젯을 드래그하여 원하는 위치에 놓을 수 있다. 등록한 위젯은 "위젯 사용 설정" 탭에서 체크하거나 해제함으로써 노출 여부를 설정할 수 있다.

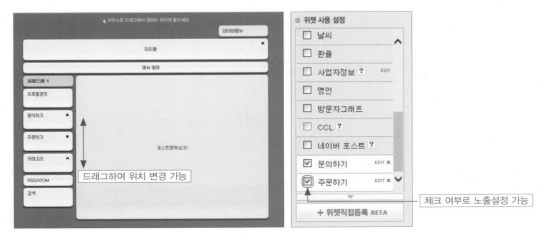

11 레이아웃 · 위젯 설정 페이지 하단의 [적용] 버튼을 누르면 위젯 설정
을 완료하고 블로그에 적용한다. 블로그 메인 화면에서 "주문하기" 버
튼이 노출되는 것을 볼 수 있다. 클릭하면 "주문서 네이버 폼"이 새 창
으로 열린다.

4. 응답 결과 받아보기

네이버 폼으로 만들어진 문의하기인 "상담신청서"와 "주문서"는 이용자가 작성을 완료한 후 [제출하
기] 버튼을 누르면 발행자의 네이버 클라우드에 응답 결과가 저장된다. 임의로 폼을 작성하여 제출
한 후 이를 확인하는 방법을 알아보자.

01 내 블로그의 "문의하기" 버튼 위젯을 클릭하여 "상담신청" 네이버 폼을 열어보자.

02 "상담신청" 네이버 폼을 임의로 작성한 후 [제출하기] 버튼을 눌러 응답 결과를 전송한다.

03 네이버 오피스(http://office.naver.com)로 이동한 후 메인 화면 우측 상단의 ❶[열기] 버튼을 클릭하고 ❷네이버 클라우드에 저장한 "상담신청.nfrm" 문서를 연다.

04 "상담신청.nfrm" 문서를 열면 바로 응답 결과 화면 으로 이동하는 것을 알 수 있다. 응답 결과 화면에서 는 기본적으로 총 응답 결과를 집계하여 보여주는 데, 이는 설문지를 제작할 때 유용하다. 각 응답자가 상담을 요청한 내용을 보기 위해서는 ❶[응답 별 결 과보기] 버튼을 클릭한다.

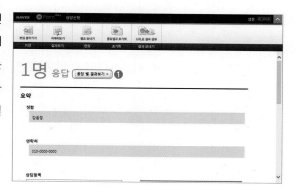

05 [응답 별 결과보기] 버튼을 클릭하면 응답자 별 작 성 내용을 확인 할 수 있다.

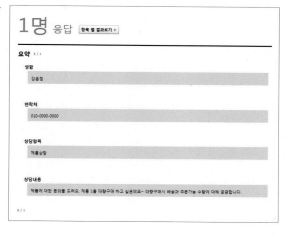

TIP　네이버 폼 응답결과 알림받기

응답결과는 언제든지 네이버 폼에 접속함으로써 확인이 가능하며 설정을 통해 상담신청 또는 주문내역에 대한 응답 알림을 이 메일로 받을 수 있다.

01 네이버 폼 응답결과 확인 화면에서 좌측 상단의 [편집 돌아가기] 버튼으로 편집화면으로 이동한다.

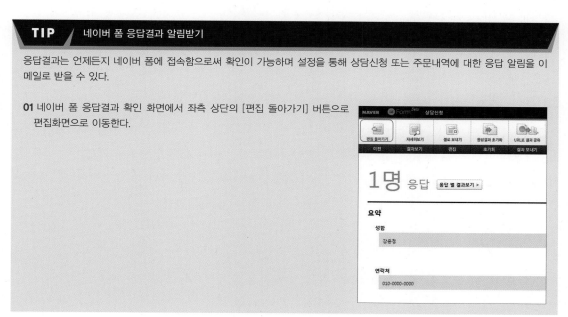

02 폼 편집화면 상단의 ❶[응답설정] 버튼을 클릭하여 응답설정 창을 연 뒤 ❷"응답 제출 시 메일 받기" 항목을 "받음"으로 체크한 후 ❸[확인]을 눌러 설정을 완료한다.

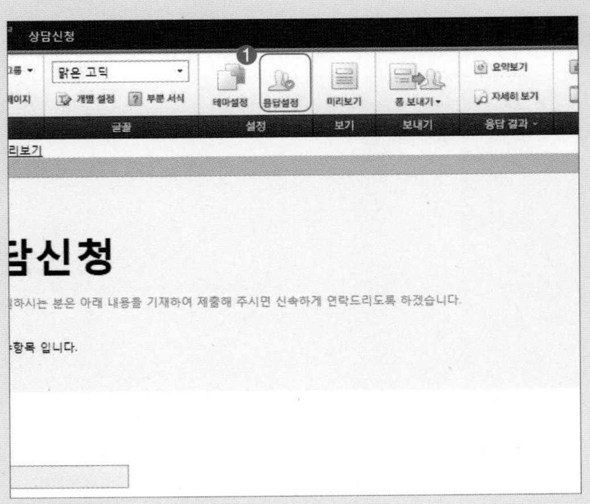

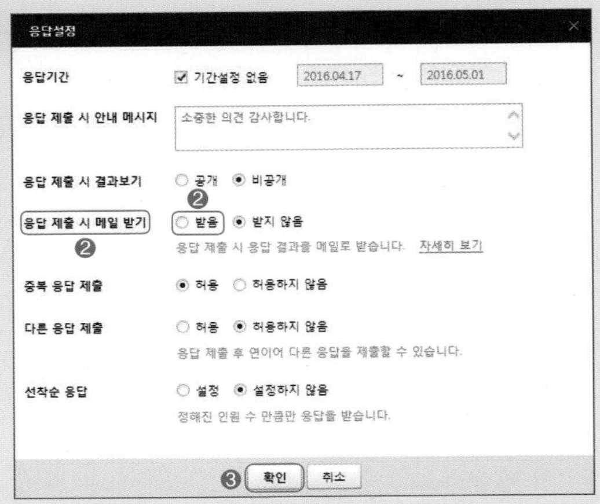

03 응답설정을 변경한 후 폼 하단의 [저장] 버튼을 클릭하여 폼을 저장해야 설정 내용이 반영된다. "응답 제출 시 메일 받기" 항목을 "받음"으로 설정한 이후로는 응답 결과가 등록되면 네이버 오피스 로그인 아이디로 제출에 대한 메일을 받을 수 있다. 네이버에 로그인 후 [메일]-[받은메일함]에서 확인이 가능하며, 네이버 어플을 다운 받아 사용하는 경우 스마트폰에서 메일 알림이 가능하다.

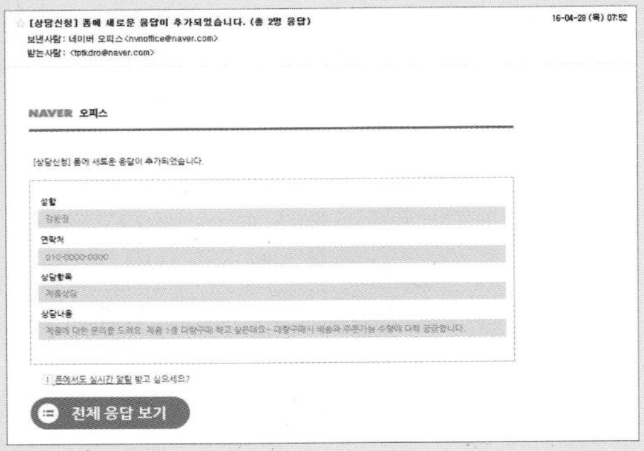

5. 고객 쪽지문의 기능 만들기

쪽지 기능은 네이버 사용자 간에 1,000자 이내의 메시지로 소통할 수 있는 기능이다. 쪽지에는 파일 첨부가 불가하며 하루에 보낼 수 있는 쪽지는 50건으로 한정된다. 간단한 문의나 개인적인 질문 등 자유롭게 메시지를 주고받고자 하는 경우, 쪽지 기능을 사용하는 것도 좋다. 블로그 메인에 "쪽지문의" 버튼 위젯을 만들어 클릭 시 바로 쪽지보내기 창이 뜰 수 있도록 만들어보자.

5-1. 고객 쪽지문의 버튼 이미지 만들기

문의나 개인적인 질문 등 자유롭게 메시지를 주고받을 수 있는 쪽지문의 위젯용 버튼 이미지를 만들어보자.

01 포토샵을 실행하고 [파일(File)]-[새로만들기(New)] 메뉴를 클릭한 후 새로 만들기 창에 각 항목들을 다음과 같이 작성한 후 [확인]을 누른다.

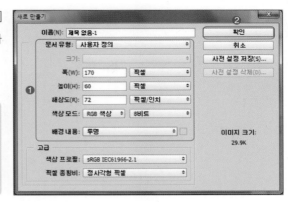

문서 유형 : 사용자 정의
폭 : 170 픽셀
높이 60 픽셀
해상도 72 픽셀/인치
색상 모드 : RGB 색상 / 8비트
배경 내용 : 투명

02 ●사각 선택 도구(▭)를 선택하고 ●작업 영역 전체크기(가로 170px, 세로 60px)의 사각형을 만든다. Alt + Del 를 눌러 선택 영역을 전경색으로 채운 후 Ctrl + D 를 눌러 선택 영역을 해제한다.

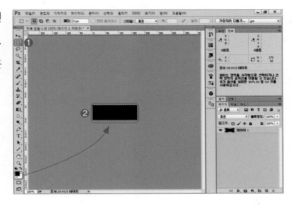

03 사각형 영역의 색을 바꾸고 테두리를 만들어 주기 위해 ●레이어(Layer) 탭에서 해당 레이어의 빈공간을 더블클릭하여 레이어 스타일(Layer Style) 창을 연다.

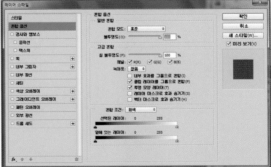

04 레이어 스타일(Layer Style) 창에서 ●색상 오버레이(Color Overlay)의 텍스트(체크영역이 아닌 글자영역)를 클릭하여 색상을 지정할 수 있다. ●색상은 "#ffffff"로 설정하였다.

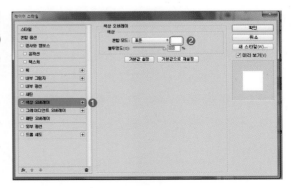

05 레이어 스타일 옵션 중 ❶"획(Stroke)"의 텍스트(체크 영역이 아닌 글자영역)를 클릭하여 테두리를 만들어 준다. ❷크기는 "1px", 위치는 "안쪽", 색상은 "#cccccc" 로 설정한 후 ❸[확인] 버튼을 눌러 완료한다.

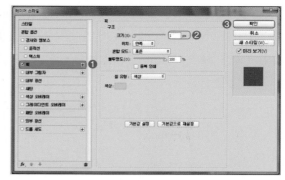

06 ❶가로 문자 도구(T.)를 선택하고 ❷작업 영역을 클릭하면 텍스트를 입력할 수 있다. 텍스트는 "쪽지문의"로 입력하였다. 입력을 완료하면 완료 버튼(✓)을 클릭하거나 이동 도구(►+.)를 클릭한다.

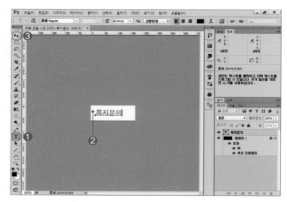

07 "쪽지문의" 텍스트의 스타일을 변경한다. ❶우측 레이어(Layer) 탭에서 "쪽지문의" 텍스트 레이어를 클릭한 후 ❷문자(Character) 탭에서 텍스트의 속성을 다음과 같이 설정한다.

> 글꼴 : 나눔고딕 Regular
> 크기 : 25pt
> 자간 : −50
> 색상 : #272727
> 앤티 앨리어싱 방법 : 선명하게

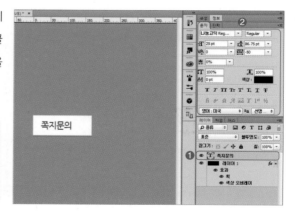

08 레이어(Layer) 탭에서 ❶[Ctrl]을 누른 채 "쪽지문의" 텍스트 레이어와 배경영역 레이어를 복수 선택한다. ❷이동 도구(►+.)를 선택하고 ❸옵션 창에서 수직 중앙 정렬 버튼(▯)과 수평 중앙 정렬 버튼(▯)을 각각 클릭하여 텍스트와 배경을 가로 세로와 중앙 정렬시킨다.

09 "쪽지문의" 버튼이 완성되었다. 블로그 위젯으로 등록하기 위해 이미지 형태로 저장하기로 한다. [파일(File)]–[내보내기(Export)]–[웹용으로 저장(Save for Web)] 메뉴를 클릭한다.

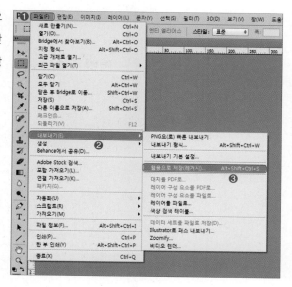

10 웹용으로 저장(Save for Web) 창에서 ❶파일 형식을 "JPEG", ❷"최대값(Maximum)"으로 지정한 후 ❸[저장] 버튼을 눌러 저장한다. 파일 이름은 "btn–note"로 입력한다.

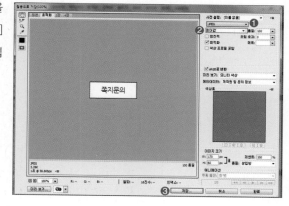

5-2. 고객 쪽지문의 위젯 만들고 적용하기

쪽지문의 버튼 이미지를 위젯으로 만들어 블로그마켓에 적용해보자.

01 "쪽지문의" 버튼 위젯을 만들기 위해서는 이미지의 주소가 필요하다. 내 블로그에 "btn–note.jpg"를 업로드하여 이미지의 웹상 경로를 만들기로 한다. 네이버에 로그인 후 ❶정보영역의 [블로그] 버튼을 클릭하고, 블로그 메뉴가 열리면 하단의 ❷[내 블로그]를 클릭하여 운영중인 블로그로 이동한다. ❸프로필 영역의 [글쓰기] 버튼을 클릭하여 글쓰기 화면으로 이동한다.

02 ❶포스트 제목은 "쪽지문의 버튼 이미지"로 입력하였다. ❷내용 입력란을 클릭한 후 상단의 컴포넌트 중 ❸사진 버튼(🖼)을 클릭해 이미지를 업로드한다.

03 '업로드할 파일 선택' 창이 열리면 "쪽지문의" 버튼 이미지(btn-note.jpg)를 불러 오자.

04 이미지 업로드가 완료되면 ❶[발행] 버튼을 클릭하여 포스트를 블로그에 기록할 수 있다. 이 포스팅은 이미지 경로를 얻기 위해 발행하는 게시물이므로 ❷공개설정을 "비공개"로 체크하여 ❸발행한다.

05 업로드한 "쪽지문의 버튼 이미지" 게시물에서 ❶"쪽지문의" 이미지를 우클릭한 후 ❷[속성]을 클릭한다. 이미지의 속성 정보 창에서 ❸주소(URL)의 경로를 드래그하고 Ctrl + C 를 눌러 복사한다. 메모장을 열고 Ctrl + V 를 눌러 복사한 주소(URL)를 붙여 넣는다.

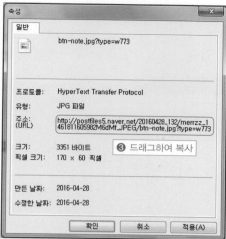

06 이번에는 쪽지보내기 위젯 코드를 만들어보자. 새로 메모장을 열고 아래의 코드를 작성한다.

```
<a href="http://note.naver.com/note/sendForm.nhn?targetUserId=네이버아이
디&svcType=1&popup=1" target="_blank"><img src="이미지경로" border="0" /></a>
```

07 작성한 코드 중 "네이버아이디"에는 운영하는 블로그의 ❶네이버 아이디를 적고, ❷"이미지경로"에는 5번에서 메모장에 복사해둔 이미지 주소(URL)를 복사해 온 후 붙여 넣는다. 예시 코드는 아래와 같다.

```
                                                                        ❶
<a href="http://note.naver.com/note/sendForm.nhn?targetUserId=merrzz&svcType=
         ❷
1&popup=1" target="_blank"><img src="http://postfiles5.naver.net/20160428_132/
merrzz_1461811605982M6dMf_JPEG/btn-note.jpg?type=w773" border="0" /></a>
```

08 완성된 코드를 위젯으로 등록해보자. ❶프로필 영역의 [관리] 버튼을 클릭한다. 블로그 관리페이지 메뉴 중 ❷[꾸미기 설정]–[디자인 설정]–[레이아웃·위젯 설정]항목으로 들어간다. 레이아웃·위젯 설정 페이지의 우측 하단에 위치한 ❸[위젯직접등록] 버튼을 클릭하여 직접 제작한 위젯을 등록할 수 있다.

09 '위젯 직접등록' 창이 나타나면 ❶위젯명은 "쪽지문의"로 입력한다. 7번에서 ❷메모장에 만들어둔 소스 코드 전체를 Ctrl + A 를 눌러 선택하고 Ctrl + C 를 눌러 복사한 후 위젯 코드 입력란에 Ctrl + V 를 눌러 붙여 넣는다. ❸[다음] 버튼을 눌러 완성된 위젯을 미리보기로 확인할 수 있다.

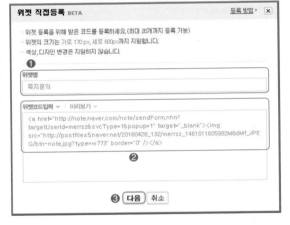

10 위젯이 정상적으로 출력되는지 확인한 후 [등록] 버튼을 클릭하여 "쪽지문의" 위젯을 등록한다.

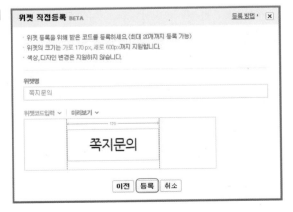

11 위젯을 등록하면 레이아웃 편집 영역에 새로 등록한 위젯이 노출되는 것을 알 수 있다. 위젯을 마우스로 드래그하여 원하는 위치에 두고, 하단의 [적용] 버튼을 클릭하여 설정을 완료한다.

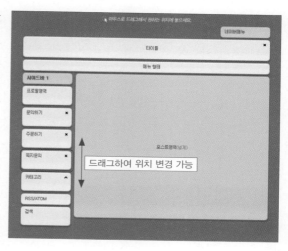

12 레이아웃 · 위젯 설정을 완료하면 바로 내 블로그 메인으로 이동한다. 지정한 위치에 있는 "쪽지문의" 버튼을 클릭하면 쪽지보내기 창이 새로 열린다. 쪽지는 네이버 회원 간의 메시지 도구이다. 로그인하지 않은 사용자에게는 로그인 안내창으로 연결되며 로그인 후 쪽지보내기 기능을 이용할 수 있다.

6. 이웃추가 기능 만들기

블로그에서 이웃이란 자신이 즐겨찾는 블로그를 의미한다. 네이버에서는 유사한 관심사를 갖고 있거나 자주 방문하고자 하는 블로거를 이웃으로 추가하면 해당 블로거의 소식 업데이트를 모아볼 수 있는 기능을 제공한다. 이웃은 일방적으로 등록이 가능한 반면, 서로이웃은 상대방이 서로이웃 신청에 수락을 함으로써 맺어지는 관계를 말한다. 블로그의 포스팅은 전체공개, 이웃공개, 서로이웃공개, 비공개로 공개범위를 설정할 수 있으며 이웃과의 관계에 따라 포스팅 노출을 제한할 수 있다.

배너 위젯으로 이웃추가 버튼을 만들게 되면 방문자가 이웃추가를 쉽게 할 수 있다. 이웃이 늘어나게 되면 자연스럽게 방문자가 늘어나게 된다. 이웃과의 교류가 많아지면 하나하나의 포스팅을 작성할 때마다 많은 사람이 지속해서 구독하는 질 좋은 포스팅으로 평가받기 때문에 검색 노출에서 내 포스팅이 상위에 노출되기에 유리하며, 나와 친분이 있는 이웃들이 많아지면 많아질수록, 마케팅 진행에 있어서 힘이 된다. 그러므로 블로그 디자인을 진행할 때, 이웃추가 버튼을 만들어서 쉽게 이웃 또는 서로이웃을 늘리는 것도 고려해봐야 한다.

이 레슨에서는 방문자가 내 블로그를 이웃으로 추가할 수 있도록 블로그 메인에 "이웃추가" 버튼을 위젯으로 등록하는 방법에 관해 설명한다.

6-1. 이웃추가 버튼 이미지 만들기

블로그마켓의 위젯으로 사용할 이웃추가 버튼 이미지를 만들어보자.

01 포토샵을 실행하고 [파일(File)]-[새로만들기(New)] 메뉴를 선택하고 새로 만들기 창에 각 항목을 다음과 같이 작성한 후 [확인]을 누른다.

> 문서 유형 : 사용자 정의
> 폭 : 170 픽셀
> 높이 60 픽셀
> 해상도 72 픽셀/인치
> 색상 모드 : RGB 색상 / 8비트
> 배경 내용 : 투명

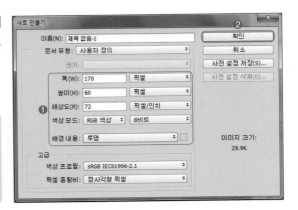

02 ❶사각 선택 도구( )를 선택하고 ❷작업 영역 전
체크기(가로 170px, 세로 60px)의 사각형을 만든다.
Alt + Del 를 눌러 선택 영역을 전경색으로 채운
후 Ctrl + D 를 눌러 선택 영역을 해제한다.

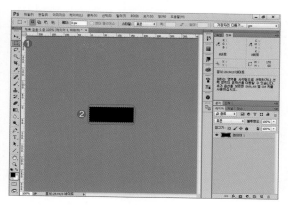

03 사각형 영역의 색을 바
꾸고 테두리를 만들어 주
기 위해 레이어(Layer) 탭
에서 ❶해당 레이어의 빈
공간을 더블클릭하여 레
이어 스타일(Layer Style)
창을 연다.

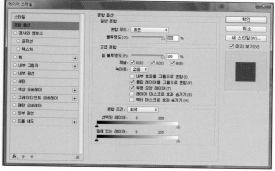

04 레이어 스타일(Layer Style) 옵션 중 ❶색상 오버레이
(Color Overlay)의 텍스트(체크영역이 아닌 글자영역)
를 클릭하여 색상을 지정할 수 있다. ❷색상은 "#ffffff"
로 설정하였다.

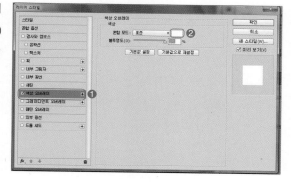

05 레이어 스타일 옵션 중 "획(Stroke)"의 텍스트(체크영
역이 아닌 글자영역)를 클릭하여 테두리를 만들어준
다. 크기는 "1px", 위치는 "안쪽", 색상은 "#cccccc"로
설정한 후 [확인] 버튼을 눌러 완료한다.

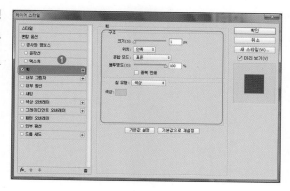

06 ❶가로 문자 도구(T.)를 선택하고 ❷작업 영역을 클릭한 후 텍스트를 입력한다. 여기서는 "이웃추가"로 입력하였다. ❸완료 버튼(✓)을 클릭하거나 이동 도구(►+.)를 클릭하여 입력을 완료한다.

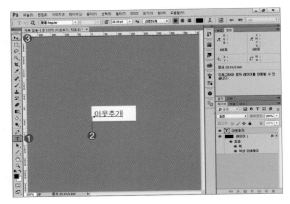

07 "이웃추가" 텍스트의 스타일을 변경한다. 우측 레이어(Layer) 탭에서 ❶"이웃추가" 텍스트 레이어를 클릭한 후 문자(Character) 탭에서 텍스트의 속성을 설정할 수 있다.

글꼴 : 나눔고딕 Regular
크기 : 25pt
자간 : −50
색상 : #272727
앤티 앨리어싱 방법 : 선명하게

08 레이어(Layer) 탭에서 ❶ Ctrl 을 누른 채 "이웃추가" 텍스트 레이어와 배경영역 레이어를 선택한다. ❷이동 도구(►+.)를 선택하고 ❸옵션 창의 수직 중앙 정렬 버튼(▯▯)과 수평 중앙 정렬 버튼(串)을 각각 클릭하여 레이어를 정렬한다.

09 "이웃추가" 버튼이 완성되었다. 블로그 위젯으로 등록하기 위해 이미지 형태로 저장하기로 한다. [파일(File)]–[내보내기(Export)]–[웹용으로 저장(Save for Web)] 메뉴를 누른다.

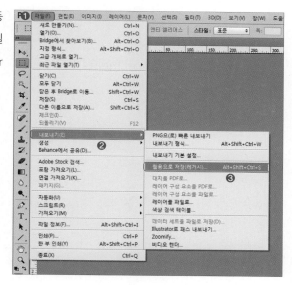

10 웹용으로 저장(Save for Web) 창에서 ❶파일 형식을 "JPEG", ❷"최대값(Maximum)"으로 지정한 후 ❸[저장] 버튼을 눌러 저장한다. 파일 이름은 "btn-neighbor"로 입력한다.

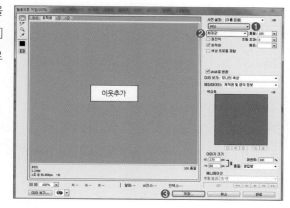

6-2. 이웃추가 버튼 위젯 만들고 적용하기

이웃추가 버튼 이미지를 위젯으로 만들어 블로그마켓에 적용해보자.

01 "이웃추가" 버튼 위젯을 만들기 위해서는 이미지의 주소가 필요하다. 내 블로그에 "btn-neighbor.jpg"를 업로드하여 이미지의 웹상 경로를 만들기로 한다. 네이버에 로그인 후 ❶정보영역의 [블로그] 버튼을 클릭하고, 블로그 메뉴가 열리면 하단의 ❷[내 블로그]를 클릭하여 운영중인 블로그로 이동한다. 프로필 영역의 ❸[글쓰기] 버튼을 클릭하여 글쓰기 화면으로 이동한다.

02 네이버 글쓰기 에디터에서 ❶포스트 제목은 "이웃추가 버튼 이미지"로 입력하였다. ❷내용입력 란을 클릭한 후 상단의 컴포넌트 중 ❸사진 버튼(☒)을 클릭해 이미지를 업로드한다.

03 '업로드할 파일 선택' 창이 열리면 "이웃추가" 버튼 이미지(btn-neighbor.jpg)를 불러오자.

04 이미지 업로드가 완료되면 ❶[발행] 버튼을 클릭하여 포스트를 블로그에 기록할 수 있다. 이 포스팅은 이미지 경로를 얻기 위해 발행하는 게시물이므로 ❷공개설정을 "비공개"로 체크하여 ❸발행한다.

05 업로드한 "이웃추가 버튼 이미지" 게시물에서 ❶"이웃추가" 이미지를 우클릭한 후 ❷[속성]을 클릭한다. 이미지의 속성 정보창에서 ❸주소(URL)의 경로를 드래그하고 [Ctrl]+[C]를 눌러 복사한다. 메모장을 열어 복사한 주소(URL)을 [Ctrl]+[V]를 눌러 붙여 넣는다.

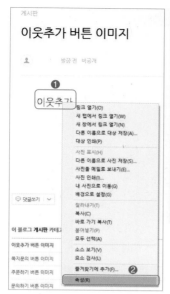

06 이번에는 이웃추가하기 위젯 코드를 만들어보자. 새로 메모장을 열고 아래의 코드를 작성해보자.

```
<a href="http://section.blog.naver.com/connect/PopConnectBuddyAddForm.
nhn?blogId=네이버아이디&widgetSeq=1" target="_blank"><img src="이미지경로" border="0"
/></a>
```

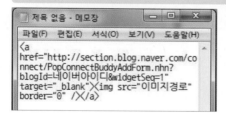

07 작성한 코드 중 "네이버아이디"에는 운영하는 블로그의 네이버 아이디를 적고, "이미지경로"에는 5번에서 메
모장에 복사해둔 이미지 주소(URL)를 복사해 온 후 붙여 넣는다. 예시 코드는 아래와 같다.

```
<a href="http://section.blog.naver.com/connect/PopConnectBuddyAddForm.
nhn?blogId=merrzz&widgetSeq=1" target="_blank"><img src="http://postfiles3.naver.
net/20160428_242/merrzz_14618231656252YnKz_JPEG/btn-neighbor.jpg?type=w773"
border="0" /></a>
```

08 완성된 코드를 위젯으로 등록해보자. 프로필 영역의 **❶**[관리] 버튼을 클릭한다. 블로그 관리페이지 메뉴 중 **❷**[꾸미기 설정]–[디자인 설정]–[레이아웃 · 위젯 설정]항목으로 들어간다. 레이아웃 · 위젯 설정 페이지의 우측 하단에 위치한 **❸**[위젯직접등록] 버튼을 클릭하여 직접 제작한 위젯을 등록할 수 있다.

09 **❶**위젯명은 "이웃추가"로 입력하고 **❷**만들어둔 코드를 Ctrl + C 를 눌러 복사하여 위젯 코드 입력란에 Ctrl + V 를 눌러 붙여 넣는다. **❸**[다음] 버튼을 눌러 완성된 위젯을 미리보기로 위젯이 정상적으로 출력되는 지 확인 한 후 **❹**[등록] 버튼을 클릭하여 "이웃추가" 위젯을 등록한다.

10 위젯을 등록하면 레이아웃 편집 영역에 새로 등록한 위젯이 노출되는 것을 알 수 있다. 위젯을 마우스로 드래그하여 원하는 위치에 배치한다.

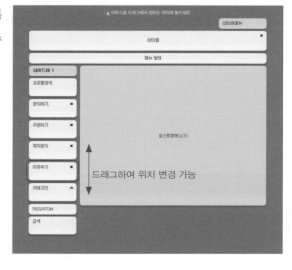

11 "이웃추가" 위젯이 정상적으로 작동하기 위해서는 "이웃커넥트" 위젯이 필요하다. 이웃커넥트 위젯은 블로그 메인에 이웃의 리스트를 보여주며 이웃들의 새글을 한눈에 볼 수 있는 페이지로 이동할 수 있어 이웃관리를 도와주는 위젯이다. "이웃추가" 위젯에 사용된 코드는 이웃커넥트의 기능을 사용하기 때문에 반드시 이웃커넥트 위젯을 활성화 시켜야 동작한다. ❶우측 메뉴 사용 설정에서 "이웃커넥트"에 체크한다. "이웃커넥트"에 체크하면 ❷레이아웃 화면에 이웃커넥트 위젯이 추가된 것을 확인할 수 있다.

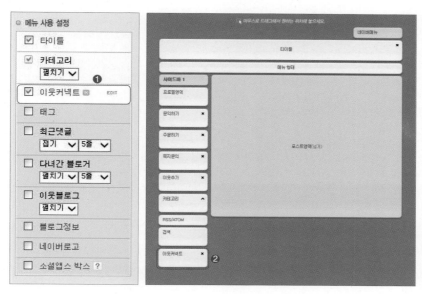

12 레이아웃 · 위젯 설정을 완료하면 바로 내 블로그 메인으로 이동한다. 지정한 위치에 있는 "이웃추가" 버튼을 클릭하면 이웃 추가 창이 새로 열린다. 이웃은 네이버 회원만이 이용할 수 있는 기능으로, 로그인 하지 않은 사용자에게는 로그인 안내창으로 연결되며 로그인 후 이웃 추가하기 기능을 이용할 수 있다. 또한 자신의 블로그는 이웃으로 추가할 수 없다.

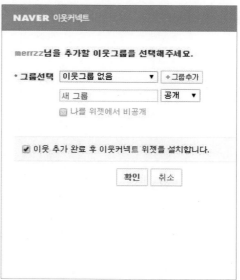

Q1 '더지미' 블로그는?

저의 관심사를 담고, 제 일상을 공유하며 많은 분과 소통하는 소소한 일상 블로그입니다.

어렸을 때부터 디자인과 패션에 관심이 많았습니다. 그래서인지 어린 나이에 포토샵 등 그래픽 프로그램을 접하게 되었고, 사회 활도 여성의류 쇼핑몰 MD로 일하며 전반적인 인터넷 쇼핑몰 업무를 습득할 수 있었습니다. 이렇게 제 관심사인 패션 이야기들이 차근차근 쌓이고, 야금야금 습득한 실력으로 블로그를 원하는 컨셉으로 예쁘게 디자인할 수 있었습니다.

Q2 '더지미 블로그마켓'에서 판매하는 아이템이나 소개하는 제품은?

주력 아이템은 여성의류이고, 주로 동대문 도매시장에서 사입하며 공동구매 방식으로 판매합니다. 브랜드 제품의 공동구매 제안이 들어올 때는 샘플을 제공 받고 제품 리뷰 방식으로 진행합니다. 직접 사입하는 제품은 물론이고, 외부 업체로부터 들어오는 공동구매 제안은 제품의 디자인, 퀄리티 등을 모두 꼼꼼히 따져보고 제 블로그의 컨셉과 매치된다고 판단될 때만 진행합니다.

Q3 제품을 소개하거나 공동구매 포스트 작성 시 가장 중요하게 생각하는 부분은?

공동구매로 판매하는 아이템, 또는 제안 받은 제품의 포스트 작성 시 최대한 소비자 입장이 되어야 한다고 생각합니다. 흔히 판매자의 시각으로 제품을 보기 때문에 이웃들의 반응을 자기 식으로 판단해버리는 경우가 있거든요. 하지만 고객의 입장에서 제품을 착용해보면 제품은 물론 고객의 심리까지도 더 쉽게 이해할 수 있습니다. 그리고 그렇게 고객 입장에서 작성된 포스트가 모이면 블로그마켓의 큰 경쟁력이 한다고 생각합니다.

무엇보다도 일반 인터넷 쇼핑몰에서 판매할 때와는 다른, 조금 더 자연스러운 이미지로 표현할 수 있기 때문에 충분히 나만의 상품 리뷰에 대한 생각을 잘 표현할 수 있어야 된다고 생각합니다. 장문의 소설보다는 만화가 더 읽기 편하고 가독성이 높으므로 장문의 글보다는 제품의 포인트를 잘 표현할 수 있는 제품 컷 사진 중심으로 포스팅하려고 노력하는 편입니다. 제품 관련 포스트에서 가장 중요한 요소는 상품 사진이라 생각합니다. 품질은 기본이고 고객의 입장을 충분히 고려한 컷을 선택하는 중요하게 생각하기 때문에 제품 관련 포스트 작성 시간이 다른 블로거들보다 많이 소요되는 것 같습니다.

Q4 제품 포스팅용 상품 촬영은?

야외 촬영과 실내 촬영을 병행해서 촬영합니다. 실내 촬영은 조명, 거울 등을 이용한 피팅룸을 제 방에 맞게 만들어서 사용합니다. 저는 직접 제품이 색감이나 모델의 피부톤 등 야외 촬영이 더 자연스럽고 좋은 품질의 사진을 얻을 수 있는 것 같습니다.

Q5 블로그마켓을 운영하면서 경험한 에피소드가 있다면?

블로그마켓을 운영하다 보면 제품을 구매한 이웃분 중 제품 착용 후기를 보내주시는 분들이 많습니다. 착용 후기 사진을 제 카톡으로 보내는 방식인데요. 제품 착용 후기에 관련된 정말 당황스러웠던 사례 한 가지를 소개하겠습니다.

어떤 남자분이 제 블로그를 통해서 여자 친구에게 옷을 선물해주셨는데, 착용 후기라며 여자친구분의 제가 판매한 제품의 착용 사진을 보내주셨습니다. 저는 한분, 한분의 후기가 소중하게 생각했기에 '더지미' 블로그마켓에 제품 후기글로 올렸고, 제품을 구매한 남자분께도 안내했습니다. 그런데 며칠 뒤 제품 후기 속 여자분께서 많이 화난 상태로 전화를 하셔서 "이 사진 허락받고 올리는 거냐?", "후기에 올리라고 보내준 것이 아니었다."라고 항의하시 더라구요.

순간 아차 싶었죠. 나중에 알고 보니 그 남자분이 여자 친구 몰래 후기 사진을 보내신 겁니다. 그땐 정말 너무 당황스러웠지만 이런것도 하나의 경험이라 생각하고 그 이후로는 필요한 경우 후기 사진에 모자이크 처리하는 등의 작업을 합니다.

Q6 블로그마켓의 하루 운영 사이클은 어떻게 되시나요?

하루 평균 1,000~2,000명 정도 유입되고 있습니다. 하지만 오늘의 방문자 수에는 그다지 욕심은 없습니다. 방문자 수를 쫓다 보면 저품질에 걸릴 수 있고, 무엇보다도 '꾸준히 블로그를 운영하고 싶은 목표'가 흔들릴 수 있기 때문입니다.

포스트는 가능하면 오전, 이른 오후 즉 출근 시간과 퇴근 시간쯤 등록하려고 합니다. 특히 오전에 등록하면 더 좋은 결과를 얻을 수 있습니다. 글이 게시되고 검색에 노출되기까지 약 20~30분 정도 소요되는데요. 노출되는 시간까지의 조회율이 검색 상위노출에 큰 도움이 된다고 판단되어서 가능하면 지키려고 하고 여의치 않으면 예약 기능으로 미리 예약 등록해 둡니다.

Q7 고객들의 주로 상품 결제 시 어떤 방식을 이용하나요?

기본적으로 무통장 계좌 입금 방식으로 운영하고 있으며, 카드결제나 휴대폰 소액결제도 가능합니다. 신용카드나 휴대폰 결제는 외부 결제시스템을 이용하여 결제 링크를 SMS로 보내드리는 방식입니다. 블로그마켓은 일반적으로 인터넷 쇼핑몰보다 저렴하게 판매되다 보니 암묵적인 도의(?)로 계좌 입금 방식을 이용하는 것 같습니다.

Q8 고객 문의 및 상담 및 교환, 반품 대처 방법은?

고객 상담은 카카오톡과 블로그 상품 포스트의 댓글로 진행하구요. 고객들은 카카오톡은 실시간으로 확인할 수 있기 때문에 댓글보다 더 선호하는 것 같습니다. 특히 신설된 카카오톡의 오픈채팅 서비스는 '더지미' 블로그마켓을 이용하는 고객분들이 가장 선호하는 고객 문의 서비스입니다. 1:1 실시간 맞춤 상담이 가능하기 때문인 것 같습니다. 그리고 제품 포장 시 제품 이외 다음과 같은 '더지미' 브랜드 CI 이외 친절한 손편지, 커피 티 등 작은 선물을 동봉합니다. 작은 노력에도 고객에게는 큰 감동을 줄 수 있고, 이런 사연이 담긴 후기는 또 다른 이웃에게도 적지 않은 마케팅 효과를 기대할 수 있습니다.

이웃들은 기본적으로 저를 신뢰하고 제품을 구매하시기 때문에 기본적으로 교환, 반품은 1회에 한해서 가능하도록 운영하고 있구요. 단순변심도 교환, 반품은 가능하지만 택배비를 고객이 부담해야 하는 등의 기본적인 가이드는 안내합니다. 가끔 착용하거나 세탁한 흔적이 있는 옷을 반품하거나 오염된 상태로 반품하는 때도 있는데, 이럴 때면 매우 당황스럽지만, 상황에 맞게 대응하고 있습니다.

Q9 공동구매나 수익형 블로그 등 블로그마켓을 준비하려는 예비 창업자에게 들려주고 싶은 이야기가 있다면?

블로그는 홍보 채널이전에 소통을 기본 원칙으로 하므로 이웃과 소통할 수 있는 주제와 내 관심사를 잘 혼용하여 운영하는 것이 중요하다고 생각합니다. 너무 급한 마음에 블로그를 제대로 키워보지도 못하고 포기하시는 것보다 최소 3~6개월 정도의 시간을 두고 계획적으로 꾸준히 진행하시기를 추천드립니다.

그리고 공동구매, 수익형 블로그 등 블로그마켓을 운영할 계획을 가지고 있으신 예비 창업자분들께는 "소소하게 시작하고", "내가 입고 싶은 옷 중심으로 사입하고", "입어본 후 자신 있을 때 포스팅하고 판매하라"고 전하고 싶습니다. 이런 방식으로 블로그마켓을 운영하다 보면 재고가 확 주는 것을 느낄 수 있을 것이며, 무엇보다 이웃들에게 판매하려는 옷에 대해 자신감이 생겨 알찬 포스팅은 물론 만족도 높은 고객 응대가 가능하기 때문입니다.

홈페이지형 · 쇼핑몰형 블로그마켓 디자인 적용하기

LESSON
01

홈페이지형 심플 블로그마켓
디자인 적용하기

1. 심플 블로그마켓 스킨 잘라내기

지금까지 홈페이지형 블로그마켓을 운영하기 위한 디자인 기획과 소통을 위한 컨텐츠 구성에 대한 내용을 다루었다. 이번 Chapter에서는 작업한 디자인을 블로그에 적용하는 방법에 대해 설명하려 한다. "심플 블로그마켓"은 적은 양의 카테고리를 갖는 소규모의 블로그마켓에 대한 샘플이며 레이아웃 및 컨텐츠의 구성이 복잡하지 않아 홈페이지형 블로그마켓을 처음 시작하는 초보 블로거도 쉽게 따라할 수 있도록 제작되었다.

샘플은 직접 제작한 수제비누, 소이캔들 등의 작은 소품들을 취급하는 블로그로 가정하였다. 따라하기를 통해 샘플 블로그를 만들어 본 후 운영하는 블로그마켓에 적합하게 세부 내용을 변경하여 사용해보자.

블로그 디자인을 적용하는데 필요한 프로그램은 다음과 같다.

• Adobe 포토샵 : 블로그 스킨 디자인 제작 용도로 사용한다.

먼저 전체 디자인에서 필요한 부분을 잘라내어 이미지로 저장해보자.

01 포토샵을 실행하고 [파일]-[열기] 메뉴를 클릭한 후 Chapter 02에서 디자인하여 저장한 "Sample1.psd"를 불러온다. 또는 부록으로 제공되는 "sample1-완성본.psd" 파일을 불러온다. 표시자가 지정되어 있어 안내선이 보인다면, [보기]-[표시자] 메뉴를 클릭하여 체크를 해제해준다.

• [Source]-[Chapter 02]-[sample1]-[Sample1-완성본.psd]

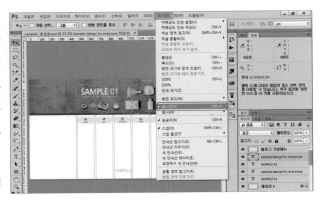

02 포토샵으로 완성한 디자인을 블로그 사이즈에 맞
게 잘라내어 작업한 디자인과 동일하게 블로그에 적
용한다. 먼저 이미지에 포함 될 필요가 없는 "블로그
기본메뉴"레이어의 좌측 눈 버튼(　)을 클릭하여
레이어를 숨기도록 한다.

03 자르기 도구(　)를 1초 이상 누른 후 분할 영역 도구(　)를 선택한다.

04 분할 영역 도구(　)로 상단 영역부터 갈색 띠 부
분까지 사각형 모양으로 드래그하여 분할 영역을 지
정한다.

05 분할 영역을 정확하게 지정하기 위해 ❶분할 영역 도구(　)를 1초 이상 누른 후 분할 영역 선택 도구(　)를 선택
한 후 ❷갈색 선으로 표시된 분할 영역을 더블클릭한다. ❸분할 영역 옵션 창이 열리면 치수가 정확한지 확인한다.

정확한 치수는 다음과 같다. 분할 영역이 다르게
지정 되었다면 이 창에서 치수를 변경할 수 있다.
❹분할 영역의 이름을 "sample1-skin"으로 정해준
뒤 [확인]을 클릭한다.

이름 : sample1-skin
X(X) : 0
Y(Y) : 0
W(W) : 1920
H(H) : 370

◆ [그림-2-6]

06 블로그 배너 위젯 영역도 분할해보자. ❶분할 영역
도구( )를 선택한 후 ❷"MARKET"에 해당하는 버
튼 영역을 사각형 모양으로 드래그하여 분할 영역으
로 지정한다.

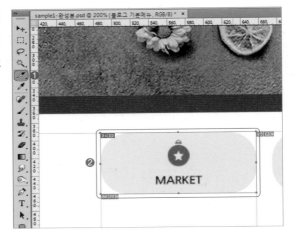

07 위와 같은 방법으로 "DAILY", "INSTAGRAM", "배송
안내", "주문하기" 버튼 영역을 분할 영역으로 지정
한다.

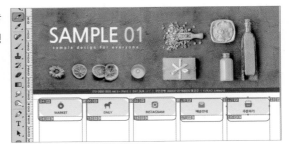

08 배너 위젯에 해당하는 버튼 이미
지들에 이름을 지정하고 치수를
정확하기 위해 ❶분할 영역 선택
도구( )를 선택한 후 ❷각 분할
영역을 더블클릭하여 이름을 입
력하고 치수를 확인한다.

	MARKET	DAILY	INSTAGRAM	배송안내	주문하기
	▼	▼	▼	▼	▼
이름	sample1-b1	sample1-b2	sample1-b3	sample1-b4	sample1-b5
X(X)	487	674	861	1047	1234
Y(Y)	392	392	392	392	392
W(W)	170	170	170	170	170
H(H)	70	70	70	70	70

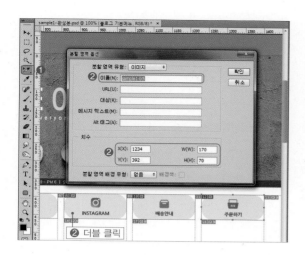

09 하단의 정보 영역도 분할해보자. 분할 영역 도구
( )를 선택한 후 하단 정보가 포함된 부분을 사각
형 모양으로 드래그하여 분할 영역으로 만든다.

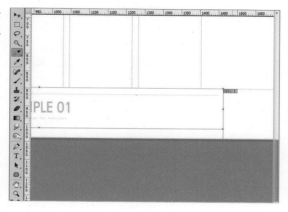

10 마우스로 드래그하여 분할한 영역을 정확하게 지
정하기 위해 ❶분할 영역 선택 도구( )를 선택한
후 ❷하단의 분할 영역을 더블클릭한다. 분할 영역
옵션 창이 열리면 다음과 같이 지정한다. ❸이름은
"sample1-foot"으로, X(X): "469", Y(Y): "913", W(W):
"982", H(H): "80"으로 지정한다.

이름 : sample1-foot
X(X) : 469
Y(Y) : 913
W(W) : 982
H(H) : 80

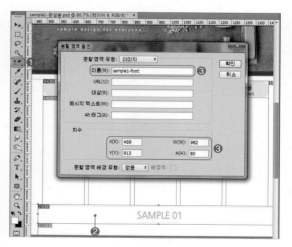

11 [파일]–[내보내기]–[웹용으로 저장] 메뉴를 클릭하여
분할 영역을 이미지로 저장한다.

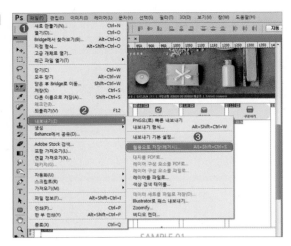

12 저장을 위한 옵션 설정 창이 열리면 하단의 "확대/축소 레벨"을 사용해 창 안에 전체 영역이 보일 수 있도록
조절한다.

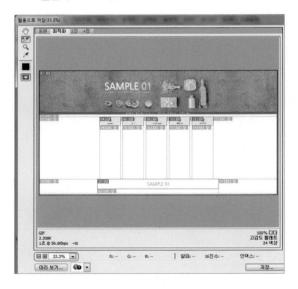

13 ❶"웹용으로 저장" 창 좌측의 분할 영역 선택 도구( )로 ❷각 분할 영역을 클릭한 뒤 ❸우측 탭에서 저장 옵션
을 변경할 수 있으며 ❹좌측 하단에는 저장 옵션에 따른 이미지 용량이 표시된다. 선택 영역과 하단 영역을 클릭
하고 저장 옵션을 ❺"PNG–24"로 지정한다.

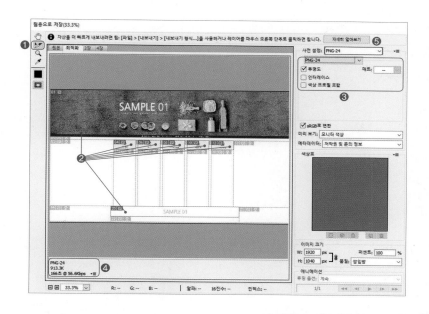

14 배너 위젯 이미지는 블로그에 포스팅으로 업 로드하여 사용하므로 용량 제한은 각 20mb 정도로 용량에 큰 문제가 없는 편이다. 따라서 각 배너 위젯은 JPEG 최대값으로 옵션을 지 정한다.

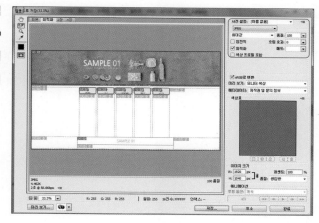

15 각 분할 영역의 용량과 품질 조정이 끝나면 ^❶[Shift]를 누른 채로 분할 영역을 클릭하여 복수 선택 한 뒤 ^❷[저 장] 버튼을 클릭하여 저장한다. 저장을 원하는 폴더를 선택한 뒤 ^❸"분할 영역"을 "선택 분할 영역"으로 지정해 야 필요 없는 분할 영역이 저장되지 않는다.

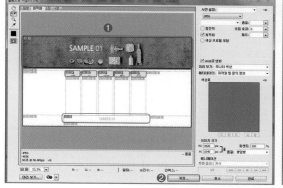

16 이렇게 분할 영역을 지정하여 저장하면 지정한 폴더에 자동으로 "images"라는 폴더가 생기며 그 안에 분할된 이미지들이 저장된다.

17 이미지가 모두 저장된 것을 확인 후 포토샵 작업 파일을 저장하고 종료한다. [파일]-[저장] 메뉴를 눌러 현재까지의 편집 내용을 PSD 파일로 저장한다.

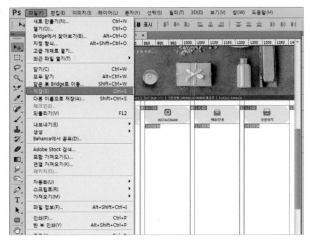

2. 심플 블로그마켓 스킨 씌우기

포토샵 파일에서 분할하여 잘라낸 이미지는 블로그에 스킨으로 씌우는데 사용한다. 네이버 블로그는 총 12가지의 레이아웃을 선택하여 사용할 수 있으며 레이아웃에 따라 디자인이 달라진다. 그 중 좌측배너 또는 우측배너 형태와 좌우배너 형태, 수평정렬 형태가 가장 많이 쓰이며, 홈페이지형 블로그에서는 위젯을 비교적 자유롭게 배치할 수 있는 수평정렬 형태를 사용한다. "심플 블로그마켓" 디자인은 수평정렬 형태의 레이아웃에 맞춰 제작된 홈페이지형 블로그이다. "심플 블로그마켓" 디자인을 블로그에 적용하기 위해 레이아웃을 변경하고 리모콘 기능을 사용한다.

01 네이버에 로그인 후 정보영역의 [블로그] 버튼을 클릭하고, 블로그 메뉴가 열리면 하단의 [내 블로그]를 클릭하여 운영중인 블로그로 이동한다. ❶프로필 영역의 [관리] 버튼을 클릭하여 블로그 관리 페이지로 이동한다. ❷[꾸미기 설정]-[디자인 설정]-[레이아웃 · 위젯 설정] 메뉴를 클릭한다.

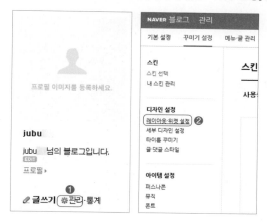

02 12개의 레이아웃 중 ❶11번째 레이아웃인 "수평정렬" 형태의 레이아웃 버튼을 클릭한다. 레이아웃 변경에 대한 안내 메시지가 나타나면 ❷[확인]을 눌러 레이아웃을 변경한다.

03 우측의 "레이아웃 설정"을 변경한다. ❶전체정렬은 "중앙"으로, 포스트영역은 "넓게"로 설정한다. "레이아웃 설정" 아래의 ❷"메뉴 사용 설정"에서는 "타이틀"메뉴의 사용에 체크를 확인한다.

04 하단의 "위젯 사용 설정"에서는 다양한 기능성 위젯을 제공한다. 직접 등록한 위젯의 사용 여부도 이 탭에서 가능하다. 블로그 스킨을 적용하고 배너 위젯을 만들기 위해 "위젯 사용 설정" 탭의 모든 메뉴를 해제하였다. 원하는 위젯이 있다면 지금 단계에서는 해제해 두었다가 블로그 디자인 적용 후 자유롭게 사용한다.

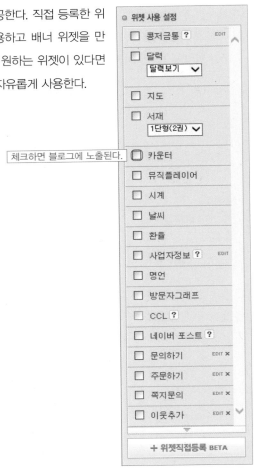

05 레이아웃, 메뉴, 위젯의 사용 설정이 끝나면 레이아웃 변경 영역에서 남은 위젯의 위치를 변경한다. ❶"포스트 영역" 위에 위치한 위젯들을 드래그하여 "포스트 영역" 아래로 이동시켜 "메뉴형태"와 "포스트 영역"사이에 기본 위젯이 없도록 만들어 준다.

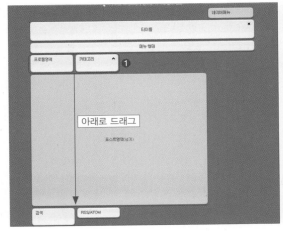

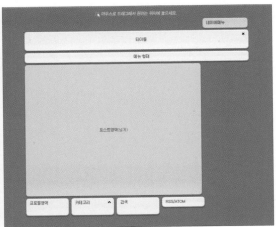

06 "샘플 블로그마켓"은 "메뉴형태"가 상단에 위치하는 형태의 디자인으로 제작하였으므로, ❶"메뉴형태"영역을 "타이틀"영역 위로 드래그하여 올린다.

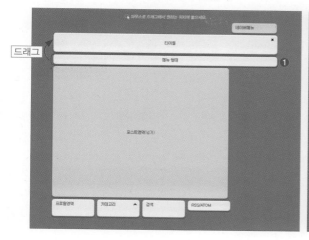
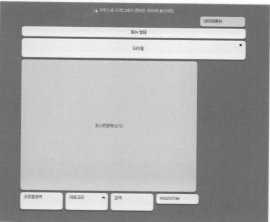

07 하단의 [적용] 버튼을 클릭하여 "레이아웃 · 위젯 설정"을 완료한다.

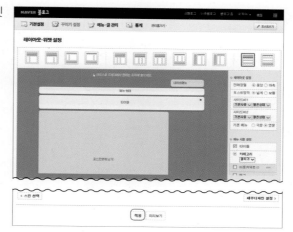

08 레이아웃과 위젯을 저장하면 바로 내 블로그 메인으로 이동한다. 작업한 디자인에 맞게 레이아웃을 변경했으므로 이번에는 리모콘으로 블로그 스킨을 씌워보도록 한다. 내 블로그 우측 상단의 ❶[내 메뉴]-[세부 디자인 설정]을 클릭한다.

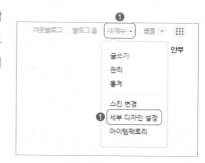

09 "세부 디자인 설정"은 블로그 구성요소들을 직접 꾸밀 수 있는 기능이다. 직접 제작한 이미지를 등록하거나 각 요소별 색상 및 디자인 변경이 가능하다. ❶메뉴 중 [스킨배경]을 선택하고 ❷[컬러] 탭을 클릭하여 배경 색상을 "#ffffff"로 지정한다.

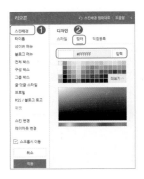

10 [스킨배경]의 [컬러]를 흰색으로 설정한 뒤 ❶[직접등록] 탭으로 이동하여 상단영역에 "sample1-skin.png" 파일을 [파일등록] 버튼으로 업로드한다. 상단영역이란 블로그 상단의 배경을 말하며, 이미지를 등록하면 해당 이미지는 브라우저 창 크기에 맞춰 가로로 반복하게 된다. 샘플은 스킨배경 영역을 현재 가장 보편적인 해상도인 가로 1920px로 제작하여 대부분의 모니터 화면에서 무리 없이 보이고 어색하게 반복되는 영역이 쉽게 보이지 않도록 하였다. [스킨배경]은 말 그대로 블로그의 배경영역이기 때문에 블로그 포스팅이나 메뉴, 위젯 등이 스킨 배경 위에 겹치게 된다. 이는 스킨 업로드 이후에 타이틀 크기를 변경하여 디자인에 맞는 공간을 확보하여 해결 할 수 있다.

11 [타이틀] 메뉴에서 타이틀 영역을 설정하여 블로그 스킨이 보여지는 공간을 확보하도록 하자. ❶타이틀 높이를 "290"으로 지정한 뒤 [적용] 버튼을 클릭하면 포스팅 영역이 아래로 내려가는 것을 알 수 있다. 정확한 타이틀 영역을 알고 싶다면 [색상] 탭에서 색상을 선택하면 타이틀 영역을 볼 수 있다. 영역을 확인한 뒤에는 ❷[디자인]-[컬러] 탭에서 [투명]을 선택하여 배경 스킨이 보일 수 있도록 하자. 만약 ❸[블로그 제목]에 체크되어 있다면 이를 해제하여 타이틀 텍스트가 표시되지 않도록 한다.

12 [네이버 메뉴]에서는 우측 상단에 위치한 "이웃블로그, 모두의 블로그, 내 메뉴 등의 네이버 메뉴를 수정할 수 있다. ●[네이버 메뉴]를 클릭하고 스킨배경과 어울리는 스타일과 색상으로 변경하자. 샘플에서는 목록 5번의 마지막 디자인을 선택하고 내용색을 "#ffffff"로 지정하였다. 리모콘은 드래그하여 위치 이동이 가능하므로 영역 수정 시 가리는 부분이 있다면 위치를 이동시키면 된다.

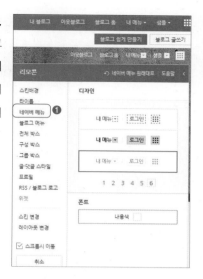

13 [블로그 메뉴]는 "프롤로그, 블로그, 메모, 안부게시판" 등의 블로그 메뉴 수정이 가능하다. ●[블로그 메뉴]의 [컬러] 탭에서 배경색상은 "투명"으로 체크하고 ❷기본색은 "#ebebeb", 강조색은 "#feebb0"으로 지정하였다.

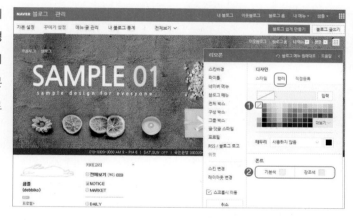

14 [전체 박스]는 블로그를 감싸는 박스영역을 설정할 수 있는 메뉴이다. 블로그의 상단영역, 중단의 반복되는 영역, 하단영역을 각각 이미지로 설정할 수 있으며 이를 활용하여 디자인을 하는 경우도 있으나 이번 샘플 디자인에서는 하단영역만을 사용하였다. 전체 박스의 세 가지 요소를 모두 사용하게 되면 현재의 디자인이 어긋나게 되므로 ●"전체 박스 사용하지 않음"에 체크를 하고 ❷[직접등록] 탭에서 "하단영역"만을 등록하기로 하자. ❸높이에 "sample1-foot.jpg"의 높이(80)를 입력하고 ❹[파일 등록] 버튼으로 "sample1-foot.jpg"를 업로드 한다.

15 [구성박스]에서는 "카테고리, 최근
댓글, 다녀간 블로거, 이웃블로그"
등의 메뉴 디자인을 설정할 수 있다.
❶[디자인] 탭에서 깔끔한 스타일을
선택하고 제목색은 "#a7a090"로, 내
용색은 "#808080"으로 입력하였다.

16 [그룹 박스]는 위젯의 그룹 영역을 꾸밀 수 있는 기능이다. 깔끔한 디자인
을 위해 ❶"그룹 박스 사용하지 않음"으로 설정하였다.

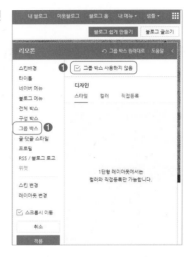

17 [글·댓글 스타일]에서는 포스트 영역의 디자인을 지정할 수 있다. [스타
일] 탭에서 테두리가 없는 흰색 배경의 디자인을 선택하고 제목크기는 "18",
제목색은 "#464646", 내용색은 "#7d7d7d", 강조색은 "#a7a090", 댓글 스타
일은 "프로필"으로 지정하였다. [컬러] 탭에서 포스트영역과 댓글영역을 "투
명"으로 체크해준다.

18 [프로필]에서는 프로필 영역에 대한 디자인 설정이 가능하다. 또한 "프로필 사진표시"로 프로필에 사진을 노출할 것인지 선택할 수 있다. ❶[디자인] 탭의 첫 번째 디자인을 선택하고 ❷내용색은 "#808080"으로 지정하였다.

19 [RSS/로고]는 RSS 위젯과 네이버 로고의 디자인 설정이다. "레이아웃 · 위젯 설정"에서 "네이버 로고"를 비활성화 하였기 때문에 현재 리모콘에서는 설정내용이 보이지 않는다. 연한 회색빛 디자인을 선택하였다.

20 리모콘으로 블로그 디자인의 세부설정이 완료되면 [적용] 버튼을 눌러 블로그에 적용하도록 한다.

21 리모콘으로 변경한 사항을 적용하였다. "샘플 블로그마켓"의 스킨 디자인이 완성된 모습이다. 다음 장에서는 배너 위젯을 제작하는 방법에 대해 알아보기로 한다.

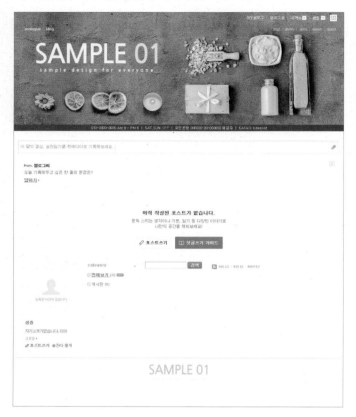

3. 심플 블로그마켓 배너 만들기

배너란 본래 웹사이트에 게시하는 광고를 말한다. 즉, 웹상에서 광고효과를 위해 눈에 띄도록 제작되어 클릭하면 관련된 링크로 이동하는 그래픽 이미지를 배너라고 한다. 블로그에서는 홍보하고자하는 내용을 작은 이미지 형태로 만들어 포스트에 첨부하거나 위젯으로 만들어 블로그 레이아웃에 배치한 파일을 흔히 '배너'라고 부른다.

위젯으로 등록한 배너는 블로그의 레이아웃으로 구성되는데, 배너 위젯의 크기 및 링크의 위치값 등을 지정함으로써 디자인 구성에 제한이 많은 네이버 블로그를 색다르게 개조할 수 있다. 홈페이지형으로 제작한 디자인을 블로그에 적용하기 위해 배너 위젯을 코딩하는 방법에 대해 알아보자.

"심플 블로그마켓"의 디자인을 살펴보자. 상단영역은 이미지로 구성하고 중앙영역에 블로그 카테고리 메뉴, 인스타그램 채널, 배송안내 게시물, 주문하기 기능으로 연결하는 버튼을 배치하였다. 앞 섹션의 블로그 스킨 씌우기에서는 디자인한 상단 영역을 블로그에 적용해보았다.

이번에는 상단 영역 아래에 링크연결 기능을 가진 버튼위젯을 만들어 보도록 한다. 분할 영역으로 잘라둔 "sample1-b1.jpg", "sample1-b2.jpg", "sample1-b3.jpg", "sample1-b4.jpg", "sample1-b5.jpg"는 각각의 배너 버튼 이미지이다.

TIP / 위젯 디자인 시 주의해야 될 사항

네이버 위젯의 가로는 최대 170px, 세로는 최대 600px까지 지정할 수 있다. 위젯의 Y축 배열은 비교적 자유로운 편이나 X축의 경우 지정된 위치값을 가진다. 따라서 디자인 단계부터 블로그의 레이아웃을 표시선으로 표시하여 이를 염두에 두고 제작해야 하는 것이 좋다. 소스로 제공되는 "sample1.psd", "sample2.psd" 파일에는 블로그 디자인을 위한 안내선을 미리 세팅해 두었다. 포토샵에서 안내선을 표시하고자할 때는 [보기]-[표시자] 메뉴를 클릭한다.

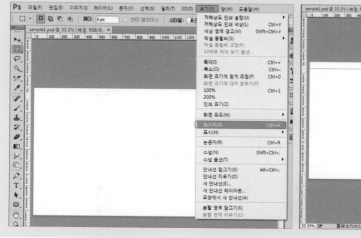

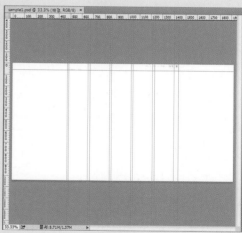

3-1. 배너 링크 가져오기

"심플 블로그마켓"의 디자인은 상단을 구성하는 영역과 버튼으로 구성되어 있다. 버튼은 클릭 시 지정한 링크로 이동할 수 있어야 한다. 버튼으로 이동시키고자 하는 링크를 준비해보자. 윈도우 기본 프로그램인 메모장을 열어 링크를 복사해두기로 한다.

01 네이버에 로그인 후 정보영역의 [블로그] 버튼을 클릭하여 블로그 메뉴를 열고 하단의 [내 블로그]를 클릭해 운영중인 블로그로 이동한다. ❶프로필 영역의 [관리] 버튼을 클릭하여 블로그 관리 페이지로 이동한다. 카테고리를 설정하기 위해 ❷[메뉴 · 글 관리]–[메뉴관리]–[블로그] 메뉴로 이동한다.

02 ❶[카테고리 추가] 버튼으로 카테고리를 생성하고, 생성한 카테고리를 클릭하면 ❷카테고리명, 공개설정, 글보기 방식 등의 세부 설정이 가능하다. 샘플에서는 총 4개의 카테고리를 만들었다. 각 카테고리의 설정은 아래와 같다. 카테고리 생성이 끝나면 하단의 ❸[확인]을 눌러 블로그에 반영한다.

카테고리명	공개설정	글보기
▼	▼	▼
NOTICE	공개	블로그형
MARKET	공개	앨범형
DAILY	공개	앨범형
배너이미지	비공개	블로그형

03 상단의 [내블로그]를 클릭해 블로그 메인으로 이동하면 다음과 같이 **❶**블로그의 카테고리가 변경된 것을 확인할 수 있다. 프롤로그에서는 카테고리가 보이지 않으므로 상단의 블로그 메뉴에서 **❷**"블로그" 또는 "blog"를 클릭하여 이동한다.

04 위젯링크가 필요한 카테고리는 **❶**"MARKET", "DAILY"이다. 카테고리 영역에서 **❷**해당 카테고리 텍스트를 우클릭하여 나타나는 메뉴 중 [속성]을 선택한다.

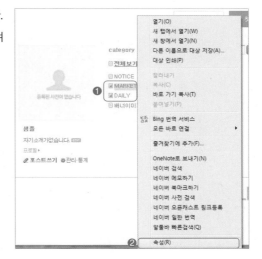

05 속성 중 **❶**"주소(URL)"의 값을 Ctrl + C 를 눌러 복사한 뒤 **❷**메모장에 Ctrl + V 를 눌러 붙여넣자. **❸**각 링크를 구분할 수 있도록 링크명을 함께 적어주는 것이 좋다. "MARKET"과 "DAILY" 카테고리의 주소(URL) 값을 복사하여 메모장에 붙여둔다.

06 인스타그램 채널 주소(URL)을 가져오자. 인스타그램 로그인 후 ❶우측 [프로필] 버튼을 클릭하여 개인 페이지로 이동하면 ❷브라우저 주소창에서 자신의 인스타그램 계정 주소를 복사할 수 있다. [Ctrl]+[C]를 눌러 복사한 ❸인스타그램 계정 주소(URL)를 메모장에 같이 붙여넣도록 한다.

07 "배송안내"에 대한 게시물을 작성한다. ❶프로필영역의 [글쓰기] 버튼을 클릭한다. ❷배송안내에 대한 게시물을 입력한 후 ❸[발행] 버튼으로 게시물을 발행할 수 있다. ❹카테고리는 "NOTICE"로, 공개설정은 "전체공개", "공지사항으로 등록하기"에 체크한 후 ❺[발행하기] 버튼을 클릭한다.

08 게시물을 발행한 후 블로그 메인 화면으로 돌아간다. ❶스마트 에디터 ONE 또는 3.0으로 작성한 경우 포스트의 우측 [URL 복사] 버튼을 클릭하면 해당 게시물의 주소를 복사 할 수 있으며, ❷이전 버전 에디터로 작성한 경우 우측에 게시물 주소가 표시되고 [복사] 버튼을 클릭하여 해당 게시물의 주소를 복사할 수 있다. 복사한 게시물의 주소(URL)을 메모장에 붙여 넣자.

◆ 스마트 에디터 3.0으로 작성한 경우

◆ 스마트 에디터 2.0으로 작성한 경우

09 "주문하기"는 주문서 형태로 제작한 네이버 폼으로 연결한다. "Lesson 04 홈페이지형 · 쇼핑몰형 블로그마켓에 필요한 서비스 위젯 만들고 적용하기–3. 주문하기 기능 만들고 적용하기"를 참고하여 주문서를 만들고 [폼 보내기]–[공유하기]–[URL 복사]를 통해 주문서의 주소(URL)를 복사한 뒤 메모장에 붙여 넣는다. 메모장에 붙여 넣기한 링크 주소(URL)는 다음 장에서 배너 위젯의 html 코드에 삽입할 것이므로 별도로 저장한다.

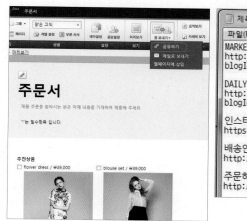 

3-2. HTML 코딩하기

배너 위젯에 사용할 링크의 주소(URL)가 준비되면 간단한 html 코딩을 통해 링크 버튼 위젯으로 기능하도록 만들어보자. 버튼 이미지의 웹상 경로가 필요하므로, 분할하여 저장해둔 버튼배너 이미지들을 포스팅으로 업로드하여 네이버 블로그를 주소로 갖는 이미지 경로를 얻기로 한다.

01 블로그에 로그인 한 뒤 프로필 하단의 [글쓰기] 버튼을 클릭한다.

02 배너 위젯용으로 사용할 이미지는 비공개 카테고리로 지정한 "배너이미지" 카테고리에 업로드하여 다른 방문자에게 노출되지 않도록 한다. 제목은 "배너 위젯용 이미지", 내용입력 란에는 좌측 글쓰기 도구의 사진 버튼(⊠)을 클릭하여 배너 위젯 이미지를 업로드한다. 업로드할 이미지는 "심플 블로그마켓" 디자인에서 분할하여 저장한 ❶"sample1-b1.jpg", "sample1-b2.jpg", "sample1-b3.jpg", "sample1-b4.jpg", "sample1–b5.jpg"이다. [Ctrl]을 누른 채 파일을 클릭하면 복수 선택이 가능하다. 업로드할 이미지를 선택한 뒤 [열기] 버튼을 클릭한다.

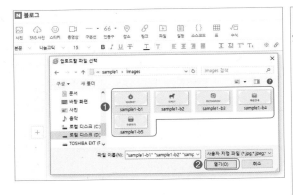

03 이미지 업로드가 끝나면 상단의 [발행] 버튼을 클릭하여 발행 옵션을 설정할 수 있다. 카테고리는 "배너이미지"로 지정하고 "비공개"에 체크가 되어있는지 확인 한 뒤 [발행]로 이미지를 블로그에 업로드한다.

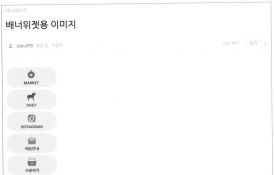

04 블로그에 업로드 한 이미지는 각각의 주소(URL)를 갖게 된다. 이 주소(URL)를 복사해 두기 위해 새로운 메모장 문서를 실행한다. 카테고리의 주소(URL)를 복사할 때와 동일하게, 이미지를 우클릭하여 나타나는 메뉴 중 [속성]을 클릭한다.

05 업로드한 이미지의 속성 중 ❶"주소(URL)"의 속성값을 드래그하여 영역을 지정한 후 Ctrl + C 를 눌러 복사한 뒤 ❷메모장에 Ctrl + V 를 눌러 붙여넣기 한다. 주소의 속성값이 긴 편이므로 "http://"로 시작하는 부분부터 끝까지 확실하게 드래그한다. 메모장에 붙여둔 뒤에는 ❸해당 이미지에 대한 주석을 적어두는 편이 좋다.

06 위와 동일하게 각 이미지를 우클릭한 뒤 속성창을 열어 주소(URL)의 속성값을 복사하여 메모장에 붙여두자.

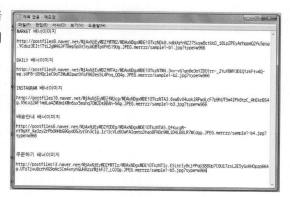

07 링크 주소(URL) 메모장과 배너이미지 주소(URL) 메모장을 확인한다.

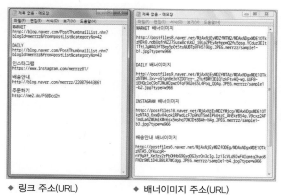

◆ 링크 주소(URL)　　　　◆ 배너이미지 주소(URL)

08 준비된 주소(URL)를 이용해 링크 배너 위젯의 HTML 코드를 작성한다. 링크 배너 위젯의 HTML 코드는 아래와 같다.

```
<a href="링크url" target="_blank"><img src="배너이미지url" alt="배너이미지명" /></a>
```

– 링크 주소(URL) : 이미지 버튼을 클릭하였을 때 이동하려는 주소
– 배너이미지 주소(URL) : 버튼으로 보여지는 이미지의 웹상 경로
– 배너이미지명 : 이미지가 웹상에 제대로 출력되지 않을 경우 이미지를 대체하는 텍스트

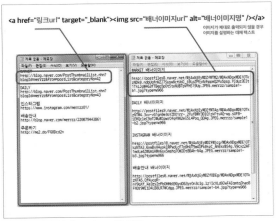

◆ 링크 배너 위젯 html 코드의 이해

09 HTML 코드에 메모장에 복사해둔 url을 붙여넣어 위젯 코드를 완성한다. 위젯 코드를 입력할 새로운 메모장을 열고 위의 링크 배너 위젯 html 코드를 입력한다. 배너 위젯은 5개이므로 각 배너 위젯 명칭과 함께 입력하는 것이 좋다.

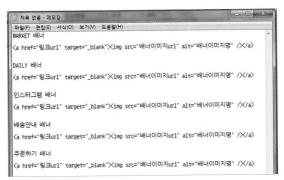

10 "MARKET 배너"의 위젯 코드 중 href="링크url" 부분의 "링크url"을 지우고 메모장에 복사해둔 MARKET 카테고리의 주소(URL)를 붙여 넣는다.

11 "MARKET 배너"의 위젯 코드 중 src="배너이미지url" 부분의 "배너이미지url"을 지우고 메모장에 복사해둔 MARKET 이미지의 주소(URL)를 붙여넣는다.

12 "MARKET 배너"의 위젯 코드 중 alt="배너이미지명" 부분의 "배너이미지명"을 지우고 "MARKET 배너"라고 입력한다.

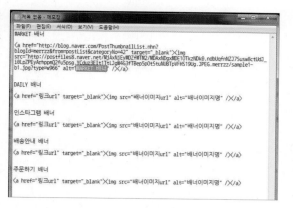

13 "MARKET 배너"의 위젯 코드가 완성되었다. 위와 같이 "DAILY 배너", "인스타그램 배너", "배송안내 배너", "주문하기 배너"의 HTML 코드도 완성한다. 완성한 HTML 코드는 잃어버리지 않도록 저장해 둔다.

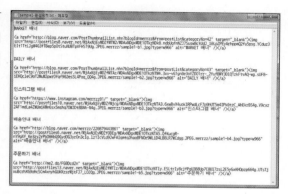

3-3. 위젯으로 설정하기

다음 과정은 작성한 위젯 코드를 복사하여 블로그에 위젯으로 등록하는 작업이다. 메모장에 저장해둔 위젯 코드는 블로그에 위젯으로 등록 시 해당 배너의 이미지 주소(URL)를 이미지로 표현해주어 방문자가 버튼으로 인식할 수 있으며, 클릭하면 새 창을 열어 지정한 이동 경로를 탐색할 수 있다.

01 네이버에 로그인 후 정보 영역에서 [블로그] 메뉴를 클릭한 후 하단의 [내 블로그]를 클릭하여 내 블로그로 이동한다. 프로필 영역의 [관리]를 클릭하여 블로그 관리 페이지로 이동한다. [꾸미기 설정]-[디자인 설정]-[레이아웃 · 위젯 설정]을 클릭하여 레이아웃 설정 페이지를 열어준다.

02 레이아웃·위젯 설정 페이지가 열리면 화면 우측의
"위젯 사용 설정" 탭 아래의 [위젯직접등록] 버튼을
클릭한다. 위젯 직접등록 창이 나타난다.

03 메모장에 저장해둔 완성된 위젯 코드 중 **❶**"MARKET 배너" 코드를 드래그하여 영역을 지정하고 [Ctrl]+[C]를
눌러 복사한 후 위젯 코드 입력란에 [Ctrl]+[V]를 눌러 붙여 넣는다. **❷**위젯명은 "MARKET 배너"로 입력한다.

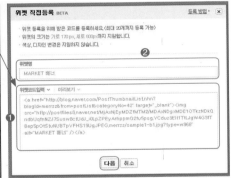

04 [다음] 버튼을 클릭하여 위젯을 미리보기로 확인할
수 있다. 배너가 정상적으로 출력된다면 [등록] 버튼
을 클릭하여 위젯을 등록한다.

05 다시 우측 "위젯 사용 설정" 탭 아래의 ❶[위젯직접등록] 버튼을 클릭한다. 메모장에 저장해둔 완성된 위젯 코드 중 ❷"DAILY 배너" 코드를 드래그하여 영역을 지정하고 [Ctrl]+[C]를 눌러 복사한 후 ❸위젯 코드 입력란에 [Ctrl]+[V]를 눌러 붙여넣는다. ❹위젯명은 "DAILY 배너"로 입력한다. ❺[다음] 버튼을 클릭하여 위젯을 미리보기로 확인한 후 ❻[등록] 버튼을 클릭하여 위젯을 등록한다.

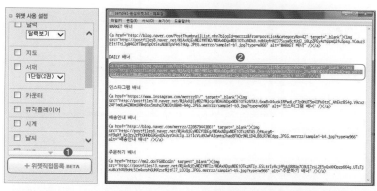

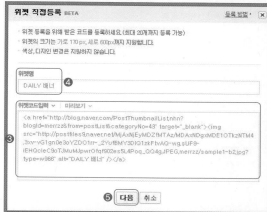

06 위와 같은 방법으로 메모장에 저장한 위젯 코드를 복사하여 블로그 위젯으로 등록한다. "인스타그램 배너", "배송안내 배너", "주문하기 배너"를 등록해보자.

◆ '인스타그램 배너' 위젯 등록

◆ '배송안내 배너' 위젯 등록

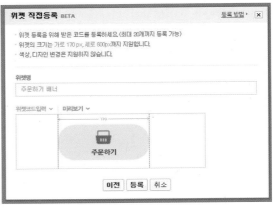

◆ '주문하기 배너' 위젯 등록

07 등록한 "MARKET 배너", "DAILY 배너", "인스타그램 배너", "배송안내 배너", "주문하기 배너" 위젯은 레이아웃 · 위젯 설정의 편집 영역에서 확인할 수 있다. "MARKET 배너" 위젯을 클릭한 채로 드래그하여 "타이틀"과 "포스트영역" 사이의 공간에 배치한다.

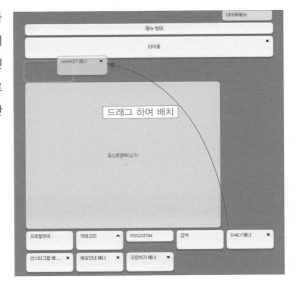

08 "DAILY 배너", "인스타그램 배너", "배송안내 배너", "주문하기 배너" 위젯도 순서대로 클릭 드래그하여 타이틀영역 아래에 한 줄로 배열한다.

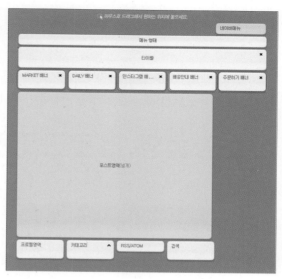

09 배너의 위치 지정이 끝나면 하단의 [적용] 버튼을 클릭하여 레이아웃을 블로그에 적용한다.

10 레이아웃을 적용하면 블로그 메인으로 자동 이동한다. 위젯이 블로그 스킨에 맞게 잘 적용되었는지 각 배너 위젯 클릭 시 링크 이동이 원활한지를 확인한다.

쇼핑몰형 블로그마켓 디자인 적용하기

1. 쇼핑몰형 블로그마켓 스킨 디자인 잘라내기

"쇼핑몰형 블로그마켓"은 다양한 카테고리의 상품을 취급하며 일반적인 쇼핑몰을 블로그를 이용해 운영하는 경우의 샘플을 만들어 보았다. 각 카테고리로 이동할 수 있는 링크가 많아 위젯 코딩 작업량이 많아졌지만, 대부분 작업은 앞선 장에서 설명한 작업으로 구성되며, 이를 응용하여 더욱 다양한 디자인의 구성이 가능할 것이다. 예제를 통해 샘플 블로그를 만들어 보고 자신의 블로그에 적합한 디자인을 구상해보도록 한다.

먼저 전체 디자인 중 필요한 부분을 잘라내어 이미지로 저장하기로 한다. 블로그 디자인을 적용하는 데 필요한 프로그램은 다음과 같다.

• Adobe 포토샵 : 블로그 스킨 디자인 제작용도로 사용
• Adobe 드림위버 : 배너 위젯을 HTML 언어로 코딩하기 위해 사용

01 포토샵에서 [파일(File)]–[열기(Open)] 메뉴를 클릭하고 Chapter 02 에서 디자인하여 저장한 "Sample2.psd" 예제 파일을 불러온다. 만약 앞 과정에서 작업한 디자인 파일을 저장하지 않거나 없는 경우, 부록으로 제공되는 "sample2-완성본.psd" 파일을 사용한다. [보기 (View)]–[표시자(Extras)] 메뉴를 클릭하여 체크를 해제해 표시자를 보이지 않게 한다.

> [Source]–[Chapter 02]–[sample2]–[sample2-완성본.psd]

02 [●]분할 영역 도구( )를 선택한다. 블로그 스킨배
경으로 상단 디자인 전체 부분을 사용하기로 한다.
디자인 전체 영역을 배경으로 처리한 후 그 위에 투
명한 위젯을 만들고 버튼 부분을 영역으로 지정할
것이다. ^❷작업 영역의 최상단부터 중앙의 정보 부분
까지 드래그하여 분할한다.

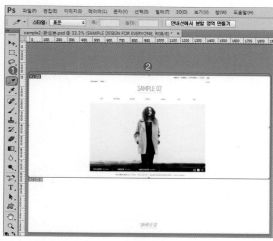

※ 홈페이지형 블로그는 블로그 꾸미기 기능 중 스킨배경 설정을 잘 활
용한 디자인을 말한다. 네이버 블로그는 정해진 레이아웃에 따라 각 영
역이 나누어지는데, 영역별로 각각 이미지를 만들어 블로그에 적용하
면 디자인의 자유도가 낮아 개성 있는 디자인이 어려운 단점이 있다.
따라서 지정된 레이아웃에 맞춰 전체적인 디자인을 한 뒤 이를 하나의
스킨배경으로 만들어 배경으로 설정하고 배경 내부의 클릭이 되는 배
너 위젯은 투명한 버튼으로 만듦으로써 홈페이지 느낌이 나는 세련된
블로그 디자인을 완성할 수 있다.

03 분할 영역의 이름과 치수를 지정한다. [●]분할 영역
선택 도구( )를 선택한 후 ^❷분할 영역을 더블클
릭하면 분할 영역 옵션을 변경할 수 있다. ^❸이름은
"skin", X축 "0", Y축 "0", W(넓이) "1920", H(높이)
"850"으로 지정한다.

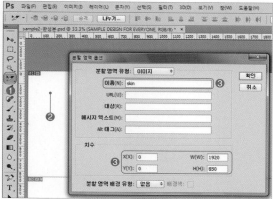

04 블로그 하단 영역에 들어갈 이미지를 분할해보자.
[●]분할 영역 도구( )를 선택하고 ^❷하단 영역 부
분의 크기에 맞게 드래그하여 영역을 만든다.

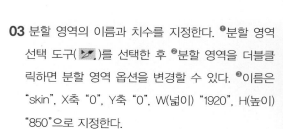

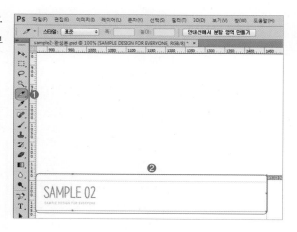

05 하단 분할 영역의 크기와 치수를 정확하게 조정하기 위해 ❶분할 영역 선택 도구(🔪)를 선택한 후 ❷분할된 영역을 더블클릭한다. ❸이름은 "foot"으로, X축 "469", Y축 "1184", W(넓이) "982", H(높이) "94"로 지정한다.

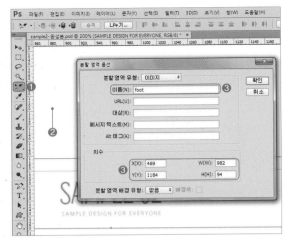

06 "skin"과 "foot" 분할 영역을 저장하기 전에 블로그 디자인 시 사용했던 로그인 메뉴, 블로그 메뉴를 보이지 않게 설정한다. ❶레이어(Layer) 탭에서 "블로그 기본 메뉴" 레이어를 찾아 눈 아이콘(👁)을 눌러 레이어가 작업 영역에서 보이지 않도록 한다.

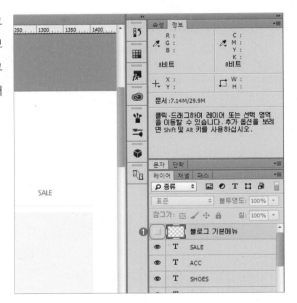

07 "skin" 분할 영역과 "foot" 분할 영역을 이미지로 저장한다. [파일(File)]–[내보내기(Export)]–[웹용으로 저장(Save for Web)] 메뉴를 클릭한다. 웹용으로 저장(Save for Web) 창 하단의 ❶"확대/축소 레벨"을 사용해 창 안에 전체 영역이 보일 수 있도록 조절한다.

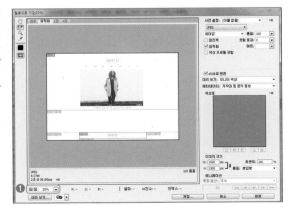

08 ●저장 옵션 창의 분할 영역 선택 도구(✎)를 선택한 후 각 ●분할 영역을 클릭하여 ●우측에서 저장 옵션을 변
경할 수 있으며, ●좌측 하단에는 저장 옵션에 따른
이미지 용량이 표시된다. 상단 영역과 하단 영역을
선택하고 저장옵션을 ●"PNG-24"로 지정하여 png
파일로 ●저장하도록 한다.

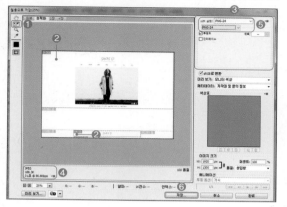

09 저장 옵션 창 좌측 상단의 ●분할 영역 선택 도구(✎)를 선택한 후 ⌈Shift⌋를 누른 채 두 분할 영역을 클
릭하면 복수 선택이 가능하다. "skin"과 "foot" 영역을 선택한 후 ●[저장] 버튼으로 저장한다. 저장 시에는
반드시 ●분할 영역 옵션을 "선택 분할 영역"으로 선택한 후 저장한다. 분할 영역을 저장하는 경우 이미지는
지정한 경로 내에 "images"라는 새로운 폴더가 자동으로 생성되어 그 안에 저장된다.

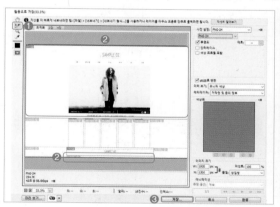

10 이번에는 위젯 영역을 분할하기로 한다. 위젯은 투명
한 이미지로 들어가게 된다. 위젯 영역을 분할하는 것
은 위젯에 직접 사용하는 것이 아니라 이미지로 만들
어 드림위버에서 링크 영역을 지정하기 위한 용도이다.
[보기(View)]-[표시자(Extras)] 메뉴를 클릭하여 안내선
을 표시한다.

11 ❶분할 영역 도구( )를 선택하고 ❷표시자를 따라 위젯 영역을 분할한다. 이후 분할 영역 옵션에서 정확한 치수와 위치를 변경할 수 있으므로 적당한 크기로 분할 영역을 지정한다.

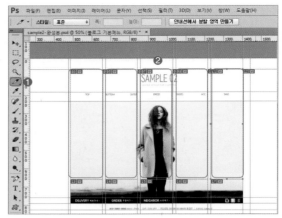

◆ 분할 영역 1 ~ 분할 영역 5

12 네이버 블로그에서 하나의 위젯의 크기는 가로 170px, 세로 최대 600px까지 지원한다. 샘플의 디자인 영역은 세로크기 600px 이상인데, 이를 처리하기 위해 위젯을 두 줄로 배열하여 총 10개의 위젯을 만들기로 한다. 위, 아래의 위젯 사이의 간격은 15px 정도이다. 13에서 만들어 둔 분할 영역의 하단에 다시 새로운 분할영역을 만든다.

◆ 분할 영역 6 ~ 분할 영역 10

13 각 분할 영역의 이름, 크기, 위치를 정확하게 지정하도록 하자. 분할 도구( )로 변경하고 각 분할영역을 더블클릭하여 옵션을 설정할 수 있다. 분할영역 1부터 분할영역 10까지의 옵션을 변경하자.

> 분할 영역 1 : 이름 "ban1", X축 "487", Y축 "88", W(넓이) "170", H(높이) "600"
> 분할 영역 2 : 이름 "ban2", X축 "673", Y축 "88", W(넓이) "170", H(높이) "600"
> 분할 영역 3 : 이름 "ban3", X축 "860", Y축 "88", W(넓이) "170", H(높이) "600"
> 분할 영역 4 : 이름 "ban4", X축 "1047", Y축 "88", W(넓이) "170", H(높이) "600"
> 분할 영역 5 : 이름 "ban5", X축 "1234", Y축 "88", W(넓이) "170", H(높이) "600"
> 분할 영역 6 : 이름 "ban6", X축 "487", Y축 "703", W(넓이) "170", H(높이) "158"
> 분할 영역 7 : 이름 "ban7", X축 "673", Y축 "703", W(넓이) "170", H(높이) "158"
> 분할 영역 8 : 이름 "ban8", X축 "860", Y축 "703", W(넓이) "170", H(높이) "158"
> 분할 영역 9 : 이름 "ban9", X축 "1047", Y축 "703", W(넓이) "170", H(높이) "158"
> 분할 영역 10 : 이름 "ban10", X축 "1234", Y축 "703", W(넓이) "170", H(높이) "158"

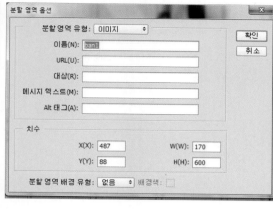

14 이름과 크기, 위치 지정이 끝난 분할 영역들을 이
미지로 내보내기로 한다. [파일(File)]-[내보내기
(Export)]-[웹용으로 저장(Save for Web)] 메뉴를 클릭
하여 '웹용으로 저장(Save for Web)' 창을 연다.

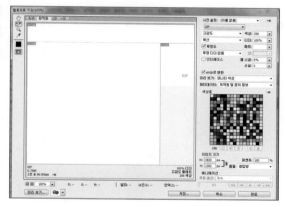

15 **①**"확대/축소 레벨"을 조절하여 전체 디자인을 한눈
에 볼 수 있도록 한다.

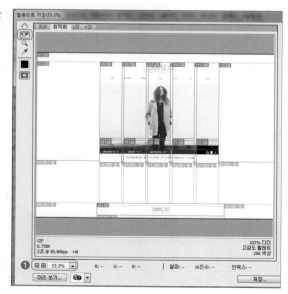

16 [●]분할 영역 선택 도구(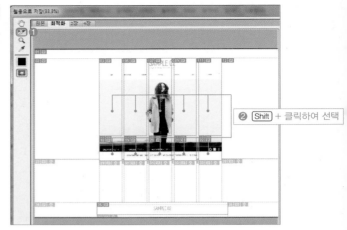)를 선택한 후 [●] Shift 를 누른 채로 열 개의 위젯 분할 영역을 각각 클릭하여 복수 선택한다.

17 열 개의 분할 영역을 선택한 상태로 우측 저장 옵션을 설정한다. [●]압축 형식은 "JPEG", [●]"최대값(Maximum)"으로 지정한 뒤 [●][저장] 버튼을 누른다.

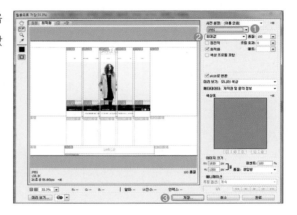

18 [●]저장 경로는 이전의 "skin"과 "foot" 영역을 저장한 위치와 동일하게 지정한다.(해당 경로에 "images"라는 폴더가 생성된 것을 알 수 있다.) 분할 영역은 저장 시 "images"라는 폴더를 자동으로 생성하여 이미지를 저장한다). 이 때 [●]분할 영역을 "선택 분할 영역"으로 바꾸는 것을 잊지 말자.

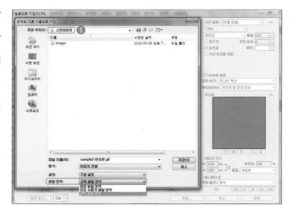

19 분할 영역들이 제대로 저장되었는지 확인한다. 분할 영역을 저장한 폴더를 열면 ❶"images"라는 폴더가 새로 생성된 것을 알 수 있다. 분할 영역 이미지는 "images" 폴더에 저장되기 때문이다. 블로그 적용에 필요한 이미지는 ❷"skin.png", "foot.png", "ban1.jpg", "ban2.jpg", "ban3.jpg", "ban4.jpg", "ban5.jpg", "ban6.jpg", "ban7.jpg", "ban8.jpg", "ban9.jpg", "ban10.jpg"이다.

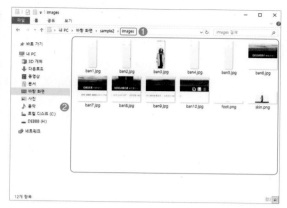

20 이미지가 모두 저장된 것을 확인 후 포토샵 작업 파일을 저장하고 종료한다. [파일(File)]-[저장(Save)] 메뉴를 눌러 현재까지의 편집 내용을 저장한다.

2. 쇼핑몰형 블로그마켓 스킨 씌우기

디자인을 분할하여 잘라낸 "skin.png"와 "foot.png" 이미지는 블로그의 스킨 역할을 한다. 네이버 블로그의 레이아웃 중 수평정렬 형태의 레이아웃을 선택하고 블로그의 세부 영역을 꾸밀 수 있는 리모콘 기능을 사용해 잘라낸 이미지를 스킨으로 설정하는 방법을 알아보자.

01 네이버에 로그인 후 정보영역의 [블로그] 버튼을 클릭하고, 블로그 메뉴가 열리면 하단의 [내 블로그]를 클릭하여 운영 중인 블로그로 이동한다. ❶프로필 영역 하단의 [관리] 버튼을 클릭하여 블로그 관리 페이지로 이동한다. ❷ [꾸미기 설정]–[디자인 설정]–[레이아웃·위젯 설정]을 클릭한다.

02 12개의 블로그 레이아웃 중 11번째의 수평정렬 형태의 레이아웃을 선택한다.

03 우측의 ❶레이아웃 설정 탭에서 전체정렬 "중앙", 포스트영역 "넓게" 버튼을 체크한다. ❷메뉴 사용 설정 탭에서 "카테고리"를 제외한 모든 체크된 메뉴를 해제한다. 블로그 스킨 적용 설명을 위해 메뉴 사용을 해제하는 것으로, 디자인 세팅 작업이 끝나면 원하는 메뉴를 사용할 수 있다.

04 위젯 사용 설정 탭에서 모든 사용 위젯의 체크를 해제한다. 마찬가지로 블로그의 스킨
적용 작업 설명을 위해서이다. 디자인 적용 작업이 모두 끝나면 사용하고자 하는 위젯을
자유롭게 사용해 보자.

05 레이아웃, 메뉴, 위젯의 사용 설정이 끝나면 레이아웃 변경 영역에서 남은 위젯의 위치를 변경한다. ❶"포스트
영역" 위에 있는 위젯들을 드래그하여 "포스트 영역" 아래로 이동시켜 "메뉴형태"와 "포스트 영역" 사이에 기
본 위젯이 없도록 만들어 준다.

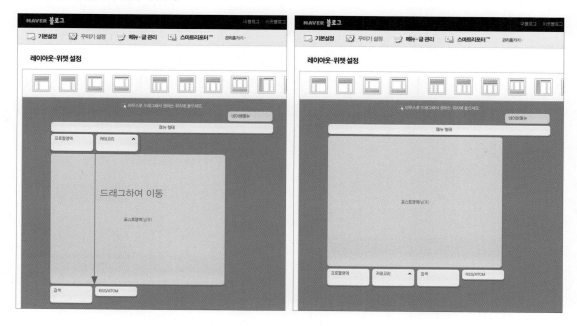

06 하단의 [적용] 버튼을 클릭하여 "레이아웃 · 위젯 설정"을
완료한다.

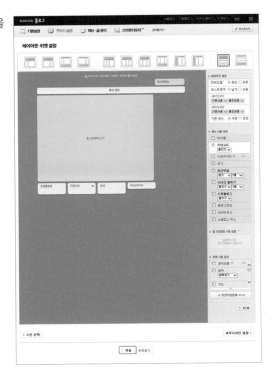

07 레이아웃과 위젯을 저장하면 바로 내 블로그 메인으로 이동한다. 작
업한 디자인에 맞게 레이아웃을 변경했으므로 이번에는 세부 디자인
설정 기능으로 블로그 스킨을 씌워보도록 한다. 내 블로그 우측 상단
의 [내 메뉴]–[세부 디자인 설정]을 클릭한다.

08 "세부 디자인 설정"은 블로그를 구성하는 요소들을 직접 꾸밀 수 있
는 기능이다. 리모콘의 메뉴 중 ❶[스킨배경]을 선택하고 [컬러] 탭에서
색상값을 "#ffffff"로 지정하자.

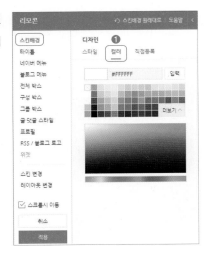

09 배경 색상을 지정한 뒤 ❶[직접등록] 탭의 상단영역에서 [파일등록] 버튼으로 "skin.png"이미지를 불러오도록 하자. [스킨배경]의 상단영역이란 블로그의 상단 부분에서 y축 방향으로 반복되는 배경을 의미한다. "skin.png"는 가로 1920px로 제작하여 대부분의 모니터 해상도 환경에서 브라우저를 최대화 하여도 반복 없이 보이도록 하였다. 상단영역의 배경은 브라우저 창을 기준으로 가운데 정렬 하여 배경으로 지정된다.

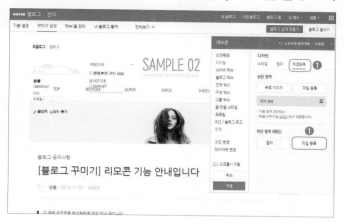

10 [네이버메뉴]에서는 우측 상단에 위치한 "이웃블로그, 모두의 블로그, 내 메뉴 등의 네이버 메뉴를 수정할 수 있다. [네이버메뉴]를 클릭하고 스킨배경과 어울리는 스타일과 색상으로 변경하자. 샘플에서는 목록 5번의 마지막 디자인을 선택하고 내용색을 "#636363"으로 지정하였다. 리모콘은 드래그하여 위치 이동이 가능하므로 영역 수정 시 가리는 부분이 있다면 위치를 이동시키면 된다.

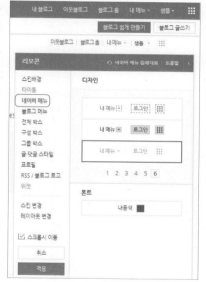

11 [블로그 메뉴]는 "프롤로그, 블로그, 메모, 안부게시판" 등의 블로그 메뉴 수정이 가능하다. ❶[블로그 메뉴]의 [컬러] 탭에서 배경색상은 ❷"투명"으로 체크하고 ❸기본색은 "#7d7d7d", 강조색은 "#464646"으로 지정하였다.

12 ❶[전체 박스]는 "전체 박스 사용하지 않음"으로 체크한 후 ❷[직접등록] 탭에서 하단영역의 높이를 "100"으로 입력 하고 "foot. png"를 업로드하자. 블로그의 하단으로 스크롤을 내리면 하단영역이 설정된 것을 볼 수 있다.

13 [구성박스]에서는 "카테고리, 최근댓글, 다녀간 블로거, 이웃블로그" 등의 메뉴 디자인을 설정할 수 있다. [스타일] 탭에서 배경이 투명한 스타일을 선택하고 제목색은 "#464646"으로, 내용색은 "#7D7D7D"로 입력하였다.

14 [그룹 박스]는 위젯의 그룹 영역을 꾸밀 수 있는 기능이다. 디자인에서는 그룹박스 영역이 필요하지 않으므로 "그룹 박스 사용하지 않음"으로 체크하였다.

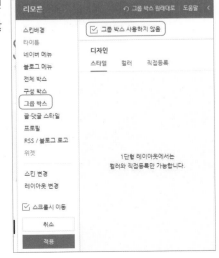

15 [글 · 댓글 스타일]에서는 포스트 영역을 꾸밀 수 있다. [스타일]에서 테두리가 없는 스타일을 선택하고 제목크기는 "18", 제목색은 "#464646", 내용색은 "#636363", 강조색은 "#88726c", 댓글 스타일은 "프로필"으로 지정하였다.

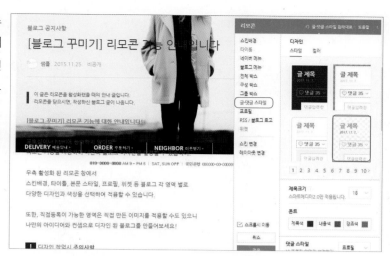

16 [프로필]은 테두리가 없는 디자인을 선택하고 내용색은 "#7d7d7d"로 지정하였다.

17 [RSS/로고]는 RSS 위젯과 네이버 로고의 디자인 설정이다. "레이아웃 · 위젯 설정"에서 "네이버 로고"를 비활성화 하였기 때문에 현재 리모콘에서는 설정내용이 보이지 않는다. [디자인] 탭에서 연한 회색빛 디자인을 선택하였다.

18 리모콘의 [적용] 버튼을 클릭하여 디자인을 저장한다.

19 네이버의 리모콘 기능을 이용해 스킨 이미지를 씌운 모습이다. 영역설정 없이 배경이 되는 스킨만 씌웠기 때문에 디자인이 제대로 보이지 않으며 디자인에서 만들어 둔 버튼도 클릭할 수 없다. 위젯을 만들어 디자인이 보이는 영역을 확보하고 버튼의 위치에 링크를 걸어 블로그 디자인을 완성하도록 하자.

3. 쇼핑몰형 블로그마켓 배너 만들기

배너란 웹상에서 게시하는 작은 조각 형태의 광고를 말한다. 블로그에서는 레이아웃 영역 또는 포스팅에 배치하여 특정 내용을 노출하거나 클릭하여 관련 링크로 이동하는 기능을 갖는 이미지를 '배너'라고 부른다.

블로그의 위젯 기능으로 블로그 레이아웃에 배너를 삽입할 수 있다. 위젯으로 만들어진 배너는 배너 위젯이라고 칭하며, 배너 위젯의 크기, 위치, 링크영역 등을 설정하여 블로그 디자인을 보다 자유롭게 구성할 수 있다.

"쇼핑몰 블로그"는 배너 위젯을 활용하여 쇼핑몰 홈페이지와 유사한 디자인으로 구현하고, 그 기능이 동작할 수 있도록 제작하였다. 각 배너 위젯은 제 영역을 가지며, 그 안에 Adobe 드림위버를 사용해 링크영역을 지정하여 버튼에 해당하는 부분이 클릭 가능하도록 만들어 줄 것이다.

"쇼핑몰 블로그" 디자인에서 블로그 위젯에 해당하는 부분을 분할하여 저장한 "ban1.jpg", "ban2.jpg", "ban3.jpg", "ban4.jpg", "ban5.jpg", "ban6.jpg", "ban7.jpg", "ban8.jpg", "ban9.jpg", "ban10.jpg" 이미지들은 각 배너 위젯을 의미한다. 이 이미지들을 활용하여 각 배너 위젯의 영역과 링크의 위치를 HTML 언어로 코딩하여 위젯으로 만들기로 한다.

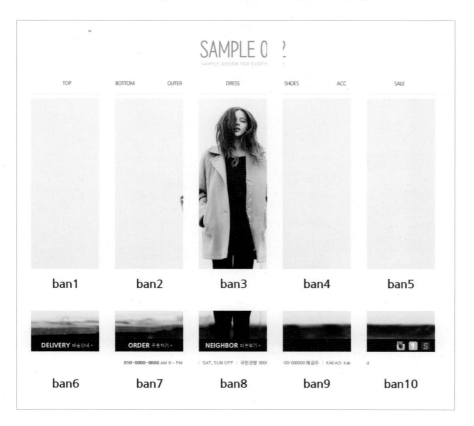

3-1. 배너 링크 가져오기

앞에서 디자인해서 만든 "쇼핑몰 블로그"는 제품 카테고리로 이동하는 링크와 메인 이미지 영역, 배송, 주문관련 링크와 이웃추가 링크, 인스타그램, 카카오스토리, 스마트스토어로 이동하는 링크로 구성되어 있다. 버튼으로 이동시키고자 하는 링크를 준비해보자. 윈도우 기본프로그램인 메모장을 열어 링크를 적어두기로 한다.

01 네이버에 로그인 후 정보영역의 [블로그] 버튼을 클릭하여 블로그 메뉴를 열고 하단의 [내 블로그]를 클릭해 운영중인 블로그로 이동한다. **❶**프로필 영역의 [관리] 버튼을 클릭하여 블로그 관리 페이지로 이동한다. 카테고리를 설정하기 위해 **❷**[메뉴 · 글 관리]–[메뉴관리]–[블로그] 메뉴로 이동한다.

02 **❶**[카테고리추가] 버튼으로 카테고리를 생성하고, **❷**생성한 카테고리를 클릭하면 **❸**카테고리명, 공개설정, 글보기방식 등의 세부 설정이 가능하다. 샘플에서의 카테고리의 설정은 아래와 같다. 카테고리 생성이 끝나면 하단의 [확인]을 눌러 블로그에 반영한다.

카테고리명	공개설정	글보기
NOTICE	공개	블로그형
주문안내	공개	블로그형
배송안내	공개	블로그형
입금자 확인	공개	블로그형
PRODUCT	공개	앨범형
TOP	공개	앨범형
BUTTOM	공개	앨범형
OUTER	공개	앨범형
DRESS	공개	앨범형
SHOES	공개	앨범형
ACC	공개	앨범형
SALE	공개	앨범형
DAILY	공개	앨범형
배너이미지	비공개	블로그형

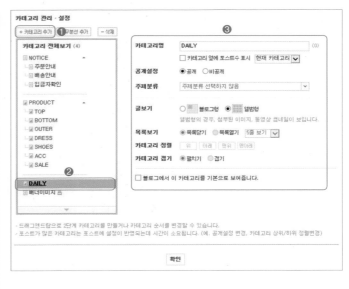

03 카테고리를 저장한 후 상단의 [내블로그]
를 클릭하여 블로그 메인으로 이동한다.

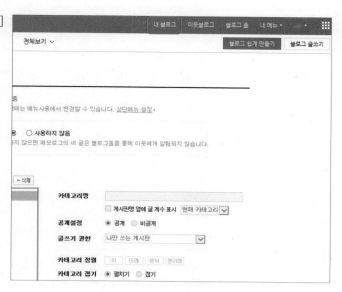

04 프롤로그 화면에서는 카테고리가 나타나지 않
으므로, ❶"블로그" 또는 "blog"를 클릭하여 이동
한다.

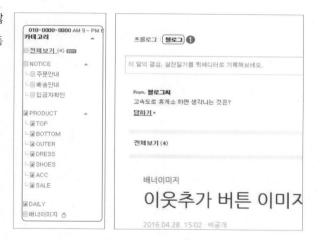

05 배너의 링크로 필요한 카테고리는 "TOP", "BOTTOM", "OUTER",
"DRESS", "SHOES", "ACC", "SALE"이다. ❶해당 카테고리 텍스트를 우클
릭하여 나오는 ❷메뉴 중 [속성]을 선택한다.

06 속성 중 ●"주소(URL)"의 값을 Ctrl + C 를 눌러 복사한 뒤 ❷메모장에 Ctrl + V 를 눌러 붙여넣자. 각 링크
를 구분할 수 있도록 ❸링크명을 함께 적어주는 것이 좋다.

07 "배송안내"에 대한 게시물을 작성한다. ●프로필영역의 [글쓰기] 버튼을 클릭한다. ❷배송안내에 대한 게시물을
입력한 후 ❸[발행] 버튼으로
게시물을 발행할 수 있다. 카
테고리는 "NOTICE"의 "배송
안내"로, 공개설정은 "전체공
개", "공지사항으로 등록하기"
에 체크한 후 ❹[발행하기] 버
튼을 클릭한다.

08 게시물을 발행하면 블로그 메인으로 돌아간다. SmartEditor ONE으로 작
성한 경우 포스트의 우측 [URL 복사] 버튼을 클릭하면 해당 게시물의 주소
를 복사 할 수 있으며, 이전 버전 에디터로 작성한 경우 우측에 게시물 주
소가 표시되고 [복사] 버튼을 클릭하여 해당 게시물의 주소를 복사할 수 있
다. 복사한 게시물의 URL을 메모
장에 붙여 넣자.

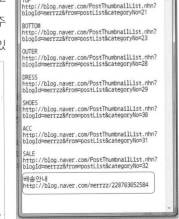

◆ SmartEditor ONE으로 작성한 경우

09 "주문하기"는 주문서 형태로 제작한 네이버 폼으로 연결하기로 한다. "Lesson 04 홈페이지형·쇼핑몰형 블로그마켓에 필요한 서비스 위젯 만들고 적용하기-3. 주문하기 기능 만들고 적용하기"를 참고하여 주문서를 만들고 [폼 보내기]-[공유하기]-[URL 복사]

메뉴를 누르고 주문서의 URL을 복사한 뒤 메모장에 붙여 넣는다.

10 "이웃맺기"는 클릭 시 이웃추가 화면으로 이동하도록 만든다. 이웃추가 화면의 URL은 다음과 같다. 여기서 "네이버아이디"부분에는 본인의 네이버 아이디를 입력하면 된다.

> "http://section.blog.naver.com/connect/
> PopConnectBuddyAddForm.nhn?blogId=네이버아
> 이디&widgetSeq=1"

11 이웃추가 기능이 동작하기 위해서는 "이웃커넥트" 위젯이 활성화 되어야 한다. ❶프로필 하단의 [관리]를 클릭하여 블로그 관리 페이지로 이동한다. ❷[꾸미기 설정]-[디자인 설정]-[레이아웃·위젯 설정]을 클릭한다.

12 우측의 "메뉴 사용 설정"에서 ●"이웃커넥트"를 체크
하여 활성화한다. 좌측 레이아웃 영역에 이웃커넥트
위젯이 만들어진 것을 볼 수 있
다. ●위젯을 포스트영역 아래로
드래그하여 위치를 변경한다.

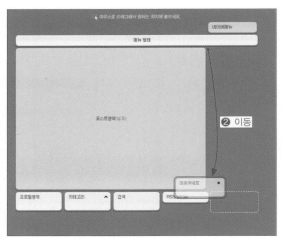

13 이웃커넥트 위젯의 설정이 끝나면 하단의 [적용] 버
튼을 클릭하여 변경을 완료한다.

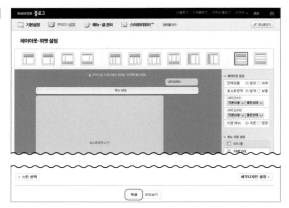

14 인스타그램 채널 URL을 가져오자. ●인스타그램 로그인 후 우측 [프로필] 버튼을 클릭하여 개인 페이지로 이동하면
●브라우저 주소창에서 자신의 인스타그램 계정 주소를 복사할 수 있다. ●복사한 계정 주소를 메모장에 붙여 넣자.

15 카카오스토리의 주소를 가져오자. 카카오스토리
(https://story.kakao.com)에 로그인 후 ❸우측 자신의
프로필 사진을 클릭한다.

16 프로필 사진을 클릭하면 내 스토리페이지로 이동하는데,
이때 ❶주소창의 URL이 자신의 카카오스토리 주소이다.
URL을 복사한 후 ❷메모장에 붙여넣자.

17 운영중인 스마트스토어의 주소를 가져온다. 스마트스토어센터
(http://sell.smartstore.naver.com)에 로그인 후 [스마트스토어관
리]-[스토어 관리]를 클릭하여 스토어 관리 페이지에서 스토어 URL
을 확인할 수 있다.
스토어 URL(주소)을
복사한 후 메모장에
붙여 넣자.

3-2. HTML 코딩하기

배너 위젯에 필요한 링크들을 메모장에 정리했다면, 드림위버를 사용해 배너 위젯의 HTML 코드를 작성하고, 각 링크영역에 복사해둔 링크를 붙여 클릭 시 이동이 가능하도록 만들기로 한다. HTML 코딩에 대한 지식이 없다 하더라도 Adobe사의 드림위버 프로그램을 사용하면 디자인하듯이 코드를 작성할 수 있다.

01 Adobe 드림위버를 실행하여 [파일]–[새 파일]로 새로운 작업 파일을 만든다. ❶문서 유형은 "HTML", ❷프레임워크는 "없음", ❸문서 유형은 "HTML5"로 설정한 후 ❹[만들기] 버튼을 클릭한다.

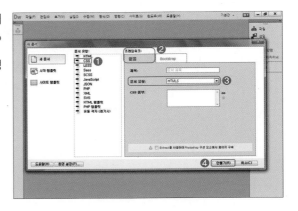

02 [코드 뷰 보기]를 클릭하여 코드 뷰로 이동한다.

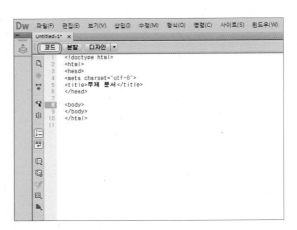

03 [삽입]–[이미지] 메뉴를 클릭한 후 전체 디자인에서 분할하여 이미지로 저장한 "ban1.jpg" 파일을 불러오자.

04 [삽입]–[이미지] 메뉴를 연속해서 클릭하여 "ban2.jpg", "ban3.jpg", "ban4.jpg", "ban5.jpg", "ban6.jpg", "ban7. jpg", "ban8.jpg", "ban9.jpg", "ban10.jpg"를 순서대로 불러온다. ❶[디자인 뷰 보기]를 클릭하면 HTML 코드가 출력하는 결과를 볼 수 있다.

◆ "ban1.jpg", "ban2.jpg", "ban3.jpg", "ban4.jpg", "ban5.jpg", "ban6.jpg", "ban7.jpg", "ban8.jpg", "ban9.jpg", "ban10.jpg"

◆ 디자인 뷰 보기 화면

05 디자인 뷰 보기 화면에서 아래와 같이 이미지가 이어져 보일 수도 있다. 모니터의 해상도에 맞춰 이미지를 최대한으로 보여주기 위한 것으로 정상적인 출력화면이다. 이때 디자인 뷰 보기에서 이미지를 임의로 정렬한다면 HTML 코드에 변형이 생기므로 이미지의 위치를 변경하지 않도록 한다.

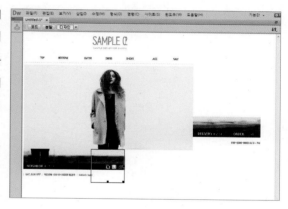

06 다시 ❶[코드 뷰 보기]를 클릭하여 HTML 코드를 보기 좋게 정리한다. 한 개의 이미지 태그는 〈img src="이미지경로" width="170" height="600" alt=""/〉로 이루어져 있다. 각 ❷이미지 태그가 끝나는 곳에서 [Enter]를 세 번씩 입력하여 코드를 나눠준다.

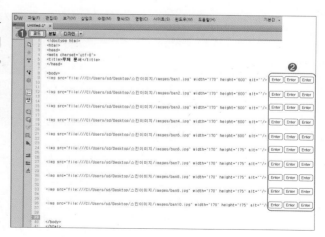

07 ❶[디자인 뷰 보기]로 이동하여 이미지맵 태그로 이미지에 클릭이 가능한 링크영역을 만들어 보자. 이미지맵 태그는 하나의 이미지에 다수의 클릭 가능한 영역(핫스팟)을 구현하는 태그이다. ❷[윈도우]-[속성] 메뉴를 클릭하여 속성 창을 활성화한다.

08 ❶속성 창의 상단 진한 회색 영역을 클릭한 채 드래그하면 창을 이동할 수 있다. ❷드림위버 하단으로 이동하여 하늘색 선이 나타나는 부분에 고정한다.

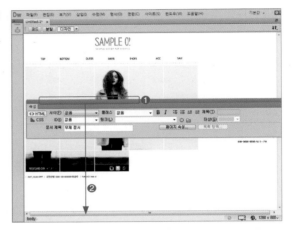

◆ 속성 창을 드림위버 하단으로 이동하면 하늘색 선이 나타난다.

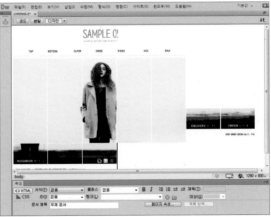

◆ 하단에 속성 창이 고정된 모습

09 속성 창은 HTML 요소들의 속성을 표시하고 변경할 수 있는 기능을 제공한다. ❶"ban1.jpg"를 클릭하면 ❷해당 이미지에 대한 속성값이 표시되는 것을 알 수 있다.

10 속성 창에서 ❶사각형 핫스팟 도구( )를 선택하여 이미지 내부에 핫스팟 링크를 만들어보자. 사각형 핫스팟 도구( )로 ❷"ban1.jpg"의 "TOP" 텍스트가 클릭될 수 있도록 사각형 영역을 만들어준다.

11 핫스팟 영역을 만들면 속성 창에서 핫스팟 영역의
속성을 설정할 수 있다. ❶링크의 "#"을 지우고 메모장
에서 TOP 카테고리의 URL을 복사하여 붙여 넣자. ❷
클릭 시 새 창이 열리지 않고 기존 창에서 바로 이동
할 수 있도록 대상은 "_top"으로 지정한다.

12 ❶"ban2.jpg"의 "BOTTOM" 텍스트가 클릭될 수 있
도록 ❷사각형 핫스팟 도구( )로 핫스팟을 만든 후
❸속성 창의 링크에는 BOTTOM 카테고리의 URL을
붙여 넣고, ❹대상은 "_top"으로 지정한다.

13 ❶"ban2.jpg"의 "OUTER" 텍스트 역시 클릭될 수 있
도록 ❷사각형 핫스팟 도구(🔲)로 핫스팟을 만든 후
❸속성 창의 링크에는 OUTER 카테고리의 URL을 붙
여 넣고, ❹대상은 "_top"으로 지정한다.

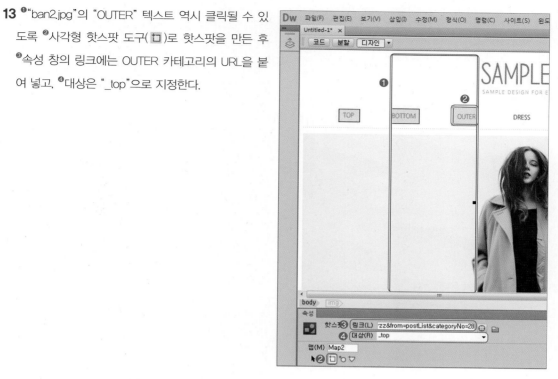

14 ❶"ban3.jpg"의 "DRESS" 텍스트 부분에 ❷사각형 핫
스팟 도구(🔲)로 핫스팟을 만든 후 ❸속성 창의 링크
에는 DRESS 카테고리의 URL을 붙여 넣고, ❹대상은
"_top"으로 지정한다.

15 [●]"ban4.jpg"의 "SHOES" 텍스트 부분에 [●]사각형 핫
스팟 도구(💾)로 핫스팟을 만든 후 [●]속성 창의 링크
에는 SHOES 카테고리의 URL을 붙여넣고, [●]대상은
"_top"으로 지정한다.

16 [●]"ban4.jpg"의 "ACC" 텍스트에 [●]핫스팟 도구(💾)
로 핫스팟을 만든 후 [●]속성 창의 링크에는 ACC 카
테고리의 URL을 붙여넣고, [●]대상은 "_top"으로 지정
한다.

17 [●]"ban5.jpg"의 "SALE" 텍스트에 [●]사각형 핫스팟
도구(💾)로 핫스팟을 만든 후 [●]속성 창의 링크에는
SALE 카테고리의 URL을 붙여넣고, [●]대상은 "_top"
으로 지정한다.

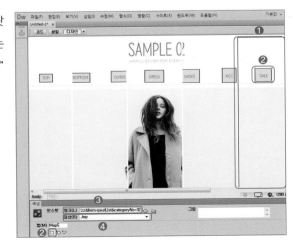

18 ●카테고리 텍스트의 링크 설정이 완료되었다. 이번
에는 "ban6.jpg"의 "배송안내" 텍스트가 클릭될 수
있도록 ❷사각형 핫스팟 도구(☐)로 핫스팟 영역을
만들어준다. ❸속성 창에서 링크는 배송안내 게시물
의 URL로 변경하고, ❹대상은 "_top"으로 지정한다.

19 ●"ban7.jpg"의 "주문하기" 텍스트 역시 버튼처럼
클릭 될 수 있도록 ❷사각형 핫스팟 도구(☐)로 핫
스팟 영역을 만들어주자. ❸속성 창에서 링크는 네
이버 폼 "주문서"의 URL로 변경하고, ❹대상은 "_
blank"으로 지정하여 새 창에서 주문서 폼이 열릴
수 있도록 한다.

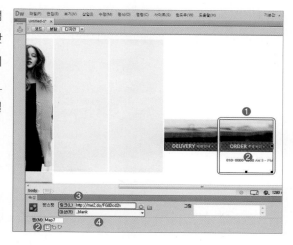

20 ●"ban8.jpg"의 "이웃맺기" 텍스트는 클릭 시 이웃
추가 안내창이 열리도록 만들자. ❷사각형 핫스팟 도
구(☐)로 사각형 핫스팟을 만들고 ❸링크는 메모장
에 붙여둔 이웃추가 안내창의 URL로, ❹대상은 "_
blank"로 지정한다.

21 [●]"ban9.jpg"에는 링크가 필요 없으므로 핫스팟을 만들지 않는다. "ban9.jpg"로 제작한 위젯은 레이아웃에서 이미지 크기만큼의 영역을 갖게 될 것이다.

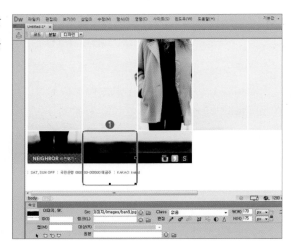

22 [●]"ban10.jpg"에는 세 개의 링크가 들어간다. 먼저 ^❷사각형 핫스팟 도구(▭)로 "인스타그램" 아이콘 위에 사각형 핫스팟 영역을 만들고, ^❸링크에는 인스타그램 계정의 주소를 넣고 ^❹대상은 "_blank"로 지정한다.

23 [●]"ban10.jpg"의 ^❷"카카오스토리" 아이콘에 사각형 핫스팟 영역을 만들고, ^❸링크에는 메모장에 붙여둔 카카오스토리 계정의 주소를 넣고, ^❹대상은 "_blank"로 지정한다.

24 ❶"ban10.jpg"의 ❷"스마트스토어" 아이콘에 사각형 핫스
팟 영역을 만들고, ❸링크에는 메모장에 붙여둔 스마트스
토어 주소를 넣고 ❹대상은 "_blank"로 지정한다.

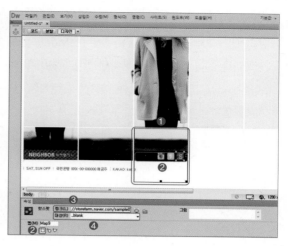

25 이미지맵을 사용해 "ban1.
jpg"~"ban10.jpg"의 링크 영
역 지정이 완료되었다. ❶[코드
뷰 보기]를 클릭하여 HTML로
작성된 코드를 확인한다. 각
위젯 코드를 미리 단락으로
나누었기 때문에 구분하기가
쉽다. 각 단락은 하나의 블로
그 위젯 영역이다.

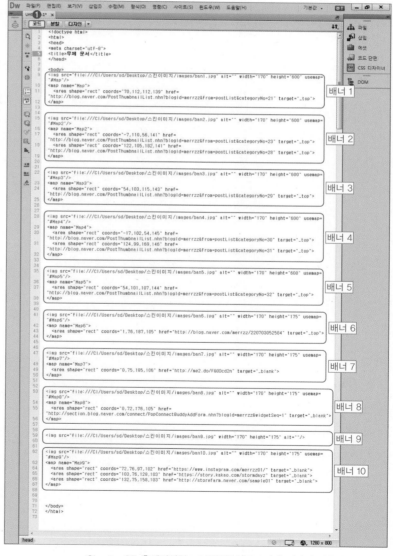

26 위젯을 블로그 스킨 배경 위에 겹쳐지게 배치하기
위해 "ban1.jpg"~"ban10.jpg"를 투명한 이미지로 변
경하기로 한다. 포토샵을 실행하고 [파일(File)]–[새로
만들기(New)] 메뉴를 클릭한 후 새로 만들기 창에 각
항목들을 다음과 같이 작성한 후 [확인]을 누른다.

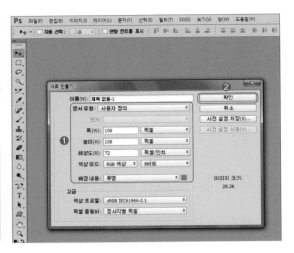

> 문서 유형 : 사용자 정의
> 폭 : 100 픽셀
> 높이 100 픽셀
> 해상도 72 픽셀/인치
> 색상 모드 : RGB 색상 / 8비트
> 배경 내용 : 투명

27 투명한 배경으로 생성된 문서를 그대로 이미지로 저장한다. [파일(File)]–[내보내기(Export)]–[웹용으로 저장
(Save for Web)] 메뉴를 클릭한다.

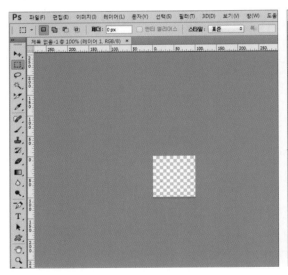

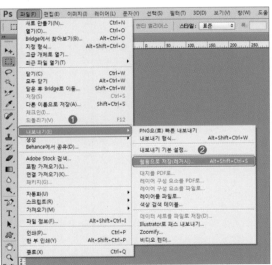

28 저장 옵션이 열리면 ❶압축 형식은 "gif", ❷"고감도"
를 선택하고 ❸"투명도"에 체크하여 투명한 gif 이미
지 파일로 저장한다. ❹[저장] 버튼을 눌러 블로그 스
킨 이미지들을 저장한 폴더 내의 "images" 폴더에
"banner"라는 이름으로 저장한다.

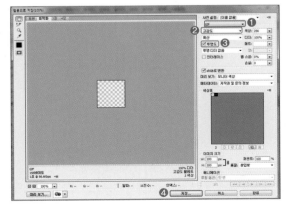

29 제작한 투명한 이미지를 웹상에 업로드하여 고유 경로를 만들기로 한다. 네이버에 로그인 후 ❶정보 영역의 [블로그] 메뉴를 열고 ❷[내 블로그]를 클릭하여 내 블로그로 이동한다. ❸프로필 영역의 [글쓰기]를 클릭하여 이미지를 게시물로 업로드 한다.

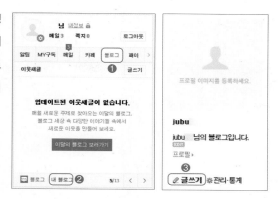

30 SmartEditor ONE의 컴포넌트 중 ❶사진 버튼(🖼)을 클릭해 "banner.gif" 이미지를 업로드한다. 게시물의 제목은 "투명 배너 이미지"로 입력한 뒤 ❷[발행] 버튼을 눌러 발행한다. ❸비공개 카테고리인 "배너이미지" 카테고리를 선택하고 ❹[발행하기]를 클릭한다.

31 등록된 ❶"투명 배너 이미지" 게시물의 내용 영역을 드래그하면 투명한 이미지인 "banner.gif"가 파란색으로 표시될 것이다. ❷"banner.gif"의 영역을 우클릭하여 ❸[속성] 메뉴를 열어보자.

32 "banner.gif"의 속성 중 ❶"주소(URL)"의 값을 Ctrl+C를 눌러 복사하여 ❷메모장에 Ctrl+V를 눌러 붙여 넣는다.

33 다시 드림위버의 작업 문서로 돌아와서 "ban1.jpg"~"ban10.jpg"의 이미지경로를 "banner.gif"의 주소(URL)로 바꿔준다.

```
<img src="file:///C|/Users/sd/Desktop/스킨이미지/images/ban1.jpg" alt="" width="170"
height="600" usemap="#Map"/>
```

위 코드에서 file:///C|/Users/sd/Desktop/스킨이미지/images/ban1.jpg를 메모장에 복사해둔 투명한 이미지의
주소값으로 변경한다.

```
<img src="http://postfiles16.naver.net/20160508_63/merrzz_14627105721435WuRy_GIF/
banner.gif?type=w966" alt="" width="170" height="600" usemap="#Map"/>
```

```
<img src="file:///C|/Users/sd/Desktop/스킨이미지/images/ban1.jpg" alt="" width="170" height="600" usemap=
"#Map"/>
<map name="Map">
  <area shape="rect" coords="70,112,112,139" href=
"http://blog.naver.com/PostThumbnailList.nhn?blogId=merrzz&from=postList&categoryNo=21" target="_top">
</map>
```

◆ 변경 전 1

```
<img src="http://postfiles16.naver.net/20160508_63/merrzz_14627105721435WuRy_GIF/banner.gif?type=w966" alt=""
 width="170" height="600" usemap="#Map"/>
<map name="Map">
  <area shape="rect" coords="70,112,112,139" href=
"http://blog.naver.com/PostThumbnailList.nhn?blogId=merrzz&from=postList&categoryNo=21" target="_top">
</map>
```

◆ 변경 후 1_"ban1.jpg"의 이미지 경로 변경

```
<img src="file:///C|/Users/sd/Desktop/스킨이미지/images/ban2.jpg" alt="" width="170" height="600" usemap=
"#Map2"/>
<map name="Map2">
  <area shape="rect" coords="-7,110,56,141" href=
"http://blog.naver.com/PostThumbnailList.nhn?blogId=merrzz&from=postList&categoryNo=23" target="_top">
  <area shape="rect" coords="122,105,182,141" href=
"http://blog.naver.com/PostThumbnailList.nhn?blogId=merrzz&from=postList&categoryNo=28" target="_top">
</map>
```

◆ 변경 전 2

```
<img src="http://postfiles16.naver.net/20160508_63/merrzz_14627105721435WuRy_GIF/banner.gif?type=w966" alt=""
width="170" height="600" usemap="#Map2"/>
<map name="Map2">
  <area shape="rect" coords="-7,110,56,141" href=
"http://blog.naver.com/PostThumbnailList.nhn?blogId=merrzz&from=postList&categoryNo=23" target="_top">
  <area shape="rect" coords="122,105,182,141" href=
"http://blog.naver.com/PostThumbnailList.nhn?blogId=merrzz&from=postList&categoryNo=28" target="_top">
</map>
```

◆ 변경 후 2_"ban2.jpg"의 이미지 경로 변경

```
<img src="file:///C|/Users/sd/Desktop/스킨이미지/images/ban3.jpg" alt="" width="170" height="600" usemap=
"#Map3"/>
<map name="Map3">
  <area shape="rect" coords="54,103,115,143" href=
"http://blog.naver.com/PostThumbnailList.nhn?blogId=merrzz&from=postList&categoryNo=29" target="_top">
</map>
```

◆ 변경 전 3

```
<img src="http://postfiles16.naver.net/20160508_63/merrzz_14627105721435WuRy_GIF/banner.gif?type=w966" alt=""
width="170" height="600" usemap="#Map3"/>
<map name="Map3">
  <area shape="rect" coords="54,103,115,143" href=
"http://blog.naver.com/PostThumbnailList.nhn?blogId=merrzz&from=postList&categoryNo=29" target="_top">
</map>
```

◆ 변경 후 3_"ban3.jpg"의 이미지 경로 변경

```
<img src="file:///C|/Users/sd/Desktop/스킨이미지/images/ban4.jpg" alt="" width="170" height="600" usemap=
"#Map4"/>
<map name="Map4">
  <area shape="rect" coords="-17,102,54,145" href=
"http://blog.naver.com/PostThumbnailList.nhn?blogId=merrzz&from=postList&categoryNo=30" target="_top">
  <area shape="rect" coords="124,99,169,146" href=
"http://blog.naver.com/PostThumbnailList.nhn?blogId=merrzz&from=postList&categoryNo=31" target="_top">
</map>
```

◆ 변경 전 4

```
<img src="http://postfiles16.naver.net/20160508_63/merrzz_14627105721435WuRy_GIF/banner.gif?type=w966" alt=""
width="170" height="600" usemap="#Map4"/>
<map name="Map4">
  <area shape="rect" coords="-17,102,54,145" href=
"http://blog.naver.com/PostThumbnailList.nhn?blogId=merrzz&from=postList&categoryNo=30" target="_top">
  <area shape="rect" coords="124,99,169,146" href=
"http://blog.naver.com/PostThumbnailList.nhn?blogId=merrzz&from=postList&categoryNo=31" target="_top">
</map>
```

◆ 변경 후 4_"ban4.jpg"의 이미지 경로 변경

```
<img src="file:///C|/Users/sd/Desktop/스킨이미지/images/ban5.jpg" alt="" width="170" height="600" usemap=
"#Map5"/>
<map name="Map5">
  <area shape="rect" coords="54,101,107,144" href=
"http://blog.naver.com/PostThumbnailList.nhn?blogId=merrzz&from=postList&categoryNo=32" target="_top">
</map>
```

◆ 변경 전 5

```
<img src="http://postfiles16.naver.net/20160508_63/merrzz_14627105721435WuRy_GIF/banner.gif?type=w966" alt=""
width="170" height="600" usemap="#Map5"/>
<map name="Map5">
  <area shape="rect" coords="54,101,107,144" href=
"http://blog.naver.com/PostThumbnailList.nhn?blogId=merrzz&from=postList&categoryNo=32" target="_top">
</map>
```

◆ 변경 후 5_"ban5.jpg"의 이미지 경로 변경

```
<img src="file:///C|/Users/sd/Desktop/스킨이미지/images/ban6.jpg" alt="" width="170" height="175" usemap=
"#Map6"/>
<map name="Map6">
  <area shape="rect" coords="1,76,187,105" href="http://blog.naver.com/merrzz/220703052584" target="_top">
</map>
```

◆ 변경 전 6

```
<img src="http://postfiles16.naver.net/20160508_63/merrzz_14627105721435WuRy_GIF/banner.gif?type=w966" alt=""
  width="170" height="175" usemap="#Map6"/>
<map name="Map6">
  <area shape="rect" coords="1,76,187,105" href="http://blog.naver.com/merrzz/220703052584" target="_top">
</map>
```

◆ 변경 후 6_"ban6.jpg"의 이미지 경로 변경

```
<img src="file:///C|/Users/sd/Desktop/스킨이미지/images/ban7.jpg" alt="" width="170" height="175" usemap=
"#Map7"/>
<map name="Map7">
  <area shape="rect" coords="0,75,185,106" href="http://me2.do/F6ODcd2n" target="_blank">
</map>
```

◆ 변경 전 7

```
<img src="http://postfiles16.naver.net/20160508_63/merrzz_14627105721435WuRy_GIF/banner.gif?type=w966" alt=""
  width="170" height="175" usemap="#Map7"/>
<map name="Map7">
  <area shape="rect" coords="0,75,185,106" href="http://me2.do/F6ODcd2n" target="_blank">
</map>
```

◆ 변경 후 7_"ban7.jpg"의 이미지 경로 변경

```
<img src="file:///C|/Users/sd/Desktop/스킨이미지/images/ban8.jpg" alt="" width="170" height="175" usemap=
"#Map8"/>
<map name="Map8">
  <area shape="rect" coords="0,72,176,105" href=
"http://section.blog.naver.com/connect/PopConnectBuddyAddForm.nhn?blogId=merrzz&widgetSeq=1" target="_blank">
</map>
```

◆ 변경 전 8

```
<img src="http://postfiles16.naver.net/20160508_63/merrzz_14627105721435WuRy_GIF/banner.gif?type=w966" alt=""
  width="170" height="175" usemap="#Map8"/>
<map name="Map8">
  <area shape="rect" coords="0,72,176,105" href=
"http://section.blog.naver.com/connect/PopConnectBuddyAddForm.nhn?blogId=merrzz&widgetSeq=1" target="_blank">
</map>
```

◆ 변경 후 8_"ban8.jpg"의 이미지 경로 변경

```
<img src="file:///C|/Users/sd/Desktop/스킨이미지/images/ban9.jpg" width="170" height="175" alt=""/>
```

◆ 변경 전 9

```
<img src="http://postfiles16.naver.net/20160508_63/merrzz_14627105721435WuRy_GIF/banner.gif?type=w966" width=
"170" height="175" alt=""/>
```

◆ 변경 후 9_"ban9.jpg"의 이미지 경로 변경

```
<img src="file:///C|/Users/sd/Desktop/스킨이미지/images/ban10.jpg" alt="" width="170" height="175" usemap=
"#Map9"/>
<map name="Map9">
  <area shape="rect" coords="72,76,97,102" href="https://www.instagram.com/merrzz01/" target="_blank">
  <area shape="rect" coords="103,76,128,103" href="https://story.kakao.com/stormdayz" target="_blank">
  <area shape="rect" coords="132,75,158,103" href="http://storefarm.naver.com/sample01" target="_blank">
</map>
```

◆ 변경 전 10

```
<img src="http://postfiles16.naver.net/20160508_63/merrzz_14627105721435WuRy_GIF/banner.gif?type=w966" alt=""
  width="170" height="175" usemap="#Map9"/>
<map name="Map9">
  <area shape="rect" coords="72,76,97,102" href="https://www.instagram.com/merrzz01/" target="_blank">
  <area shape="rect" coords="103,76,128,103" href="https://story.kakao.com/stormdayz" target="_blank">
  <area shape="rect" coords="132,75,158,103" href="http://storefarm.naver.com/sample01" target="_blank">
</map>
```

◆ 변경 후 10_"ban10.jpg"의 이미지 경로 변

34 총 10개의 이미지 경로를 투명한 gif 이미지 경로로
바꿔주면 위젯등록을 위한 코드가 완성된다. ❶"디자
인 뷰"로 이동하여 ❷이미지가 모두 투명하게 바뀐
것을 확인한다.

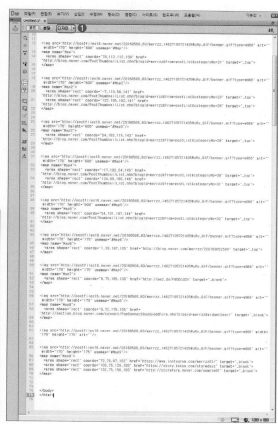

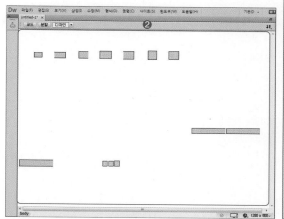

3-3. 위젯으로 설정하기

배너 위젯을 투명한 이미지로 변경하면 블로그에 설정한 스킨 위에 겹치도록 배치할 수 있다. 드림
위버로 작성한 코드를 블로그에 배너 위젯으로 등록하여 디자인 적용을 마무리한다.

01 네이버에 로그인 후 정보 영역의 [블로그] 메뉴를 열고 [내 블로그]를 클릭하여 내 블로그로 이동한다. ❶프로필 영

역의 [관리]를 클릭하여 블로그 관리 페이지로 이동한
다. ❷[꾸미기 설정]-[디자인 설정]-[레이아웃 · 위젯 설
정]을 클릭한다. ❸우측의 "위젯 사용 설정" 탭 아래의
[위젯직접등록] 버튼을 클릭하여
직접 제작한 위젯을 등록하여
사용할 수 있다.

02 위젯 직접등록 창이 열리면 ❶위젯명은 "배너1"로 지정하고 ❷위젯 코드 입력란에 드림위버에서 작성한 첫 번째 배너 위젯 코드를 복사하여 붙여 넣는다. ❸[다음] 버튼을 클릭하여 위젯의 적용 모습을 확인 할 수 있다. 투명한 위젯이므로 ❹위젯의 사이즈만 확인한 뒤 [등록] 버튼으로 위젯을 등록한다.

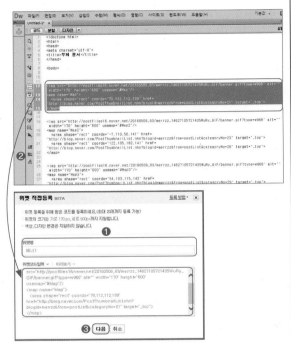

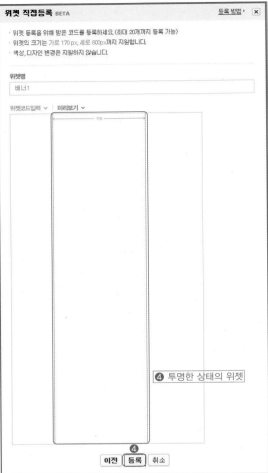

03 다시 우측 "위젯 사용 설정" 탭 아래의 [위젯직접등록] 버튼을 클릭한다.

04 드림위버에서 제작한 위젯 중 ❶두 번째 위젯을 복사하여 위젯 코드 입력란에 붙여 넣는다. ❷위젯명은 "배너2"로 입력한다. ❸[다음] 버튼을 클릭하여 위젯을 미리보기로 확인한 후 [등록] 버튼을 클릭하여 위젯을 등록한다.

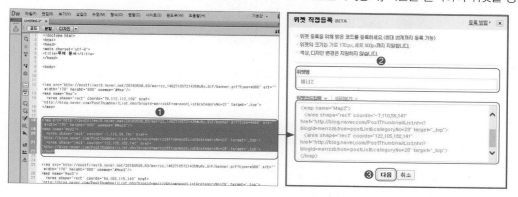

05 다시 우측 "위젯 사용 설정" 탭 아래의 [위젯직접등록] 버튼을 클릭하고 ❶드림위버에서 제작한 위젯 중 세 번째 위젯을 복사하여 위젯 코드 입력란에 붙여넣는다. ❷위젯명은 "배너3"으로 입력한다. ❸[다음] 버튼을 클릭하여 위젯을 미리보기로 확인한 후 [등록] 버튼을 클릭하여 위젯을 등록한다.

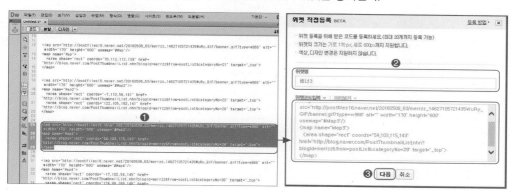

06 다시 우측 "위젯 사용 설정" 탭 아래의 [위젯직접등록] 버튼을 클릭하고 ❶드림위버에서 제작한 위젯 중 네 번째 위젯을 복사하여 위젯 코드 입력란에 붙여 넣는다. ❷위젯명은 "배너4"로 입력한다. ❸[다음] 버튼을 클릭하여 위젯을 미리보기로 확인한 후 [등록] 버튼을 클릭하여 위젯을 등록한다.

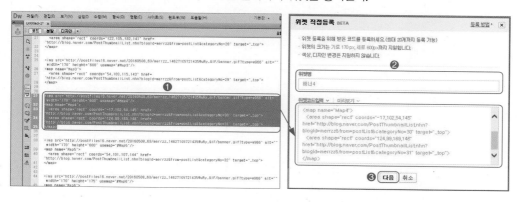

07 다시 우측 "위젯 사용 설정" 탭 아래의 [위젯직접등록] 버튼을 클릭하고 ❶드림위버에서 제작한 위젯 중 다섯 번째 위젯을 복사하여 위젯 코드 입력란에 붙여 넣는다. ❷위젯명은 "배너5"로 입력한다. ❸[다음] 버튼을 클릭하여 위젯을 미리보기로 확인한 후 [등록] 버튼을 클릭하여 위젯을 등록한다.

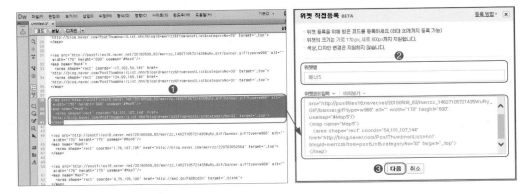

08 다시 우측 "위젯 사용 설정" 탭 아래의 [위젯직접등록] 버튼을 클릭하고 ❶드림위버에서 제작한 위젯 중 여섯 번째 위젯을 복사하여 위젯 코드 입력란에 붙여 넣는다. ❷위젯명은 "배너6"으로 입력한다. ❸[다음] 버튼을 클릭 하여 위젯을 미리보기로 확인한 후 [등록] 버튼을 클릭하여 위젯을 등록한다.

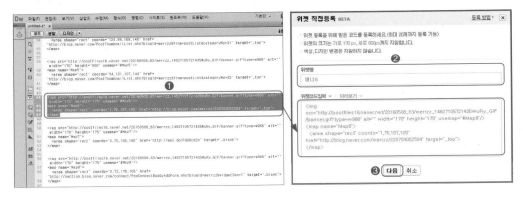

09 다시 우측 "위젯 사용 설정" 탭 아래의 [위젯직접등록] 버튼을 클릭하고 드림위버에서 제작한 위젯 중 일곱 번 째 위젯을 복사하여 위젯 코드 입력란에 붙여 넣는다. ❷위젯명은 "배너7"로 입력한다. ❸[다음] 버튼을 클릭하여 위젯을 미리보기로 확인한 후 [등록] 버튼을 클릭하여 위젯을 등록한다.

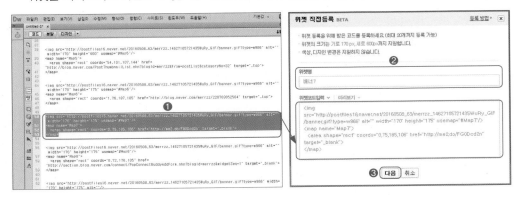

10 다시 우측 "위젯 사용 설정" 탭 아래의 [위젯직접등록] 버튼을 클릭하고 ❶드림위버에서 제작한 위젯 중 여덟 번째 위젯을 복사하여 위젯 코드 입력란에 붙여 넣는다. ❷위젯명은 "배너8"로 입력한다. ❸[다음] 버튼을 클릭하여 위젯을 미리보기로 확인한 후 [등록] 버튼을 클릭하여 위젯을 등록한다.

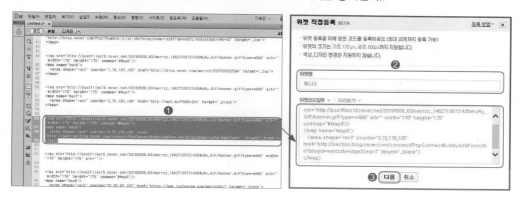

11 다시 우측 "위젯 사용 설정" 탭 아래의 [위젯직접등록] 버튼을 클릭하고 ❶드림위버에서 제작한 위젯 중 아홉 번째 위젯을 복사하여 위젯 코드 입력란에 붙여 넣는다. ❷위젯명은 "배너9"로 입력한다. ❸[다음] 버튼을 클릭하여 위젯을 미리보기로 확인한 후 [등록] 버튼을 클릭하여 위젯을 등록한다.

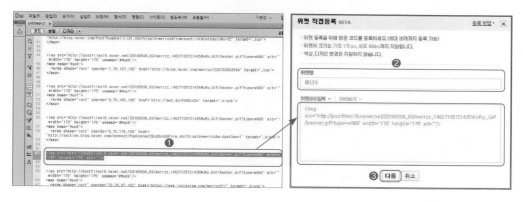

12 다시 우측 "위젯 사용 설정" 탭 아래의 [위젯직접등록] 버튼을 클릭하고 ❶드림위버에서 제작한 위젯 중 열 번째 위젯을 복사하여 위젯 코드 입력란에 붙여 넣는다. ❷위젯명은 "배너10"으로 입력한다. ❸[다음] 버튼을 클릭하여 위젯을 미리보기로 확인한 후 [등록] 버튼을 클릭하여 위젯을 등록한다.

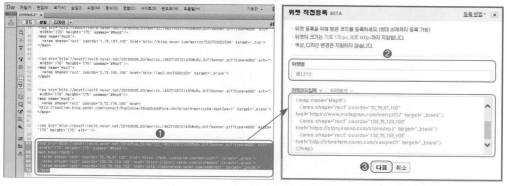

13 등록한 "배너1", "배너2", "배너3", "배너4", "배너5", "배너6", "배너7", "배너8", "배너9", "배너10" 위젯은 레이아웃 편집 영역에서 확인할 수 있다.

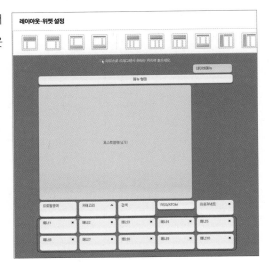

14 "배너1" 위젯을 클릭한 채로 드래그하여 "메뉴 형태"와 "포스트영역" 사이의 공간에 배치한다.

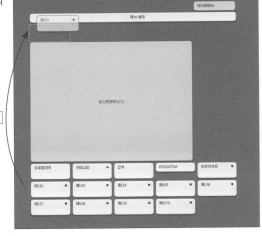

15 "배너2", "배너3", "배너4", "배너5" 위젯도 순서대로 클릭 앤드래그하여 한 줄로 배열한다.

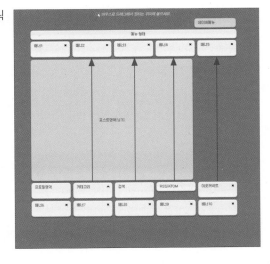

16 "배너6" 위젯을 클릭한 채로 드래그하여 "배너1"~"배너
5" 아래에 배치한다.

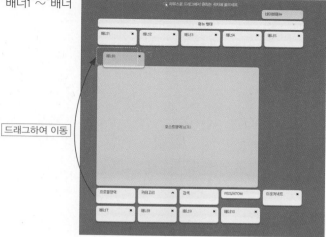

드래그하여 이동

17 "배너7", "배너8", "배너9", "배너10" 위젯도 순서대로 클
릭앤드래그하여 "배너6" 위젯 우측에 한 줄로 배열한다.

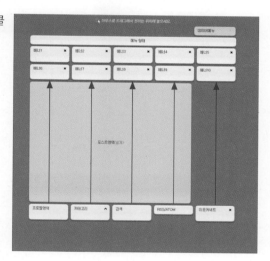

18 배너의 위치 지정이 끝나면 하단의 [적용] 버튼을 클
릭하여 레이아웃을 블로그에 적용한다.

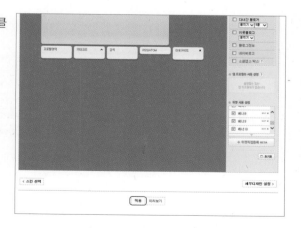

19 레이아웃을 적용하면 블로그 메인으로 자동 이동한다. 위젯이 블로그 스킨에 맞게 잘 적용되었는지와 각 배너 위젯 클릭 시 링크 이동이 원활한지를 확인한다.

LESSON

03

블로그마켓 모바일앱 커버 사진 만들기

1. 블로그마켓 모바일앱 커버 사진이란?

네이버 블로그는 PC 버전과 모바일 버전이 나누어져 있어 PC로
접속할 때와 모바일로 접속할 때의 UI가 다르다. 각 기기에 맞게
최적화되어있기 때문이다.

앞 장에서는 PC화면에서의 블로그 디자인에 대해 알아보았다.
PC 버전에서는 블로그의 스킨과 위젯, 블로그 기능들이 한 화면
에서 모두 노출되지만 모바일 버전은 작은 스마트 기기에서 블로
그 이용을 할 수 있도록 스킨대신 모바일앱 커버 사진 한 장과 포
스트목록으로 간단하게 구성되어 있다.

모바일앱 커버 사진은 블로그의 스킨과는 별개로 직접 등록하는
이미지를 의미하며, 모바일기기에서 블로그에 접속 시 상단에 블
로그 제목과 함께 보이는 이미지이다.

모바일기기로 접속하는 방문자에게 블로그의 스킨을 모두 보여
줄 수는 없으나, 내 블로그를 소개하는 한 장의 이미지로 개성 있
는 블로그를 만들어 보도록 한다.

◆ 네이버 블로그 앱에서 보여지는 내 블로그

2. 블로그마켓 모바일앱 커버 사진 만들기

모바일앱 커버 사진은 지정된 사이즈가 없으며, 접속하는 기기의 해상도에 따라 이미지가 잘려 보일 수 있다. 또한 블로그 제목, 프로필사진, 방문자수, 이웃 및 블로그 기능 관련 버튼이 커버 사진 위에 겹쳐지고, 자동으로 약간 어둡게 처리되는 등의 불편함이 있다. 이러한 제약사항들을 고려하여 가장 권장하는 모바일앱 커버 사진을 만들어 보도록 하자.

네이버에서는 가로 : 세로 = 1 : 1.2의 비율일 경우 정상적인 노출이 가능하다고 제안한다. 따라서 화질을 유지하면서도 여러 모바일 기기에서 최대한 정상적으로 보일 수 있도록 가로 960px, 세로 1152px로 작업하려한다.

블로그 앱으로 접속 시 모바일 앱 커버 스타일 변경 기능으로 다양한 형태로 커버 사진을 변경할 수 있으나, 본 샘플에서는 기본으로 세팅되는 커버 1번 스타일에 맞게 제작할 것이다.

◆ 블로그 앱의 커버 스타일 변경 화면

01 포토샵을 실행한 후 [파일(File)]-[새로만들기(New)] 메뉴를 클릭한 후 ❶새로 만들기 창에 각 항목들을 다음과 같이 작성한 후 ❷[확인]을 누른다.

> 문서 유형 : 사용자 정의
> 폭 : 960 픽셀
> 높이 : 1152 픽셀
> 해상도 : 72 픽셀/인치
> 색상 모드 : RGB 색상 8비트
> 배경 내용 : 투명

02 눈금자를 활성화하여 표시자를 직접 그려보자. [보기(View)]-[표시자(Extras)], [보기(View)]-[눈금자(Rulers)]메뉴를 클릭하여 체크한다. ❶눈금자를 클릭한 채로 드래그하여 표시자를 직접 만들 수 있다. ❷상단에서 105px 떨어진 위치에 표시자를 만들어보자. 우측 "정보" 창에서 표시자의 높이를 확인할 수 있다.

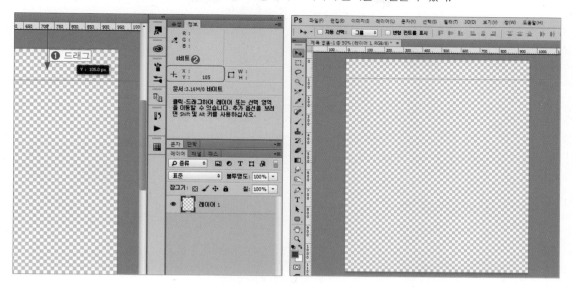

03 표시자가 그려진 세로 105px의 영역에는 블로그의 메뉴 버튼이 위치한다. 다시 ❶눈금자를 클릭한 채로 드래그하여 상단에서 530px 떨어진 위치에 표시자를 만들어보자. ❷우측 "정보" 창에서 표시자의 높이를 확인할 수 있다.

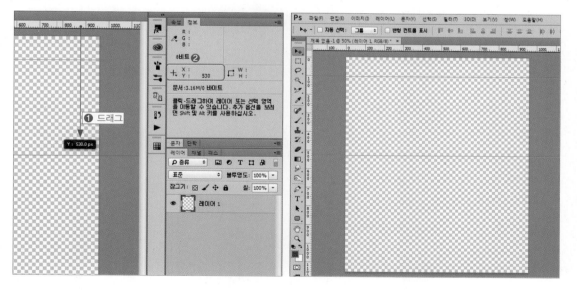

04 새로운 표시자의 아래로는 블로그 정보가 들어간다. 따라서 실제로 모바일앱 커버 사진이 제대로 보이는 영역은 두 표시자 사이의 공간으로 볼 수 있다. 특별히 노출하고자 하는 이미지, 또는 소개글이 있다면 이 영역에 위치하도록 배치하는 것이 좋으며, 사용하는 모바일 기기에 따라 커버 사진이 잘려 나오기 때문에 텍스트는 너무 크거나 길지 않게 작성하도록 하자. [파일(File)]–[열기(Open)] 메뉴를 클릭한 후 모바일앱의 배경으로 사용하고자 하는 이미지를 불러오자. 블로그 스킨의 메인이미지를 사용하는 것도 통일감이 있어 좋다. 샘플에서는 첨부 파일 중 "sample2–bg.jpg"를 사용하였다.

05 불러온 이미지를 ❶ Ctrl + A 를 눌러 전체 영역을 선택한 후 Ctrl + C 를 눌러 복사한 뒤, ❷작업파일에 Ctrl + V 를 눌러 붙여넣는다.

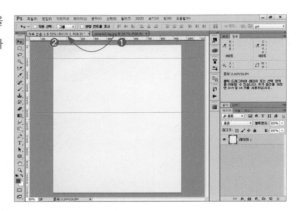

06 붙여 넣은 이미지의 위치를 조정한다. [편집(Edit)]–[자유 변형(Free Transform)] 메뉴를 클릭한 후 이미지를 드래그하여 위치를 이동할 수 있다. 또는 ❶상단의 자유변형도구 옵션에서 X축과 Y축을 직접 지정할 수도 있다. 샘플에서는 이미지의 모델이 우측에 올 수 있도록 X축은 "774.00px", Y축은 "512.00px"로 지정하였다. 편집이 끝나면 Enter 를 눌러 변형사항을 저장한다.

07 모바일앱 커버 사진에 텍스트를 입력해보자. ❶수
평 문자 도구(T)를 선택하고 ❷표시자 사이의 영
역을 클릭하여 텍스트를 입력할 수 있다. 여기서는
"SAMPLE DESIGN FOR EVERYONE"을 입력해 보
았다.

08 가독성 좋게 텍스트의 속성을 변경해보자. ❶텍스
트가 적힌 레이어를 선택하고 ❷"문자"탭에서 텍
스트 속성을 변경한다. 글꼴은 "나눔바른펜 Bold",
크기 "90pt", 행간 설정 "100pt", 자간 "-50", 색
상 "#681a0c", 앤티 앨리어싱 방법 설정 "선명하게
(Sharp)"로 지정한다.

나눔고딕 폰트는 "http://hangeul.naver.com/2016/
nanum"에서 다운로드가 가능하다.

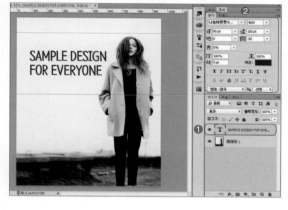

09 텍스트의 속성 변경이 끝나면 텍스트가 표시자 사
이에 위치될 수 있도록 이동 도구(▸╋)를 선택한
뒤 텍스트를 이동한다. [편집(Edit)]-[자유 변형(Free
Transform)] 메뉴를 클릭하면 ❶우측 [정보] 탭에
서 정확한 위치를 확인할 수 있다. 샘플에서는 X축
"75px", Y축 "186"px에 위치시켰다. 위치 지정이 끝
나면 Enter 를 눌러 편집을 저장한다.

10 작업 파일을 모바일앱 커버 사진으로 사용할 수 있도록 이미지로 저장하기로 한다. [파일(File)]–[내보내기 (Export)]–[웹용으로 저장(Save for Web)] 메뉴를 클릭한다. PNG 파일로 저장하는 것이 화질 손상을 최소화할 수 있다. ❶저장 옵션 창에서 압축 옵션은 "PNG–24" 로 지정한 뒤 ❷[저장] 버튼으로 저장한다. ❸저장 시 좌측 하단의 이미지 정보를 참고하여 이미지 용량이 10MB를 넘지 않도록 주의한다.

◆ 저장된 모바일앱 커버 사진

3. 모바일앱 커버 사진 설정하기

저장한 이미지는 PC 또는 블로그 앱에서 모바일앱 커버 사진으로 등록할 수 있다. 간단한 설정 방법을 알아보고, 여러 모바일기기에서 노출되는 화면을 확인하기로 한다.

01 네이버에 로그인 후 정보 영역의 [블로그] 메뉴를 열고 [내 블로그]를 클릭하여 내 블로그로 이동한다. ❶프로필 영역의 [관리]를 클릭하여 블로그 관리 페이지로 이동한다. ❷[기본설정]–[기본정보 관리]–[블로그 정보]를 클릭하여 이동한다.

02 "블로그 정보"에서는 블로그에 대한 정보를 입력하고 설정할 수 있다. ❶"모바일앱 커버 사진" 항목의 [등록] 버튼을 클릭하여 저장한 이미지를 업로드한다. 이미지 등록을 마치면 ❷하단의 [확인] 버튼을 클릭하여 변경된 사항을 적용한다.

03 이번에는 네이버 블로그 앱에서 모바일앱 커버 사진으로 등록하는 방법을 알아보자. 애플 앱스토어 또는 구글 플레이에서 "네이버 블로그"앱을 다운받은 후 실행한 뒤 블로그 아이디로 로그인한다. 블로그 앱의 기본 시작화면은 이웃들의 새글 목록을 보여준다.

04 ❶앱 하단의 [내블로그] 버튼을 터치하여 내 블로그로 이동한다. 모바일 버전에서는 PC에서 제작한 스킨 및 위젯 없이 모바일앱 커버 사진으로만 장식된 것을 알 수 있다. ❷[홈편집] 버튼을 터치한다.

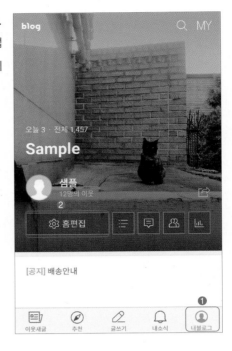

05 "홈편집" 메뉴에서는 모바일 버전 블로그의 커버 사진을 등록하거나 커버 스타일, 블로그 제목 및 별명, 프로필 이미지를 변경할 수 있다. ❶[이미지 변경] 버튼을 터치하여 제작한 이미지를 등록하기로 한다. (제작한 모바일앱 커버 사진은 미리 휴대기기에 전송하도록 하자) 커버 사진 선택 화면에서는 ❷[촬영 또는 앨범에서 선택]을 터치하여 휴대기기에 저장한 모바일앱 커버 사진을 첨부한다.

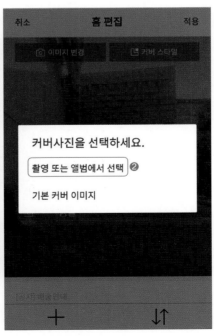

06 모바일앱 커버 사진을 첨부한 후 [●][커버 스타일] 버튼을 터치하여 ^❷커버 스타일을 "커버 1"으로 선택한 뒤 ^❸
[확인]을 터치한다. 편집이 끝나면 [●][적용] 버튼을 터치하여 완료한다.

◆ 네이버 블로그 앱에서의 모바일 화면

07 모바일 버전 네이버 블로그의 주소는 "http://m.blog.naver.com/
블로그아이디"이지만 모바일 기기의 브라우저로 PC 버전의 주소
인 "http://blog.naver.com/블로그아이디"로 접속해도 자동으로 모
바일 버전으로 연결된다. 모바일 크롬 브라우저로 블로그에 접속
해 보았다.

08 PC에서도 모바일 버전의 블로그 주소인 "http://m.blog.naver.com/블로그아이디"를 주소창에 입력하여 모바일 블로그에 접속할 수 있다. 크롬, 오페라, 파이어폭스 등의 브라우저로 접속이 가능하며 인터넷 익스플로러는 11 이상의 버전에서 모바일 버전 접속이 가능하다.

◆ 인터넷 익스플로러 화면　　　◆ 크롬 화면　　　◆ 오페라 화면　　　◆ 파이어폭스화면

09 여러 모바일기기에서 보이는 화면을 확인하고자 한다면, 카카오에서 제공하는 Troy 애플리케이션을 사용할 수 있다. 크롬 브라우저에서 "http://troy.labs.daum.net"으로 접속한다.

10 ❶Troy 애플리케이션 내의 주소창에 "http://m.blog.naver.com/블로그아이디"를 입력한 뒤 ❷좌측에서 원하는 기기를 선택하면 해당 기기에서 보이는 모바일 화면을 확인 할 수 있다.

Special Page

'별사탕과 단추똥꼬'
블로그마켓 인터뷰

블로그 주소 : http://blog.naver.com/speed1976
스마트스토어 : http://storefarm.naver.com/
danchoohole

Q1 '별사탕 단추똥꼬' 블로그는?

'별사탕 단추똥꼬' 블로그는 저와 아내의 함께 꾸며나가며 소소한 일상, 관심 분야의 이야기를 공유하는 공간입니다. 제가 관심이 많은 금속 부자재와 아내가 관심이 많은 음악 그리고 우리 가족들의 소소하고 일상적인 일들을 공유하는 공간입니다.

Q2 '별사탕 단추똥꼬' 블로그 스토리는?

블로그는 제가 운영하는 도매 매장 운영에 도움이 될 것 같아서 시작하였습니다.

저는 동대문 금속 부자재(단추) 도매 매장(동화상가 1층 5동 20호 엘림)을 운영하기 때문에 블로그에 발행하는 포스트의 주제는 도트 단추(링, 스프링, 마이깡), 가시도트 단추, 리벳 단추, 흔들이 단추(청단추), 각종 금속 장식 등 대부분 의류나 가방에 들어가는 금속 부자재 관련 내용이었습니다.

하지만 이런 정보성 포스팅만으로는 바로 구매 반응을 일으키지 못했습니다. 미처 '블로그는 꾸준함이다'라는 것을 깨닫지 못했던 것이었죠. 운영 초기에는 반응을 느끼지 못하기도 했고 오프라인 매장 업무를 병행하다 보니 일에 치여 잠시 휴식기를 갖게 되었습니다.

그리고 몇 개월이 지났고 글쓰기를 좋아했던 별사탕양(아내의 블로그 별명)의 도움으로 2016년 1월부터 본격적으로 블로그를 다시 시작하게 되었습니다. 아내는 피아노학원을 운영하였기에 이와 음악 관련 포스트를 발행했습니다. 얼핏 '금속 부자재'와 '음악'이라는 주제가 어울리지 않을 것 같지만, 블로그를 물건만 파는 곳이 아니라 우리 가족의 소소한 일상들도 공유할 수 있는 공간이어야 한다는 마음으로 운영하고 있습니다.

꾸준히 블로그 포스트를 발행하고 이웃을 관리해준 별사탕양의 노력으로 블로그 방문자도 꾸준히 늘어나게 되었고, 포스트로 발행한 부자재 물품에 관해 문의하시거나 구매하시는 분들도 조금씩 생겨났습니다.

처음에는 도매로 물건을 구매하시거나, 의류 제작 관련업에 종사하시는 분들이 대부분이었습니다. 입소문이 나기 시작하더니 최근에는 소매로 구매하시는 분들도 늘어나게 되었고, 현재는 도매와 소매 판매를 병행하고 있습니다.

Q3 블로그에 아이템을 소개하는 글을 작성할 때 가장 중요하게 생각하는 부분은 무엇인가요?

오프라인 매장을 방문하는 고객을 통해서 겪은 경험, 제품 하나하나마다 가지고 있는 특징, 사용상의 장단점 등을 고객 관점에서 포스팅해야 합니다.

제가 판매하는 금속 부자재는 주로 옷을 제작하는 일을 하시는 분들이 구입하기 때문에 최대한 그분들 입장에서 포스팅하려고 노력합니다. 단순히 상품 판매만을 위한다면 블로그보다는 쇼핑몰을 하는게 유리하다고 생각합니다. 블로그마켓의 포스트는 쇼핑몰의 상품상세 페이지와 차별화되어 접근해야 된다고 생각합니다.

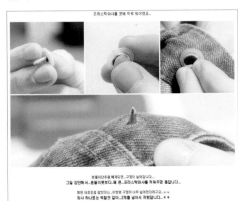

프라스틱와샤를 못에 끼워 넣어봤죠...

흔들이단추를 빼겠다면...구멍이 넓어집니다.
그걸 감안해서...흔들이보았다.왜 콩...프라스틱와샤를 끼워주면 좋답니다...

망사 내울은점 알려드니..이번엔 구멍이 너무 넓어질라구요..ㅜㅜ
망사 하나로는 박할것 같아..2개를 넣어서 끼웠답니다..*♡

판매하는 상품에 대한 지식이 아무리 많다고 하더라도 판매자의 입장으로 쓰게 되면 구매는 고사하고 고객의 공감조차 얻을 수 없게 됩니다. 포스팅 전에 블로그를 하는 이유가 무엇인가를 곰곰이 생각해봐야 하는 이유이기도 하구요. 공감하지 않는 포스팅은 판매자가 일방적 지식 전달에 불과합니다.

Q4 글이나 소재에 사용되는 사진 촬영은 주로 어떤 장비를 이용하시나요?
초창기에는 DSLR 카메라를 이용해서 제품 촬영했지만, 최근에는 휴대폰과 DSLR 카메라를 병행해서 이용합니다. 최근 출시되는 휴대폰들은 워낙 고해상도를 지원하고 다양한 카메라 기능 때문에 높은 퀄리티의 제품 사진을 얻을 수도 있거든요. 그리고 일상적인 포스팅 촬영 시 휴대가 간편하기 때문에 특별한 제품사진 이외에는 대부분 휴대폰 카메라를 이용해서 촬영합니다.

Q5 고객들의 상품 결제 방식은?
블로그마켓을 통해서 도매로 구입을 하시는 분들은 거의 대부분 계좌이체를 이용합니다. 소매로 구입을 하시는 분들은 계좌이체 뿐만 아니라 페이앱의 주문서 시스템인 블로그페이(blogpay) 결제시스템을 이용하여 신용카드와 휴대폰 결제 방식을 이용합니다. 최근에는 스마트스토어를 개설하여 편리하게 다양한 결제방식을 이용할 수 있도록 하였습니다.

Q6 고객 문의 및 상담은?
블로그마켓이나 스마트스토어 등 온라인채널을 통해 구입하시려는 분들은 대부분 카카오톡으로 문의하시구요. 자세한 추가 설명이 필요한 고객들은 전화로 상담합니다.

Q7 예비 블로그마켓 운영자에게 한 마디
블로그마켓은 상품을 판매하는 공간입니다. 하지만 단순히 상품만을 판매하려고 하지 말고 블로거 본인의 일상을 나눈다는 느낌을 가지고 진심으로 글을 쓰고 이웃들에게 다가가는 게 가장 중요합니다. 블로그를 처음 시작할 때 이웃 한분이 하셨던 말씀이 있는데...

"진심은 마음도 검색한다."

저는 블로그마켓을 운영하면서 항상 마음속에 담고 있는 글귀이고 실천하려고 노력합니다.

구매력 높이는 글쓰기

포스트 주제와 소재 만들기

1. 주제와 소재의 차이점 이해하기

초보 블로그들이 가장 많이 하는 질문 중 한 가지는 "무엇을 써야 하나요?"이다. 하지만 글에 대해서 너무 부담 가질 필요는 없다.

글을 쓰기 위해 가정 먼저 '주제'와 '소재'를 명확히 결정하면 된다. 만약 글의 주제와 소재가 분명하지 않으면 몇 줄 쓰기도 힘들 뿐만 아니라 '꾸준함'을 실천하기 힘들기 때문이다. 결국 "무엇을 써야 하나요?"라는 고민에 빠지게 된다.

주제와 소재의 의미를 요리에 비유해보자. 당면을 이용해서 잡채를 한다면 당면은 잡채를 만들기 위한 소재일 뿐이고 잡채가 주제에 해당한다. 그러므로 당면(소재)을 이용해서 요리를 만들어 보라고 전달할 줄 수는 있지만, 잡채밥(주제)을 만들 것인지 비빔면(주제)을 만들 것인지는 요리사(블로그 운영자)가 결정해야 한다.

일반적으로 블로그의 포스트는 크게 메인 주제와 서브 주제로 나누어 작성한다.

메인 주제는 블로그의 컨셉을 '가장 잘 나타낼 수 있는 소재로 구성되고, 서브 주제는 메인 주제 이외 소재로 운영자가 관심있는 소재, 일상적인 일들의 소재, 이벤트 내용 등으로 구성된다. 다음은 샌드위치를 판매하는 블로그마켓과 여성의류를 판매하는 블로그마켓의 주제와 소재를 분류한 사례이다.

블로그마켓	주제	소재
샌드위치 판매 블로그마켓	메인 주제	판매하는 샌드위치 상품 상세페이지 포스트, 구매 및 결제 관련 포스트
	서브 주제 1	샌드위치 이야기(샌드위치 재료들의 건강에 이로운 점, 인스턴트 식품의 나쁜 점, 아이들의 건강 이야기 등)
	서브 주제 2	운영자의 진솔한 일상적인 이야기
여성의류 판매 블로그마켓	메인 주제	판매하는 여성의류 상품 상세페이지 포스트, 구매 및 결제 관련 포스트
	서브 주제 1	패션 트렌드 이야기
	서브 주제 2	운영자의 진솔한 이야기

2. 키워드로 주제와 소재를 만드는 방법

글을 쓰기 위한 키워드가 결정되었다면 그 키워드를 주제와 소재로 분류해야 합니다. 예를 들어 '캠핑여행', '캠핑카', '텐트', '캠핑요리' 등을 핵심 키워드로 선정했다고 가정해보자.

캠핑여행은 주제가 되고, 캠핑카, 텐트소재, 캠핑요리는 소재가 된다.

주제	소재	포스트 내용
	▼	▼
	캠핑카	캠핑카에서 하루 밤은 영원히 잊지 못할 캠핑여행이었다.
캠핑여행	캠핑장	새로 구입한 텐트를 치고 가평 캠핑장에서 즐거운 캠핑여행을 했다.
	캠핑요리	캠핑여행을 더욱 즐겁게 만드는 것은 캠핑요리, 그 중에서 삼겹살이 최고다.

'캠핑여행'이라는 주제, '캠핑카'라는 소재, '캠핑장'이라는 소재, '캠핑요리'라는 소재의 글을 시리즈로 작성할 수 있다.

예를 들어 캠핑용품을 판매하는 ABC 블로그마켓에서 '캠핑여행 제대로 즐기는 법'에 대한 글을 시리즈로 작성한다고 가정해보자.

첫 번째 포스트의 제목은 '**캠핑카로 캠핑여행 떠나보자**'

두 번째 포스트 제목은 '**이번 여름 캠핑여행은 가평 캠핑장으로 고고씽**'

세 번째 포스트 제목은 '**캠핑여행의 꽃 캠핑요리, 바비큐 레시피 공개**'로 작성합니다.

첫 번째 포스트의 핵심 키워드는 **캠핑카**, 두 번째 포스트의 핵심 키워드는 **캠핑장**, 세 번째 포스트의 핵심 키워드는 **캠핑 요리**가 되고 시리즈 글에 공통적으로 사용된 대표 키워드는 **캠핑여행**이 된다.

이처럼 글을 쓰기 전에 체계적으로 주제와 소재를 선정한 후 작성하면 키워드를 중복해서 사용하는 것을 사전에 방지할 수 있어 유사문서 발행에 따른 블로그가 저품질에 빠지는 것을 방지할 수 있다. 또한, 각 키워드의 검색 상위 노출 현황을 체계적으로 관리할 수 있다.

다음은 ㅇㅇㅇ수제도시락 블로그마켓의 주제와 소재 사례이다.

ㅇㅇㅇ도시락 게시판에 2,725건의 포스트가 등록되어 있다. 이 게시판은 ㅇㅇㅇ수제도시락 주문 이야기가 주제이고, 주문한 곳마다 이야기가 소재가 된다.

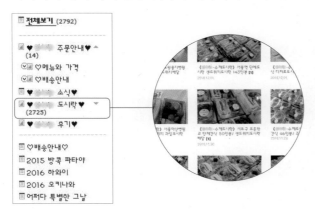

운영 목적에 따라 메인 주제와 서브 주제는 변경될 수 있다. 만약 패션 트렌드에 관한 정보를 공유하는 것이 1차적 목적이고, 가끔 관련 상품을 공동구매로 운영한다면 메인 주제는 패션 트렌드에 관한 내용이 메인 주제가 될 것이다.

LESSON 02

주제에 따라 분류되는 카테고리

1. 주제로 분류되는 블로그마켓 카테고리

블로그마켓의 카테고리를 만들 때는 고객의 접근성을 고려하여 앞서 설명한 메인 주제와 서브 주제로 분류한다. 주제별로 구분하여 메인 카테고리와 서브 카테고리로 만들면 블로거들이 관심 있는 포스트를 찾기가 쉬워진다. 또한 "운영자 관점보다는 구독자 관점에서 만들어라", 이 원칙을 지키면 좋은 카테고리를 만들 수 있다.

다음 블로그마켓 카테고리의 공통된 특징은 블로그마켓 상품 관련 게시판(❶)과 정보성 게시판(❷), 블로그 운영자의 일상적인 소소한 이야기를 담은 공감 게시판(❸), 이벤트, 기타 등 다양한 이야기를 담은 홍보성 게시판(❹)을 서로 구분하여 구성했다는 점이다.

◆ 그림 1   ◆ 그림 2   ◆ 그림 3

2. 핵심 카테고리는 위젯으로 만들어라

블로그마켓 중에서 홈페이지형 디자인으로 제작한 경우가 많다. 홈페이지형 디자인은 고객의 접근성을 고려하여 제작할 수 있으므로 수익형 블로그마켓에게 적합하다. 홈페이지형 디자인은 카테고리의 핵심 게시판을 클릭 한 번으로 고객이 원하는 곳으로 바로 접근할 수 있도록 배너 형식으로 디자인한 후 링크를 설정할 수 있다.

다음은 단추똥꼬 패션 부자재 전문 블로그마켓의 메인 화면이다. 블로그마켓의 핵심 내용인 부자재 목록(❶), 부자재 소개(❷), 단추똥꼬 이야기(❸)를 각각의 배너로 만들어 접근하기 쉽게 제작하였다.

다음은 더지미 패션 전문 블로그마켓의 메인 화면이다. 메인 화면 상단은 메인 카테고리(❶)와 서브 카테고리(❷)의 세부 게시판 등 카테고리 핵심 게시판은 위젯을 만들어 바로 접근할 수 있도록 링크를 설정하였다.

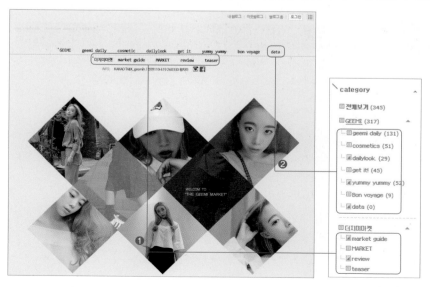

다음은 순정에 끌리다 패션 블로그마켓이다. 상품 관련 카테고리(❶), 패션 정보(❷), 운영자 일상(❸)과 관련된 카테고리로 바로 이동할 수 있도록 배치하였고, 카드 결제 등이 가능한 쇼핑몰인 순정에 끌리다 스마트스토어(❹)으로 바로 이동할 수 있도록 위젯 링크를 배치하였다.

단추똥꼬 패션 부자재 전문 블로그마켓이나 더지미 패션 전문 블로그마켓, 순정에 끌리다 패션 전문 블로그마켓 모두 운영자의 편리성보다 고객의 편의성을 고려하여 블로그마켓 메인 화면을 디자인하였다는 특징이 있다.

TIP | 블로그의 주제가 중요한 또 다른 이유

블로그의 주제는 네이버 검색랭킹 알고리즘 중 하나인 C-Rank 알고리즘에 의한 블로그의 신뢰도의 판단 기준이 되기도 한다. 즉 등산 포스트는 '이미용 전문 블로그'보다는 '산학 전문 블로그'에서 발행하는 것이 더 신뢰도가 높으며 검색 노출에도 유리하다.

"이 블로그가 얼마나 하나의 주제대 대해서 오랫동안 집중해서 운영해 왔느냐?" 이다.
블로그의 다양한 게시판을 운영하는 것도 중요하지만 어떤 주제에 전문 블로그가 될 수 있도록 운영해야 한다. 블로그의 주제는 블로그 카테고리 구성 계획 시 블로그마켓의 컨셉을 반영한 내용을 담을 카테고리인 메인 카테고리의 분류와도 밀접한 연관성이 있다. '블로그의 주제-메인 카테고리-연관 포스트'가 블로그마켓 운영과 관련된 콘텐츠의 핵심 사항이며, 신뢰도와도 밀집한 관련이 있다.

LESSON

키워드의 숨은 본질을 파악하라

1. 상품 상세페이지 포스팅을 위한 키워드 수집하기

잘 파는 블로그마켓들의 포스팅에는 몇 가지 공통적인 특징이 있다. 특히 매출을 올리는 포스팅에는 고객이 간절히 찾고 싶은 키워드가 반드시 포함되어 있다는 점이다. 고객이 간절히 원하는 키워드, 즉 이웃들이 제품을 찾기 위해 주로 검색하는 키워드를 찾아내는 것이 중요하다. 블로그마켓 홍보의 핵심은 '검색'이다. 블로그마켓의 신규 고객은 대부분 검색 포털사이트의 검색을 통해서 유입되기 때문이다.

"검색은 키워드이다."

어떤 키워드를 사용하여 포스팅하느냐에 따라 블로그마켓으로 유입되는 사람의 숫자가 달라진다. 그러므로 상품명은 물론 포스팅의 제목과 내용에도 고객이 찾는 키워드가 반영되어야 한다. 수익형 블로그마켓은 유입된 고객을 구매 고객으로 전환시키는 것이 목적이기 때문에 블로그로 유입되는 고객 숫자의 증가에도 불구하고 구매로 전환되지 않는다면 포스팅과 운영상의 문제점 등에 대한 분석이 필요하다.

블로그마켓의 상품 상세페이지 포스팅을 잘 기획하려면

"고객은 어떤 키워드로 내 제품을 검색하는가?"

에 대한 분석이 선행되어야 한다. 단, 키워드는 '고객의 관점'에서 분석해야 한다.
'가발' 키워드의 검색 결과를 예로 들어보자.
블로그 탭의 검색 상위에 노출된 대부분의 글은 남자 탈모에 의한 미용 가발 관련된 내용이다.

"가발" 키워드를 검색한 사람의 관점에서 생각해보자. 검색자는 자신이 검색창에 입력한 키워드(여기서는 "가발")에는 큰 관심이 없다. 관심사의 본질은 "가발" 키워드가 포함된 숨겨진 검색 의도이다. 그 검색 의도를 얼마나 잘 분석하여 고객의 욕구를 만족스럽게 반영하는가에 따라 구매전환율이 달라진다.

만약 "가발" 키워드의 검색자가 10대 여성이고, 검색 의도는 패션용 가발을 구매하고 싶어서였다면 어떤 키워드로 검색했을까? "10대여성 가발", "패션 가발", "10대여성 패션 가발" 등 아마도 이런 키워드로 검색했을 것이다.

즉, 검색자의 관점에서 키워드 뒤에 숨겨진 검색 의도를 파악하는 것이 중요하다는 것이다. 검색자의 숨은 의도를 파악하는 요소는 아래의 물음에 답할 수 있으면 대략 파악될 수 있다. 물론 제품이나 서비스의 특징에 따라 아래 물음 이외의 다양한 물음이 존재할 수 있다.

"왜 이 키워드를 검색했을까?"
"고민하는 것은 무엇일까?"
"무엇을 해결해 주어야 할까?"

즉,

"키워드 – 검색자 – 검색 의도"

이 관계를 얼마나 잘 분석하고 키워드를 추출하는가는 전환율 높은 포스팅의 가장 첫걸음이다.

2. 키워드 이해하기

키워드는 크게 대표 키워드, 세부 키워드로 구분할 수 있다. 대표 키워드와 세부 키워드 외 브랜드 키워드, 핵심 키워드, 주변 키워드, 확장 키워드, 시즌 키워드, 기념일 키워드, 이슈 키워드 등 목적성에 따라 다양한 키워드로 분류되지만 블로그마켓 운영자의 입장에서 보면 크게 다음 그림과 같이 대표 키워드와 세부 키워드로 구분할 수 있다.

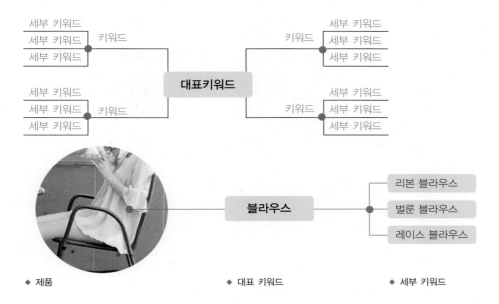

◆ 제품   ◆ 대표 키워드   ◆ 세부 키워드

대표 키워드와 세부 키워드 분류의 기준은 '고객의 관점'이다. 키워드의 숨은 이면에는 고객의 관심사가 담겨 있기 때문이다.

※ 만약 블로그마켓 운영자가 지역 기반 마켓을 운영한다면 대표 키워드와 세부 키워드 이외 지역 키워드를 추가로 분류할 수 있다. 예를 들면 "강남역 성형외과", "부산 남포동 돼지국밥" 등이 지역 키워드에 해당된다. 또한 브랜드나 상호 기반 마켓을 운영한다면 "브랜드 키워드"를 추가로 분류할 수 있다. 예를 들면 "3대천왕 돼지국밥", "먹거리x파일 돼지국밥" 등이 브랜드 키워드에 해당한다.

3. 빅데이터로 구매전환율 높은 검색어 수집하기

고객들은 어떤 검색어에 관심이 있는지 고객 검색어를 수집하는 방법에 대해서 알아보자. 고객들이 자주 검색하는 키워드가 무엇인지 제대로 파악하고, 그에 맞는 키워드를 수집하는 것이 중요하다.

"키워드 조회수와 구매전환율은 반드시 비례하지는 않는다."

조회수가 많은 키워드라도 고객의 니즈가 없다면 구매로 이어지지 않으며, 단순히 정보를 얻기 위해 검색하는 것이다. '벌꿀'과 '벌꿀가격' 키워드 중 '벌꿀' 키워드의 조회수가 높은 것이다. 하지만 '벌꿀' 키워드는 벌꿀 먹는법, 벌꿀 효능, 벌꿀 재배 방법 등 검색자의 의도가 다양하다.

반면 '벌꿀가격' 키워드는 벌꿀을 구매할 의사가 있는 사람이 가격을 비교해보는 의도가 다분하다. 만약 양봉관련 블로그마켓에서 벌꿀을 판매할 포스팅을 작성할 계획이라면 키워드 조회수가 높은 '벌꿀' 키워드보다는 '벌꿀가격' 키워드를 사용하는 것이 구매전환율이 높다.

네이버 데이터랩을 이용하면 최근 고객들에게 이슈가 되고 있는 트렌드는 무엇인지와 그날의 트렌드를 파악할 수 있다. 네이버 데이터랩이란 검색어 데이터를 기반으로 각 분야별, 지역별, 타깃별 인기 키워드와 검색량 변화를 확인할 수 있는 서비스이다.

01 네이버 데이터랩(https://datalab.naver.com)에 접속한다. 쇼핑 분야별 클릭 추이와 분야별 검색어 현황을 확인할 수 있는 [쇼핑인사이트] 메뉴를 클릭한다. '분야통계'에서는 다양한 분야에서 클릭이 발생한 검색어의 클릭량 추이 및 연령별/성별 정보를 상세하게 조회할 수 있고, '검색어 통계'에서는 검색어를 조회한 연령별/성별 정보를 확인할 수 있다.

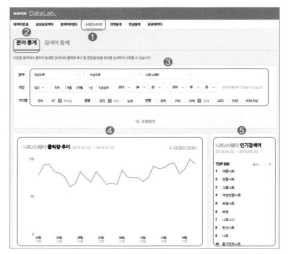

02 [지역통계] 메뉴를 클릭하면 업종별 검색 사용자수 및 지역별 관심도를 파악할 수 있다. 또한 카드 사용 통계 자료도 파악할 수 있다. 지역별 타깃이 중요한 블로그마켓 운영자의 경우 업종별로 어떤 키워드의 검색이 어떤 지역에서 많이 일어나고 있는지, 지역별 인기 업종이 무엇인지 파악할 수 있고, 카드 결제(2019년 05월 BC 카드 결제 기준) 데이터 기준으로 지역별, 업종별, 연령별, 성별 카드 사용내역 정보를 파악할 수 있다.

03 [검색어트렌드] 메뉴를 클릭하면 네이버통합검색에서 특정 검색어가 얼마나 많이 검색되었는지 확인할 수 있다. 궁금한 주제어를 입력한다. 주제어 1~5 입력 상자에 '리본블라우스', '벌룬블라우스', '레이스블라우스', '쉬폰블라우스', '숄더블라우스' 주제어를 입력하고 기간, 범위, 성별, 연령대 등을 설정한 후 [네이버 검색 데이터 조회] 버튼을 클릭하면 주제어의 월별 검색 트렌드 결과 그래프가 표시된다.

 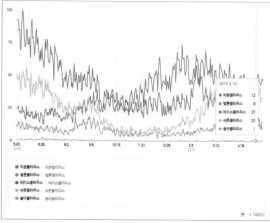

04 [쇼핑인사이트] 메뉴를 클릭하면 다양한 분야에서 클릭이 발생한 검색어의 클릭량 추이 및 연령별/성별 정보를 상세하게 조회할 수 있다. 분야, 기간, 기기, 성별, 연령 등을 선택한 후 [조회하기]를 클릭한다.

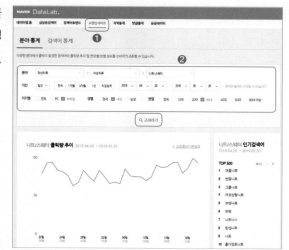

4. 구매력 높은 키워드 선택하기

구매력 높은 키워드는 앞서 얘기한 것과 유사하지만, 조회수에 너무 현혹될 필요는 없다. 조회수가 많으면 검색하는 사람들이 많다는 것이고, 반대로 말하면 경쟁자가 많다는 것이다. 경쟁자가 많아지면 상대적으로 검색 상위 노출 유지기간이 짧아지게 된다는 것을 의미한다.

'항공권' 키워드의 월간 검색수(PC+모바일)는 약 41만 (❶)건, 반면 '항공권싸게사는법' 키워드는 약 1만 건(❷) 정도밖에 안 된다.

전체추가	연관키워드 ⑦		월간검색수 ⑦	
			PC ⬍	모바일 ⬍
추가	항공권 ❶		166,600	234,500
추가	항공권싸게사는법 ❷		4,590	5,140

'항공권'을 검색하는 사람은 항공권 날짜 및 시간 조회, 가격 조회 등 정보를 얻기 위한 사람들이 포함 되어 있다. 반면 '항공권싸게사는법'을 검색하는 사람은 항공권을 구매하기 위함이다. 항공권싸게사는법을 검색하는 사람은 확실한 구매 의사가 있지만 저렴하게 구매하고 싶은 니즈가 있는 것이다. 만약 '○○항공권땡처리'라고 한다면 많은 사람은 구매할 것이다. 즉 키워드에 따라 고객의 구매 니즈가 있을 수도 있고 없을 수도 있다. 고객의 니즈를 제대로 파악했다면 구매 니즈를 충족시킬 수 있는 키워드를 선택해야 구매전환율을 높일 수 있다.

5. 내 제품에 최적화된 키워드 찾기

제품이나 서비스 또는 매장을 홍보하는 포스팅을 위한 키워드 선정 시 경쟁률이 치열한 키워드를 섣불리 공략하면 포털 사이트 블로그 탭의 뒷 페이지에만 노출되어 홍보 효과를 전혀 기대할 수 없는 결과를 낳을 수도 있다. 경쟁률이 치열한 대표 키워드가 아닌 제품과 어울리는 세부 키워드를 잘 수집하는 것은 상품 상세페이지 포스트에 최적화된 키워드 전략의 시작점이다.
내 제품에 최적화된 검색어를 수집하는 가장 손쉬운 곳은 네이버의 광고 관리 시스템이다.

01 네이버 광고 사이트(http://searchad.naver.com/)에 접속한다. 네이버 광고 사이트는 광고주로 가입해야 접속이 가능하다. 아이디와 패스워드를 입력한 후 로그인한다. 만약 가입하지 않은 상태라면 [신규가입]을 클릭하여 가입한다.

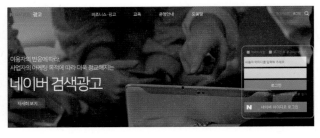

※ 네이버 ID가 있어도 광고 계정 가입은 별도로 해야 되며, 가입 시 기입한 메일로 로그인 후 승인을 거쳐야 최종 가입이 완료된다. 사업자, 개인 모두 가능하며, 사업자인 경우 사업자등록번호가 필요하고, 개인인 경우 본인 인증을 거쳐야 한다.

02 네이버 광고 현황 페이지 상단의 [광고시스템]을 클릭한다.

03 [도구]–[키워드 도구] 메뉴를 클릭한다.

04 검색하고 싶은 키워드를 입력하면 조회량을 확인할 수 있다. '블라우스'로 검색해보자. 키워드 입력 박스에 '블라우스'를 입력하고 [조회하기] 버튼을 클릭한다. '블라우스'의 월간 검색수(**❸**)가 PC는 12,400, 모바일은 69,500이다. '블라우스'와 같은 조회량이 많은 키워드는 여러 블로그에서 기하급수적으로 포스트를 만들어내기 때문에(**❹** 677,358건) 내 블로그마켓의 포스트를 상위에 노출시키기 쉽지 않다. 이보다는 '블라우스'와 함께 자주 검색되는 연관검색어를 키워드로 사용하는 것이 바람직하다. 연관키워드 영역의 화살표 모양(**❺**)을 클릭하면 키워드를 정렬해서 편하게 비교해 볼 수 있다. 여기서는 '**❻** 쉬폰블라우스' 키워드를 클릭해보자.

05 연관 키워드를 클릭하면 최근 추이, 사용자 통계 등을 확인할 수 있다. 시기, 연령, 성별 키워드 양의 차이가 발생하니 이 정보를 참고하여 타깃에 맞는 키워드를 선별하여 블로그 포스팅하면 효과적인 결과를 얻을 수 있을 것이다.

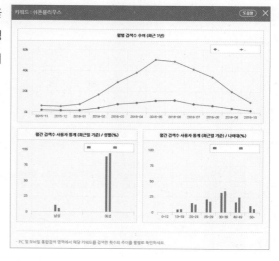

경쟁정도(❷)가 낮고, 월평균노출광고수(❸)가 적으면서 월간조회수(❶)가 높은 키워드가 유리하다. 즉, 키워드 광고주가 없거나 낮은 경우 그 만큼 검색 포털의 통합검색 결과에 블로그 탭(❺)이 노출될 확률이 높아지기 때문이다.

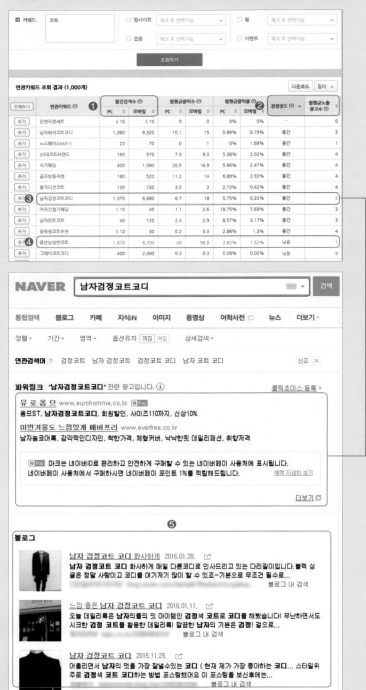

6. 포스팅용 키워드 목록 만들기

키워드 조회수에 대해서는 여러 차례 설명했다. 그만큼 중요하기 때문에 다시 한번 설명한다. 이제 막 시작한 블로그마켓이라면 그림1과 같은 월간 조회수가 높은 키워드와 그림2와 같이 월간 조회수가 낮은 키워드 중 어느 키워드를 선택하는 것이 바람직할까? 정답은 월간 조회수가 낮은 키워드를 선택하는 것이 좋다.

"월간 조회수가 낮은 키워드에서 높은 키워드 순으로 진행하라"

전체추가	연관키워드 ⑦	월간검색수 ⑦		월평균클릭수 ⑦	
		PC ▲	모바일 ⇕	PC ⇕	모바일 ⇕
추가	로맨스원피스	< 10	< 10	0	0.7
추가	봄양복	< 10	< 10	0	0
추가	앤지원피스	< 10	30	0.3	2.7
추가	3단캉캉원피스	< 10	40	1	1.3
추가	춘하양복	< 10	10	0	0.3
추가	청뷔스티에코디	< 10	10	0	0
추가	릴리클라워원피스	< 10	< 10	0	0
추가	원피스전문점	< 10	20	0.7	2.3
추가	명품반지사이트	< 10	50	0.9	5

전체추가	연관키워드 ⑦	월간검색수 ⑦		월평균클릭수 ⑦	
		PC ⇕	모바일 ⇕	PC ⇕	모바일 ⇕
추가	원피스	117,000	322,700	856.5	4,599
추가	시크헤라 🔳	64,200	157,500	1,413.7	3,001
추가	코트 S	58,100	209,900	204.4	444
추가	니트원피스 S	49,300	200,100	1,258.6	5,190.7
추가	명품스타일여성의류	38,500	84,300	4,590.5	15,725.8
추가	30대여성쇼핑몰	34,100	134,900	3,106.7	19,410
추가	머플러 S	25,900	86,700	243.2	987.7
추가	야상	21,900	71,200	103.6	212.6
추가	결혼식하객패션	21,400	96,500	1,929.5	10,527.8

☐	키워드 ▾	연관도 ▾	**월간조회수(PC)** ▾	월간조회수(모바일) ▾
☐	성형외과	▮▮▮▮▮	❶ 13,914	14,030
☐	병원	▮▮▮▮▮	11,807	19,643
☐	눈매교정	▮▮▮▮	7,605	24,952
☐	성형	▮▮▮▮	6,974	7,869
☐	엉덩이주사	▮▮▮▮	5,896	10,533
☐	뒤트임	▮▮▮▮	4,528	11,221
☐	뒷트임	▮▮▮	4,202	12,259
☐	눈성형	▮▮▮▮	4,158	4,256
☐	성형수술	▮▮▮	4,068	3,210

☐	키워드 ▾	연관도 ▾	**월간조회수(PC)** ▾	월간조회수(모바일) ▾
☐	강남에성형외과	▮▮▮▮	30회 미만	30회 미만
☐	연예인성형추천	▮▮▮▮	30회 미만	30회 미만
☐	뒷트임눈	▮▮▮	30회 미만	30회 미만
☐	강남성형외과병원	▮▮▮	30회 미만	30회 미만
☐	연예인이성형하는곳	▮▮▮	30회 미만	30회 미만
☐	강남성형외고	▮▮▮	30회 미만	30회 미만
☐	강남성형의원	▮▮▮	30회 미만	30회 미만
☐	연예인성형한곳	▮▮▮▮	30회 미만	30회 미만
☐	성형외과가격비교	▮▮▮	30회 미만	30회 미만

◆ 그림1 월간 조회수가 높은 순   ◆ 그림2 월간 조회수가 낮은 순

※ 연관키워드 조회표에서 '월간 조회수(❶)'를 클릭할 때마다 높은 순과 낮은 순으로 정렬된다.

이제 막 개설한 블로그마켓의 운영지수는 '0' 상태라고 볼 수 있으므로 대표 키워드, 즉 월간 조회수가 높은 키워드는 검색 상위에 노출되기 어려우므로 세부 키워드, 즉 월간 조회수가 낮은 키워드로 포스팅하는 것이 검색 상위 노출에 유리하다. 블로그 검색엔진최적화에 맞게 3~6개월 정도 꾸준히 운영하면 블로그 운영지수가 올라가며, 그 이후에 대표 키워드로 작성한 포스트가 검색 상위에 노출될 수 있다.

네이버 검색 광고시스템에서 조회된 키워드 목록을 선별한 후 [다운로드] 버튼을 클릭하여 다운로드하면 엑셀을 이용하여 포스팅용 예상 키워드 목록을 만들 수 있다.

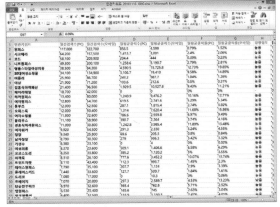

◆ 포스트용 키워드 목록 엑셀 파일

7. 연관검색어 & 자동완성어로 방문율 높이는 포스트 스토리 만들기

7 -1. 검색자의 의도를 파악할 수 있는 검색어 서비스

연관검색어는 특정 단어를 검색했을 때 다양한 검색어와 콘텐츠를 분석하여 검색자의 검색의도를 파악한 후 적합한 검색어를 제안하는 서비스이다. 예를 들어, '헤이리'를 검색했을 때 하단에 '헤이리

카페', '헤이리맛집' 등의 키워드가 '연관검색어'가 된다. 사람들이 '헤이리 카페', '헤이리맛집', '파주 헤이리마을 코스', '프로방스' 순으로 검색을 한다는 것을 알 수 있다. 즉 고객이 무엇에 관심을 보이는지 패턴을 파악할 수 있다.

'헤이리'라고 입력했을 때 하단에 키워드가 나열되어지는데, 이를 '자동완성 검색어'라고 한다. 이는 '헤이리'가 포함된 키워드 중 검색량이 많은 키워드 순으로 자동 표시된다. 즉 '파주 헤이리마을', '헤이리 카페', '헤이리 예술마을' 등의 순으로 관심이 많다는 것을 알 수 있다.

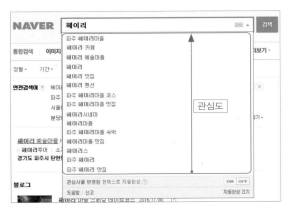

'쇼핑검색어(❸)'는 쇼핑 검색 의도가 높은 검색어(예 DSLR 카메라, 청바지)에 대해서 해당 검색어와 연관성이 깊은 쇼핑 카테고리의 검색어, 브랜드, 인기상품 순위를 보여 주는 서비스이다. 쇼핑 검색어는 쇼핑 니즈를 판단할 수 있는 자료로 활용할 수 있기 때문에 구매율을 높이는 콘텐츠(블로그 포스트 주제, 소재, 키워드 등)를 만들 때 매우 중요한 마케팅 자료로 활용할 수 있다. 특히 쇼핑 구매력이 높은 키워드는 네이버 통합검색 결과 다음과 같이 연관검색어(❶), 네이버 쇼핑(❷), 쇼핑검색어(❸) 영역이 모두 표시된다. 각각의 키워드를 분석하면 검색자들의 쇼핑 니즈를 분석하는 데 도움이 된다.

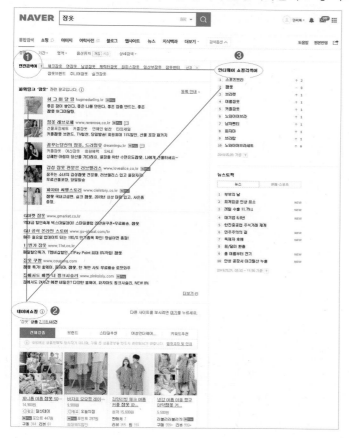

※ 쇼핑검색어는 대체로 구매력이 높은 키워드이다. 하지만 통합검색 결과에 블로그 탭이 노출되지 않을 확률이 매우 높고, 네이버 쇼핑 영역에서 고객 이탈이 발생하기 때문에 클릭을 통해 블로그마켓까지 도달할 확률이 낮을 수 있다는 양면성을 지닌 키워드라 할 수 있다. 즉 구매율이 높고 검색량이 많지만, 블로그 영역 노출이 적어 효과가 미비할 수 있다.

TIP 쇼핑검색어는 어떻게 만들어지나요?

쇼핑검색어는 네이버 쇼핑의 카테고리별 베스트100(❹)서비스를 기반으로 만들어진다.

7-2. 구매전환율 높은 포스트 스토리 레이아웃 만들기

고객의 관심 패턴을 토대로 연관검색어, 자동완성어 등을 활용하여 포스트용 키워드 목록을 만들었다면, 이제 그 키워드를 토대로 구매력이 높은 포스트를 작성해보자.

'헤이리'의 자동완성 검색어로 포스트 스토리를 구성해보자.

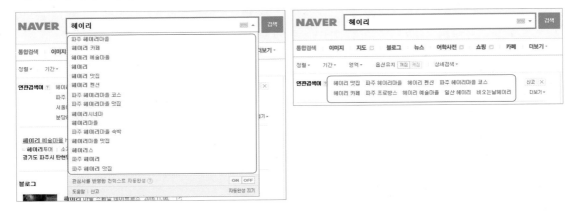

구매전환율 높은 포스트 스토리 레이아웃을 만들어보자.

상품과 연관된 대표 키워드를 선정한 후 연관 검색어와 자동완성 검색어를 추출한다. 각 키워드를 활용한 스토리 전개 과정을 스케치한다.

- 블로그마켓명 : 셀러샵
- 대표 키워드 : 헤이리
- 연관 검색어 : '파주 헤이리마을', '헤이리 카페', '헤이리 맛집',
- 자동완성 검색어 : '파주 프로방스', '파주 헤이리마을 코스'

다음은 블로그 포스트 스토리의 장면이다. 포스트는 다음 장면과 같이 검색자의 입장과 예비 고객의 입장에서 작성한다.

- 장면 1 : '셀러샵' 블로그마켓에서 ○○커플룩 야외 촬영을 목적으로 파주 헤이리마을 방문한다.
- 장면 2 : ○○커플룩 야외 촬영을 한다.
- 장면 3 : ○○커플룩 야외 촬영을 끝내고 헤이리 맛집에서 식사한다.
- 장면 4 : 헤이리 카페에서 커피를 한 잔 마신다.
- 장면 5 : 모든 촬영 일정을 마친 후 귀가 길에 파주 프로방스에 들린다.
- 장면 6 : ○○커플룩 야외 촬영과 파주 헤이리마을 코스 탐방 소감을 담는다.

이런 조건으로 상품 상세페이지 포스트의 전체적인 스토리를 만든다.

- 스토리 조건 : 1. 고객의 입장에서 진행, 2. 운영자가 직접 체험한 결과를 진솔하게 표현
- 주제 : [셀러샵]○○커플룩 파주 헤이리마을 야외 촬영이야기

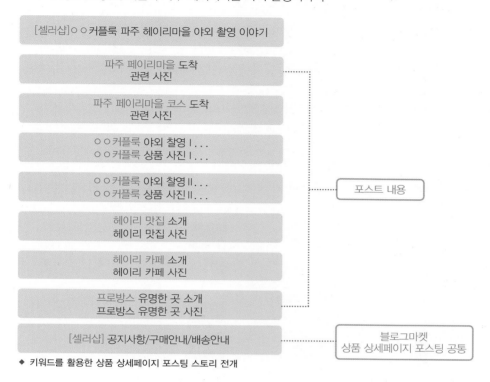

◆ 키워드를 활용한 상품 상세페이지 포스팅 스토리 전개

위와 같이 발행한 1개의 블로그 포스트에는 다음 키워드로 노출된다.

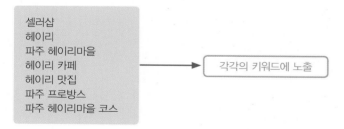

제목에 '파주헤이리마을'에 관련된 포스트를 작성하려고 한다면 가장 먼저 '헤이리'를 검색한다. 자동완성 검색어 상단에 '파주 헤이리마을'이 나오고, 그 아래에 '파주헤이리마을'이 노출된다고 가정해보자. '파주헤이리마을'은 한 단어이고, '파주 헤이리마을'은 두 단어이다. 두 단어는 엄연히 다른 키워드이다. 띄어쓰기에 따라서 키워드 차이가 난다. '헤이리'만 검색했을 때 자동완성 검색어 목록에 '파주 헤이리마을'이 최상단에 노출되기 때문에 제목은 '파주헤이리마을'이 아니라 '파주 헤이리마을'로 작성한다.
여기에 헤이리 카페, 헤이리 맛집, 파주 프로방스, 파주 헤이리마을 코스 등을 혼합해서 작성하면 단 한 번의 포스트에 4~5개의 키워드로 검색 상위노출이 가능해진다.
즉, 제목을 붙여서 쓰지 않고, 단어와 단어 사이를 띄어서 작성하는 것이 여러 키워드로 상위 노출할 수 있는 방법이다.

8. 구매력을 높이는 포스트에 필요한 쇼호스트 전략

어떻게 포스트를 작성해야 할지 막막하다면 관련 상품의 홈쇼핑과 홈쇼핑 홈페이지를 방문한다. 다음과 같은 3단계를 거치면 상품 상세페이지 포스트를 어떻게 전략적으로 작성해야 하는지에 대한 방향을 세우는 데 많은 도움이 된다.

- 1단계 : 홈쇼핑에서 내 아이템과 유사한 상품을 판매하는 방송을 시청한다. 방송으로 통해 쇼호스트가 상품의 어떠한 점을 강조하고, 어떻게 안내하는지 핵심을 파악한다.
- 2단계 : 홈쇼핑에서 운영하는 쇼핑몰을 방문하여 홈쇼핑에서 방송된 상품을 검색한다.
- 3단계 : 상품 상세페이지의 내용과 1단계에서 파악한 내용을 비교하여 페이지 구성과 전개 방식을 분석한다.

위 3단계를 통해 분석한 내용을 토대로 블로그 포스트를 작성한다. 이때 자신이 직접 쇼호스트가 되어 직접 체험한 결과를 포스트에 잘 표현해야 한다. 이것이 블로그마켓의 장점을 최대한 활용하는 것이다.

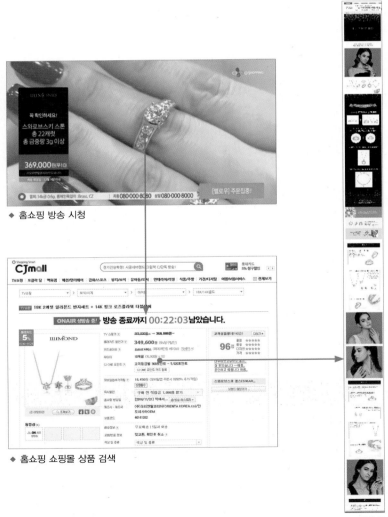

◆ 홈쇼핑 방송 시청

◆ 홈쇼핑 쇼핑몰 상품 검색

◆ 상품 상세페이지 구성 분석

LESSON

블로그마켓 상품 상세페이지 포스트 10가지 핵심 전략

1. 블로그마켓 상품 상세페이지 포스트란?

오프라인 매장은 진열된 상품을 만져보거나 입어보는 등 직접 느끼고, 만족도에 대한 반응이 즉각 나타나며, 만족 여부에 의해 구매 여부를 결정하는 쇼핑 패턴을 가지고 있다. 반면 인터넷 쇼핑몰, 블로그마켓에서는 상품을 직접 피부로 느껴볼 수 없다는 단점이 있다. 이러한 단점은 상품 대표 이미지와 상품 상세페이지 포스트를 통해서 간접적으로 해결할 수 있다. 그러므로 블로그마켓에서 차지하는 상품 대표 이미지와 상품 상세페이지 포스트 역할은 매우 중요하다.

상세페이지 포스트를 제작하면서 고객의 간접 경험이라는 부분을 늘 염두에 두어야 한다. 소비자가 실물을 보지 않아도 실제로 보고 있는 것처럼 사실적으로 표현해 줘야 한다는 것이다. 소재, 무게, 높이, 길이, 주원료 등 해당 상품에 대한 구매 욕구들을 충족시킬 수 있어야 한다. 의류의 경우 실측 사이즈와 모델 컷 등이 대표적인 사례가 될 수 있다.

블로그마켓 판매를 위한 이미지는 크게 '상품 대표 이미지'와 '상품 상세페이지 포스트 이미지' 두 가지로 구분된다. 포스팅에 다수의 이미지를 넣었다 하더라도 블로그 검색 결과에 노출되는 이미지는 한 컷의 사진만 노출되는데, 포스트에 포함된 여러 이미지 중 가장 처음에 등록한 정사각형 이미지를 '상품 대표 이미지(❶)'라고 하고, 상품 대표 이미지가 검색 결과 블로그 탭(❶)에 노출된다. 그 외 이미지들을 '상품 상세페이지 포스트 이미지'라고 한다.

상품 대표 이미지(❶)를 클릭하면 상품에 대한 자세한 리뷰가 작성된 블로그마켓의 포스트로 이동한다. 상품 대표 이미지가 고객의 클릭을 유도하는 호객 행위 성격이라면, 상품 상세페이지 포스팅 이미지들(❷)은 구매 전환 목적이라 생각하면 된다. 고객의 클릭을 유도하기 위해서는 정사각형의 상품 대표 이미지는 선명하고 호감갈 수 있도록 만들 필요가 있다.

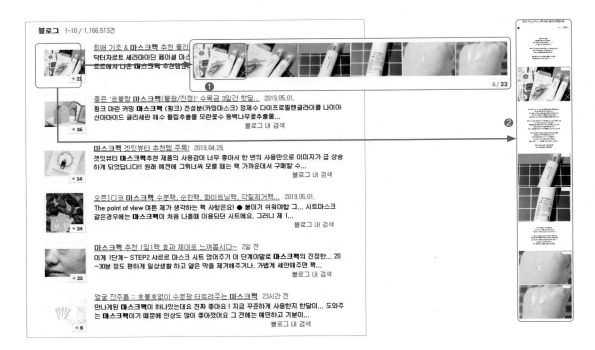

구매 전환을 일으키는 요소 중에는 신뢰성, 상품구성, 가격, 사은품, 이벤트 등이 있다. 이런 요소들을 적절하게 함축적으로 표현한 포스트를 '상품 상세페이지 포스트'라고 한다.

위 상품 상세페이지 포스트(❷)의 콘텐츠 구성 예시를 보면 제품의 설명에서 비롯되지만 엄밀히 말하면 "이 상품을 구매하는 데 있어서 고객이 궁금해하는 것들을 블로그마켓 운영자가 직접 객관적인 입장에서 임상 테스트를 통해 풀어낸 상품 리뷰"라고 볼 수 있다.

고객이 궁금해하는 요소들을 직간접적으로 또는 기대요소와 불안요소를 긍정적으로 풀어내는 능력이 상품 상세페이지 포스팅을 잘하는 기본 기술이라 할 수 있다.

TIP | 포스트 대표 이미지 선정 방법

포스트 대표 이미지를 고르는 방법은 간단하다. 기본적으로 가장 처음 삽입한 사진이 대표 이미지로 지정([대표]라고 표시❷)되는데, 첨부한 사진 목록 중 대표 이미지로 설정할 사진을 클릭(❸)하면 [대표] 표시가 바뀌게 된다. 포스트를 발행하면 이 이미지 파일이 포스트 대표 이미지가 된다. 우측 라이브러리의 사진 목록 중 클릭해도 된다.

검색 결과의 대표 이미지를 통해서 블로그마켓을 방문하기 때문에 포스트 대표 이미지(메인 사진)는 신중하게 선정한다. 몇 가지 마음에 드는 사진을 선별한 후 메인 사이즈에 맞춰 자르고 보정하고 다시 비교해서 최종적으로 한 컷의 사진을 고른다. 특히 모바일에서 구매가 많이 발생하기 때문에 작은 크기에서 예쁜 사진을 선정한다. 사진이 작게 보이기 때문에 배경이 너무 지저분하면 상품과

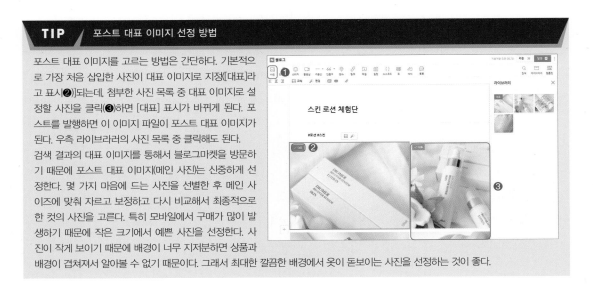

배경이 겹쳐져서 알아볼 수 없기 때문이다. 그래서 최대한 깔끔한 배경에서 옷이 돋보이는 사진을 선정하는 것이 좋다.

2. 상품 상세페이지 포스트의 킬러 포인트 수집하기

"이웃은 이 상품을 구매하는데 무엇을 고민하는가?"

킬러 포인트란 이웃이 상품을 구매하는 과정에서 반드시 발생하는 고민을 해결해야 하는 요소라고 생각하면 된다. 킬러 포인트와 관련된 요소를 찾는데 필요한 자료는 경쟁업체를 통해서 수집할 수 있고, 다음 항목들을 중점적으로 살펴봐야 한다.

· 상품 상세페이지 포스트

"동일 품목을 판매하는 블로그마켓이나 업체들이 공통으로 설명하는 내용은 무엇인가?"
"제품별 또는 블로그마켓들이 내세우는 강점은 무엇인가?"

위 내용을 토대로

"경쟁업체가 가지지 못하는 내 상품의 강점은 무엇인가?"

를 분석하고 반드시 찾아야 한다.

· 이웃의 고민 찾기

이웃은 구매하기 전 무엇을 고민하는지 그 내용을 취합한다. 경쟁 블로그마켓의 댓글이나 관련 상품을 판매하는 쇼핑몰, 오픈마켓, 스마트스토어 등의 문의게시판, 구매 후기, 검색 포털 사이트의 검색 등을 통해서

"이웃은 무엇을 고민하는가?"

를 찾는다.

상품 상세페이지 포스트를 작성할 때는 내가 판매하려는 상품을 설명하고 자랑하는 것에 초점을 두면 이웃의 니즈와는 무관해지고 결국 이웃의 선택은 물론 이웃의 이웃, 충성고객, 신규 고객 등 모두의 관심도 받지 못하게 된다.

상품 상세페이지 포스트 킬러 포인트 자료를 수집하고 분석하는 데 있어 첫 번째는 '이웃'이고, 마지막도 '이웃'이다.

"이웃은 왜 이 상품을 구매하는가?"
"무엇 때문에 망설이는가?"

를 찾는다.

이에 대해서 제대로 분석하고 수집한 후 그 킬러 포인트를 경쟁업체가 가지지 못하는 내 상품의 강점과 결합하여 내 상품 상세페이지 포스트에 잘 표현할 수 있어야 한다.

3. 상품 상세페이지 포스트 구성 전략

상품 상세페이지 포스트는 고객들에게 매장의 상품을 직접 만져보고 입어보는 것과 같은 느낌을 간접적으로 전달할 수 있는 역할을 한다. 포스트의 내용만으로 구매 결정을 해야 하므로 매장의 점원이 상품에 대해서 친절히 설명해주듯 상품 정보에 대한 자세한 내용이 담겨 있어야 한다. 즉 매장 점원이 상품에 대해서 친절하게 설명해주어 최종적으로 구매로 전환하는 것과 같은 이치이다.

다음은 상품 상세페이지 포스트의 일반적인 구성 사례이다.

❶	제품 정보 입력	타이틀 문구, 임팩트 있는 내용(제품 사진 포함)을 넣는다.
❷	제품 상세정보 입력	고객이 구매 결정 시 고민할 내용을 파악한 후 관련 내용들을 텍스트, 사진, 동영상으로 잘 표현한다. 예쁜 사진을 많이 넣기보다 고객의 니즈(Needs)를 한 가지라도 더 반영한 내용, 사진, 동영상을 넣은 포스트가 구매율을 높일 수 있다.
❸	교환·환불·배송 정보입력	교환, 환불, 배송 등 기본 공지 사항을 넣는다.
❹	주문 방법/주문서·결제 방법	주문 방법 안내 및 주문서 페이지 링크, 계좌 번호 안내, 카드 결제 안내 및 링크(스마트스토어 등 카드 결제가 가능한 샵)
❺	댓글	이웃들의 공개 댓글과 공개 답글 수가 많을수록 구매율도 높아진다.

❶번 항목은 인트로에 해당하며, 제품 타이틀 문구, 임팩트 있는 구매력 있는 문구나 사진이 필요하다. 즉 고객에게 전달하고 싶은 내용이 아니라 고객이 가장 우려하는 사항이나 관심이 있는 문구를 함께 넣어주는 것이 효과적이다.

포스트의 상단에는 글을, 상품 사진을 ❷번에 배치했을 때 상단의 글이 먼저 보이고 상품 사진을 보기 위해 스크롤을 움직이게 하는 행위를 취할 수 있도록 하는 것이 무엇보다도 중요하다.

❷번 항목은 제품의 특·장점, 상세설명에 관련된 내용이다. 상품에 대한 자세한 내용을 전달한다. 디테일컷, 상품의 특징 등 고객이 궁금해하는 모든 것을 사진과 글과 함께 함축적으로 표현해야 한다. 또한, 고객의 구매 포인트가 무엇인지 파악한 후 제품 상세 정보에 반영할 수 있도록 해야 한다.

❸, ❹번 항목은 모든 상품 상세페이지 포스팅에 공통으로 사용되는 내용이므로 텍스트 또는 이미지로 제작한 후 넣는다. 교환·환불·배송 정보, 주문 방법 및 주문서·결제 방법 등 블로그마켓의 기본적인 운영 정책 등에 관련된 내용은 모든 상품 상세페이지 포스트에 넣어야 하는 내용이므로 다음 그림과 같이 공지사항 포스트를 작성한 후 'NOTICE'와 같은 방식으로 링크 배너 이미지를 사용하면 편리하다.

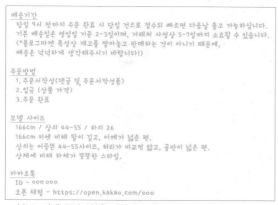

◆ 블로그마켓 공지사항을 이미지로 만든 후 모든 상품 상세페이지 포스트에 사용

◆ 공지사항 링크 배너 이미지

◆ 미리 작성한 공지사항 포스트

카카오톡 아이디, 인스타그램 주소, 스마트스토어 주소 등을 노출해 빠른 고객 응대와 함께 단골 고객 확보 등의 효과를 얻을 수 있는 접근도 필요하다. 특히 배송기간, 반품 등 민감한 부분이 있으므로 여러 판매자의 정책 등을 분석한 후 내 아이템과 운영 방침에 맞게 작성한다.

◆ 가격/주문 이미지를 클릭하면 상품 가격과 주문할 수 있는 페이지로 이동

❺ 댓글/답글

상품 상세페이지 포스트에 달린 댓글 숫자는 큰 의미가 있다. 댓글이 많이 달릴수록 전환율은 높아지기 때문이다. 단, 비밀 댓글과 비밀 답글 보다는 이웃들의 공개 댓글과 공개 답글이 전환율을 높이는 기대를 할 수 있다. 이런 이유로 많은 블로그마켓 운영자들은 지인 등을 동원하여 마케팅용 구매 만족 댓글과 답글을 공개 작성하기도 한다.

TIP　고객 상품평 댓글에 대한 답글 응대의 중요성

블로그 포스트의 댓글로 상품평을 작성하는 경우 글을 쓴 사람과 블로그 운영자만 볼 수 있는 비밀 댓글과 모든 사람이 볼 수 있는 일반 댓글 등 두 가지로 작성할 수 있다.
만약 상품에 대한 악평을 일반 댓글로 올리는 경우 운영자로서는 난감할 수밖에 없다. 이 경우 운영자는 악평에 관한 내용을 파악한 후 운영자의 과실이나 실수가 인정된다면 감정적으로 대응하지 말고 '인정 → 사과 → 조치'에 관한 답글과 함께 조속히 처리가 필요하다. 문제점과 고객의 니즈에 대해서 운영자 스스로 인지했고, '인정 → 사과 → 조치'에 관한 답글이 진심으로 작성된 것이라면 시간이 지나면 이웃들의 신뢰는 회복될 것이고, 더 두터운 신뢰를 쌓을 수 있을 것이다.

---

4. 레이아웃별 최적의 상품 이미지 사이즈 조정하기

블로그 상품 상세페이지 포스팅 과정에서 상품 사진 업로드 시 화질이 떨어지는 경우가 있다. 네이버 포토 업로더를 통해 원본 크기가 아닌 900, 740…px 등을 선택한 후 업로드하면 상품 사진의 화질이 저하된다. 상품 사진의 화질이 떨어지는 현상을 방지하기 위해서는 '원본 크기'로 업로드해야 한다. 네이버 포토 업로더를 이미지의 가로 크기를 변경하면 포토 업로더의 압축기가 강제로 압축하

기 때문에 이미지의 퀄리티가 떨어지고 탈색 현상이 발생한다. 일상의 사진이라면 이미지의 화질에 큰 영향을 받지 않지만, 의류 상품 사진 같은 경우 화질이 매우 중요하기 때문에 반드시 '원본크기' 상태로 업로드한다. 블로그 레이아웃은 1단, 2단, 3단 형태 중 선택할 수 있다. 포스트 작성 시 삽입하는 이미지의 가로 사이즈는 레이아웃의 형태에 따라 가로 최대 사이즈가 다르다. 최적화된 이미지 가로 사이즈는 다음과 같다.

레이아웃	가로 사이즈(최대)
1단	936px
2단	741px
3단	548px

◆ 스마트 에디터 2.X 버전 포스트

레이아웃 설정의 포스트영역은 '넓게'와 '보통' 두 가지 방식(❹)이 제공된다. 설정 차이는 아래와 같이 파란색 영역(Ⓐ)이 '보통'의 경우이고, '넓게'로 지정하면 빨간색(Ⓑ) 영역까지 확장된다. 공간의 여유가 있어 상품의 집중도를 높이는 효과뿐만 아니라 상품 사진의 전체적인 분위기에 영향을 줄 수 있기 때문에 확인 후 업로드한다.

※ 스마트 에디터 3.0에서는 PC, 태블릿, 휴대폰 기기에 따른 사진 리사이즈를 미리보기로 확인할 수 있다. 특히 PC와 휴대폰 기기 상태에 따른 상품 사진의 느낌이 제대로 전달되는지 확인한 후 사이즈 조정이 필요한 포토샵에 사진 사이즈를 적절하게 보정한다.

다음은 스마트 에디터 ONE으로 포스팅 시 문서 너비 모드와 옆트임 모드의 최대 이미지 사이즈이다.

레이아웃	포스트 영역	옆트임(고정)	일반(최대)
1단	넓게	966px	886px
	좁게	773px	693px
2단	넓게	580px	693px
	좁게	580px	550px
3단	좁게	580px	550px

◆ 스마트 에디터 3.0 기준

문서 너비 모드(▤)는 일반 모드로 최대 886px(1단 기준)이고, 옆트임 모드(▤)는 최대 966px(1단 기준)이다. 만약 966px 미만의 사진을 업로드한 후 옆트임 기능을 적용하면 사진이 강제로 늘어나면서 흐릿해진다. 966px 이상의 사진을 올리면 자동 축소되어 업로드되기 때문에 흐릿하게 크기가 조정된다.

스마트 에디터 ONE의 크기 변경 아이콘을 클릭한 후 사진의 가로 사이즈를 강제로 조정하면 크기, 비율, 색상값이 부자연스러운 결과가 발생할 수 있기 때문에 상품 상세페이지 포스트용 상품 사진은 주의해야 한다.

※ 가장 선명하고 큰 사진을 업로드 방법은 포토샵 등에서 966px 사이즈에 맞게 보정한 후 업로드하는 것이다.

내 블로그마켓의 레이아웃이 1단 레이아웃이라고 가정해보자. 포스트에 올리는 사진의 가로 크기가 1275px(❶)라면 네이버 업로더가 강제로 936px에 맞추어 압축한다. 크기, 비율, 색상값의 부자연스러운 변화로 상품 이미지의 가치까지 떨어진다.

포토샵에서 Art + Ctrl + I 를 누른 후 'Image Size' 대화상자가 나타나면 자신이 운영하는 블로그마켓의 레이아웃에 최적화되게 이미지의 가로 사이즈로 수정한다. 만약 1단 레이아웃을 사용한다면 936px, 해상도는 72pixel로 조정한 후 [OK] 버튼을 클릭한다. Ctrl + Art + Shift + S 를 누른다. 'Save for Web' 대화상자가 나타나면 파일 형식을 설정한 후 [Save] 버튼을 클릭하여 저장한다.

※ 해상도(Resolution)는 72로 지정하고, 단위는 픽셀(Pixels)로 지정한다.

네이버 포토업로드 시 가로 크기는 '원본크기'로 설정한 후 올리기 한다. 가로 크기가 936px인 상품 사진을 1단 레이아웃에 최적화된 포스트용 이미지 가로 최대 사이즈인 936px, 즉 원본 상태로 업로드하기 때문에 화질이 떨어지는 현상을 방지할 수 있다.

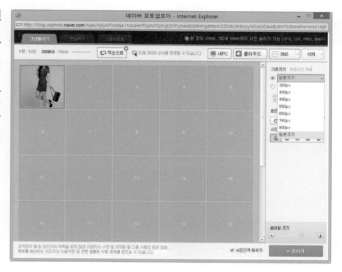

5. 상위 노출과 전환율 높은 상품 상세페이지 포스트 가이드라인

취미, 관심사 등 일상적인 포스트의 기본적인 양식은 '제목-서론-본론-결론'으로 구성된다. 하지만 상품 상세페이지 포스트는 '제목-상품 상세 정보 설명-안내'로 구성된다.

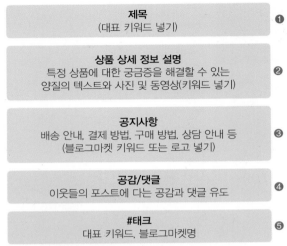

◆ 상위 노출을 위한 상품 상세페이지 포스트 기본 구성

위는 상품 상세페이지 포스트의 기본적인 구성이며, 상품 상세페이지 포스트를 검색해주는 사람의 입장에서 글을 써야 한다. 단, 상품 상세페이지 포스트를 검색 상위에 노출시키고자 광고성 키워드 남발과 연관성 떨어지는 광고성 내용들로 글을 쓴다면 블로그가 저품질에 빠질 수 있다.

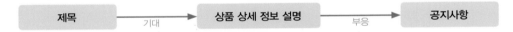

❶ 제목 가이드라인

제목은 포스트의 이목을 집중시킬 첫 번째 기회이자 마지막 기회가 될 수 있으므로 기대 요소를 심어주어야한다. 상품 상세정보 설명이 기대에 부응하게 되면 상담 안내 등 필요한 행위를 취하게 된다. 만약 기대에 부응하지 못한다면, 고객은 블로그마켓을 이탈한다.

기대할 수 있는 대표 키워드가 포함된 제목이 가장 효율적이라 할 수 있다. 단, 제목의 키워드에 부응할 수 있는 상품 상세 정보 설명이 수반되어야 전환율로 이어질 수 있기 때문이다.

예 대표 키워드 포스트 제목 적용 예

검색 노출을 원하는 대표 키워드 사용 시 단어 및 띄어쓰기를 정확하게 사용해야 한다.

검색 노출을 원하는 대표 키워드 : 홍대역 맛집, 홍대 데이트
[홍대역 맛집] 홍대 데이트하기 좋은 코스(ㅇ)
[홍대 맛집] 홍대에서 데이트하기 좋은 코스(×)

포스트 제목에 다음과 같이 키워드와 블로그마켓 이름을 함께 사용하면 두 가지 장점이 있다.

키워드+[블로그마켓이름]

키워드는 상위 노출을 위함이고, 블로그마켓은 브랜드 각인과 검색 유도가 목적이다. 특히 포스트 작성 시 제목에 블로그마켓 이름을 넣으면 검색 포털에서 블로그마켓으로 검색 시 블로그 탭 노출에 매우 유리하다.

❷ 상품 상세 정보 설명 가이드라인

상품 상세 정보 설명에는 키워드 삽입 횟수가 정해져 있는 것은 아니다. 일반적으로 2~3개는 기본적으로 포함되어야 하고 최대 10여 개 미만이 적당하다.

적당한 키워드 삽입 횟수 분석은 검색 상위에 노출되는 블로그마켓의 상품 상세페이지 본문 포스트에 포함된 내용을 벤치마킹하면 좋다. 단, 네이버의 노출 순위를 결정하는 로직은 항상 변하기 때문에 가능하면 최근에 벤치마킹한 결과를 적용하는 것이 좋다. "Chapter 01의 Lesson 07 벤치마킹하기"에서도 언급했던 내용인데, 한 번 더 살펴보자.

벤치마킹은 크게 다음 두 가지 사항을 조사한 후 평균치를 내면 조사할 키워드의 사용 횟수를 파악할 수 있다.

"제목과 본문에 키워드를 사용한 포스트를 몇 건 발행했는가?"
"벤치마킹 블로그에서 제목과 본문에 키워드를 사용한 포스트는 총 몇 건 발행했는가?"

위 두 가지 사항을 '달팽이크림' 키워드로 알아보자.

검색 포털사이트에서 '달팽이크림' 키워드를 검색하고 블로그 탭을 클릭한다. 검색 결과 블로그 우측 하단의 '블로그 내 검색'을 클릭한다.

블로그로 이동하면 '전체 블로그 검색결과 〉 블로그명 〉'의 검색 창에 '달팽이크림' 키워드를 입력하고 [검색] 버튼(❶)을 클릭한다. 해당 블로그에서 '달팽이크림' 키워드를 포함한 포스트가 11건(❷)이 검색되었다. 날짜(❸)를 보면 얼마나 자주 발행하는지 그 주기도 파악할 수 있다. 포스트 제목과 본문에 '달팽이크림' 키워드를 몇 번 반복해서 사용했는가?를 파악하기 위해 포스트 제목(❹)을 클릭한다.

블로그에서 [Ctrl]+[F]를 누른 후 찾기 창에서 '달팽이크림'을 입력하면 포스트에 사용한 총 키워드 개수가 검색된다. 단, 이 숫자는 포스트 내에서 사용된 숫자와 해당 광고란 등을 포함하여 해당 페이지에서 검색된 전체 숫자이기 때문에 감안해서 계산해야 한다.

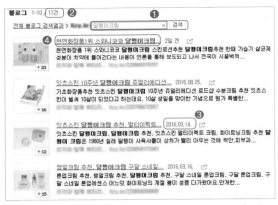

❸ 공지사항 가이드라인

공지사항은 다음과 같이 "문의 → 주문 → 결제 방법" 순으로 내용을 작성한다. 궁금한 사항은 충분한 문의를 통해 해결되고 만족감을 얻어야 주문 방법과 결제까지 진행되기 때문이다.

| 문의 안내 | →해결→ | 주문 안내 | →해결→ | 결제 안내 |

상품 상세페이지 포스트 하단에는 상품에 관한 고객들의 문의 사항을 응대할 수 있는 고객센터를 안내한다. 블로그마켓의 고객 상담은 블로그 댓글, 카카오톡, 카카오톡의 오픈채팅, 인스타그램, 페이스북 등과 같은 서비스를 이용할 수 있는데, 너무 많은 채널을 운영하는 것보다 다음과 같이 "모든 문의사항은 여기를 클릭해주세요"와 같이 한 두 곳을 이용하는 것이 효율적이다. 운영자의 상황에 따라 다음과 같이 상담 가능 시간을 명시하거나 24시간 답변 가능 등의 안내 문구를 넣는다.

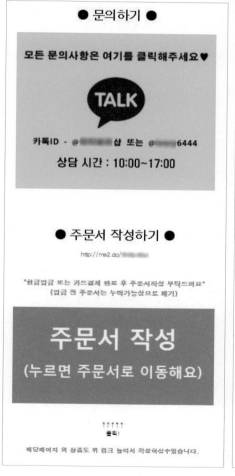

※ 카카오톡 서비스를 이용하면 고객의 요청에 필요한 사진, 영상 등을 전송할 수 있어 블로그 댓글보다 원활한 소통이 가능하다. 특히 카카오톡 오픈채팅 서비스를 이용하면 여러 고객과 1:1로 한번에 진행할 수도 있고, 그룹 상담을 진행할 수 있어 효율성을 높일 수 있다.

※ 네이버 폼 서비스를 이용하여 주문자 이름, 예금자 이름, 주문 정보, 배송지 주소 등을 입력할 수 있도록 주문서 양식을 만들면 주문 오류 등을 방지할 수 있다.

현금 결제 방법은 물론 카드 결제가 가능한 서비스를 운영하는 경우에도 함께 안내한다.

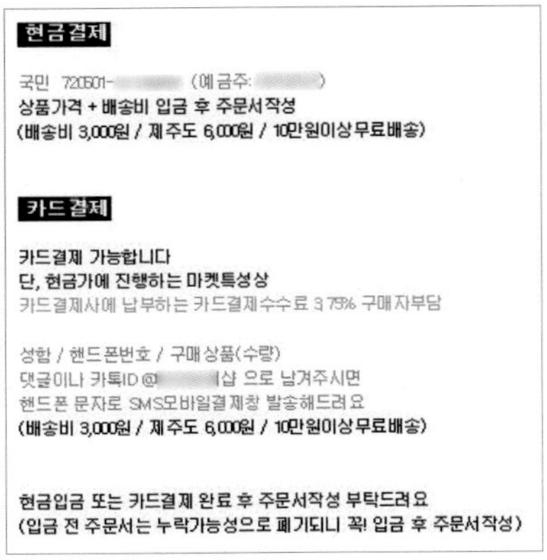

TIP 주문서 양식 만들 때 팁

네이버 폼을 이용하여 주문서 양식을 만들 때 공지사항과 입금안내 등의 내용을 넣고 바로 아래 "네. 위의 내용을 숙지하였습니다."와 같은 고객 클릭 버튼을 넣으면 취소, 반품을 줄일 수 있다.

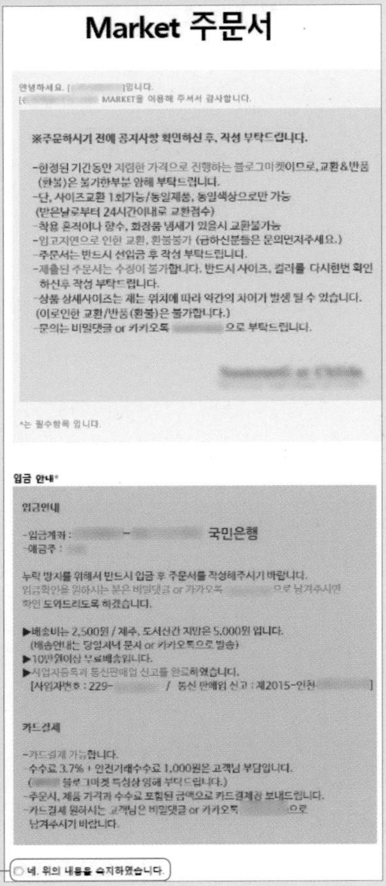

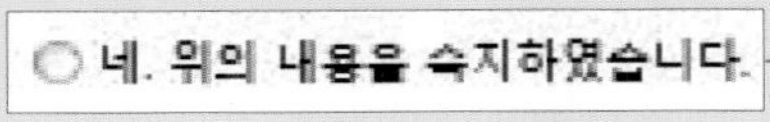

공지사항에는 배송기간, 배송비, 주문 취소 및 환불, 교환 및 교환 배송비, 교환 가능한 경우 등 고객들이 알기 쉽게 정리하여 이미지 형태로 제공한다. 공지사항은 단순 변심 등 고객과 발생할 수 있는 상황들을 사전에 방지할 수 있을 뿐만 아니라 불미스러운 일들이 생길 경우 응대할 수 있는 명분이 될 수 있다.

❹ 공감/덧글/스크랩

양질의 콘텐츠를 읽다 보면 '공감', '덧글'을 달거나, 매우 만족스러운 경우 이웃들과 공유할 수 있도록 '스크랩'을 한다. 네이버 검색엔진은 '공감', '덧글', '스크랩'이 많을수록 좋은 문서라고 판단하고 상위에 노출시킨다. 그러므로 많은 마케팅 업체들이나 블로그마켓들이 공감, 덧글을 인위적으로 작성하거나 스크랩을 강요하기도 한다. 이런 행위는 네이버 검색엔진에게 이웃들이 공감하는 좋은 문서라고 강제로 인식시키기 위한 것이다.

상품 상세페이지 포스트를 광고성으로 접근하기보다는 고객들의 입장에서 기대 요소를 긍정적으로 풀어내는 방향으로 접근하면 이벤트와 같은 인위적 행위를 하지 않더라도 공감하고 댓글을 달아주게 된다. 다음은 블로그마켓의 다양한 상품 상세페이지 포스트 목록이다. 대부분 상품 관련 포스트에는 수백 건의 댓글이 달리며, 고객의 적극적 참여는 검색 포털로 하여금 양질의 콘텐츠라고 인식시키게 된다.

~MARKET (14)			스크랩	엮인글	목록닫기
《판매완료》샘플세일 체크블라우스 (192)			0	0	2016.11.14
브이넥니트/롱스커트 마켓 10월 15일까지 (199)			0	0	2016.10.09
골지라디건 마켓오픈 (9월 28일까지) (973)			0	0	2016.09.24
카모마일원피스 (6월 26일 일요일밤마감) (312)			0	0	2016.06.26
에이프릴룸 마켓 오프숄더블라우스 〈잔병기간- 4월 26일~5월 3일까지(밤12시)〉 (791)			0	0	2016.04.26

1 2 3

다음과 같이 포스트 내용에 "셀러샵 이웃님! 이웃님의 댓글과 공감은 큰 힘이 됩니다."와 같은 이웃의 댓글과 공감을 이끌어내는 문구나 아이콘 등과 같은 방법을 활용한다. 단, 무리한 강요는 역효과가 발생할 수 있으므로 최대한 자연스럽게 표현한다.

또는 블로그마켓은 수익형 블로그라는 점을 활용할 수도 있다. 예를 들면, "공감, 덧글, 스크랩하는 경우 1,000원 추가 할인" 이벤트를 하는 경우이다.

TIP 　상위 노출보다 신뢰도/인기도에 목숨 걸어라

네이버 검색랭킹 알고리즘 중 하나인 C-Rank 알고리즘은 블로그의 신뢰도와 인기도를 측정하는 핵심은 해당 블로그가 특정한 주제, 즉 '특정 관심사에 대해서 얼마나 깊이 있는 좋은 콘텐츠를 생산해 내는가?'이다. 의무적으로 포스팅되는 다수의 일상적인 글보다는 패션 트렌드 등과 같은 전문성이 포함된 하나의 글이 블로그 검색 결과 노출에 더 도움 된다. 즉 의무적인 일상의 포스트는 검색 결과 노출보다는 이웃에게 신뢰를 주는데 더 큰 목적이 있다.

오른쪽 블로그 검색 결과에 C-Rank 알고리즘 반영 비율을 나타낸 그림이다.

블로그가 주제별 관심사의 집중도는 얼마나 되고(Context), 생산되는 정보의 품질은 얼마나 좋으며(Content), 생산된 콘텐츠는 어떤 연쇄반응을 보이며 소비/생산되는지(Chain)를 파악해 이를 바탕으로 해당 블로그가 얼마나 믿을 수 있고 인기 있는 블로그인지(Creator)를 계산한다.

오른쪽 세 가지(❶, ❷, ❸)를 합쳐서 해당 블로그가 얼마나 믿을 수 있고, 인기 있는 결과값(이웃의 활동으로 공감, 덧글, 이웃맺기 등)이 나오는지를 계산하는 것이 C-Rank 알고리즘의 핵심이다. 즉, 특정 분야에 특화된 보다 더 전문성을 갖춘 블로그, 하나의 카테고리(주제)로 꾸준히 포스팅하는 것이 검색 노출에 유리한 블로그로 최적화시키는 것이다. 보험 전문 블로그마켓과 의류 전문 블로그마켓 중 보험 관련 포스트는 보험에 최적화된 보험 전문 블로그마켓이 유리하다고 할 수 있다.

❶ 맥락 (Context)　　❷ 비용 (Content)　　❸ 연결된 소비/생산 (Chain)

↓　↓　↓

출처의 신뢰도/인기도 (Creator)

---

6. 매출을 높이는 포스트

"여러분이 생각하는 매출을 높이는 포스트는?"

아마도 많은 분은 위 물음에 대해 "검색상위에 노출시킬 수 있는 포스트"라고 답할 것이다. 물론 완전히 틀린 답은 아니다. 블로그마켓의 신규 고객은 포스트의 검색 노출을 통해서 유입되기 때문이다. 하지만 검색 상위 노출을 위한 포스트는 반짝 유입율 상승효과는 있을 수 있으나 구매전환율은 기대할 수 없다.

검색하는 사람은 단순 홍보성 내용이나 광고 색깔이 짙은 포스트보다 진정성 있는 내용을 원할 것이다. 포스트에 진정성이 담겨 있다면 설상 상품을 홍보하는 포스팅일지라도 보는 사람에게는 정보성 콘텐츠로 전달된다.

진정성 있는 콘텐츠는 어떻게 구별할 수 있을까? 진정성 있는 콘텐츠는 기본에 충실한 포스트이다. 제품이나 서비스를 일방적이지 않고 사용해 본 느낌의 사용기와 객관적인 평가, 제품의 작동 방법 및 성능을 객관적으로 테스트하는 내용, 제품 비교와 실험을 통한 고객의 올바른 선택 가이드가 되는 포스트는 비록 상업적인 목적이 있지만 동시에 정보성 성격을 띠는 진정성 있는 홍보성 포스팅이다.

"면 50%, 폴리 70%의 혼율해서 만든 원단이라 옷의 촉감이 좋다"·········❶
"피부 표면에 쫀쫀한 막이 덮여있는 느낌이 유지되는데요. 약간의 유분감이 있어요. 세안 후 촉촉한 보호막이 쌓이는 느낌이 하루 종일 오래가네요^^"·········❷

❶번과 같은 표현보다는 ❷번과 같은 표현이 상품의 품질, 상태 등을 예측하기 수월하다. 상품 정보를 판매자의 입장에서 일방적으로 전달하기보다는 고객의 입장에서 장단점을 분석하고 진솔하게 표현해야 한다. 다음 그림1보다 그림2의 콘텐츠가 진정성이 더 있어 보이는 이유 역시 고객 입장의 콘텐츠이기 때문이다.

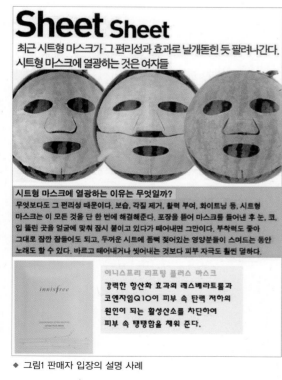

◆ 그림1 판매자 입장의 설명 사례

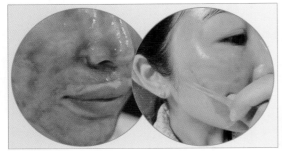

※체험 포스팅 시 운영자 얼굴이 노출되면 신뢰도가 높아진다. 즉, 평상시 블로그를 통해서 자주봐 익숙한 운영자가 직접 제품 테스트를 하는 모습을 보여준다.

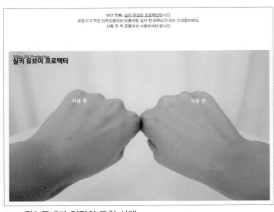

◆ 그림2 구매자 입장의 표현 사례

제품이 가지고 있는 정보와 고객이 필요로 하는 정보 사이의 괴리를 최대한 줄여주는 것은 상품 상세페이지 포스트가 담당해야 할 주된 역할이다. 위 그림1 사진들보다는 그림2 사진들이 더 신뢰가 가는 것은 고객이 필요로 하는 정보를 고객의 입장에서 진정성 있게 표현했기 때문일 것이다. 즉, 제품 정보를 포스팅하는 데 있어서 구매자의 입장에서 제품을 직접 만지거나 보고 구매할 수 없는 한계를 개선할 수 있는 포스팅 전략이 필요하다.

다음 그림에서 ❶부분을 고객의 입장에서 표현한다면 "소매부리 립조직이 탄탄하게 손목을 감싸주면서, 바람이 들어올 틈조차 꽉 잡아주네요"라고 글을 작성하면 굳이 이 상품을 입어보지 않더라도 고객의 궁금증을 해결해 줄 수 있을 것이다.

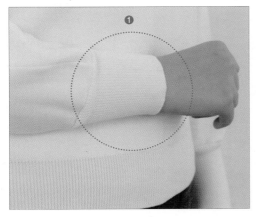

20대 여성의류를 판매하는 더지미 블로그마켓에서는 운영자 스스로 옷을 직접 입어본 후 옷에 대한 느낌이나 이미지, 촉감 등을 중심으로 상품 상세페이지 구매자 입장에서 사실적으로 포스팅한다. 의류는 눈으로 보았을 때와 실제 착용했을 때 느낌이 다르기 때문에 제조사에서 제공하는 특징보다는 제품을 착용한 상태의 느낌을 잘 표현해야 하고, 모델의 신체사이즈 정보도 아래와 같이 구체적으로 넣어 구매자가 비교해볼 수 있도록 해야 한다. 신체 사이즈에 따라 느낌이 달라지는 예도 있기 때문이다.

> ♥ 모델사이즈
> **165cm / 상의 44-55사이즈 / 하의 26**
> 165cm 키에 비해 팔이 길고, 어깨가 넓은편이라 free사이즈를 입으면 팔이 항상 짧고, 어깨가 작음.
> 상의는 어중뜬 44-55사이즈. 허리가 비교적 얇고, 골반이 넓음.
> 26사이즈를 입으면 허리가 크고, 엉덩이랑 허벅지가 딱 맞음. 엉덩이와 허벅지가 튼실한 스타일.
>
> ♥ 주문 방법
> 1. 가격문의

7. 오감을 만족시킬 수 있는 핵심 포인트를 추출하고 강조해라

상품 상세페이지 포스트 작성 전 고객에게 어필하고 싶은 제품이나 서비스의 핵심 포인트 4~5가지를 추출한다. 단, 핵심 포인트는 고객의 입장으로 아이템마다의 특성을 고려하여 추출한다.

보고 싶고, 듣고 싶고, 만져보고 싶고, 맛보고 싶고, 느끼고 싶고 등 아이템에 따라서 고객이 무엇을 궁금해 하고 원하는가에 관한 항목들이 있다. 즉 고객의 오감을 만족시킬 수 있는 핵심 포인트를 추출하여 그 내용을 고객 입장에서 글, 사진, 동영상으로 표현한다.

오른쪽 그림은 생크림 케이크 사진이다. 비주얼은 먹음직스럽고 괜찮은 것 같다. 하지만 당랑 이 사진 한 컷 만으로 구매 욕구가 생길까?

고객의 오감을 만족시켜야 한다. 생크림 케이크 사진을 보는 고객은 오감 중 최종적으로 "어떤 맛일까?"를 궁금해할 것이다. 하지만 위와 같은 생크림 케이크 사진만으로 어떤 맛인지 제대로 전달할 수 없다.
다음은 생크림 케이크의 맛을 고객 입장에서 오감을 느낄 수 있는 핵심 포인트로 잘 표현한 사례이다.

"생크림이 달지 않고, 부드러우면서 입안에 넣었을 때 묵직하지 않고 가벼운 맛으로 느껴졌다. 우유의 맛이 진하지 않고 은은하게 퍼지면서 고급스러운 맛이 느껴졌다."

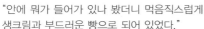

"안에 뭐가 들어가 있나 봤더니 먹음직스럽게 생크림과 부드러운 빵으로 되어 있었다."

다음은 마스카라 제품에 대한 핵심 포인트 추출 사례이다. 각 핵심 포인트 컷마다 필요한 제품 컷 사진, 체험 컷 사진 1~2장과 동영상을 이용하여 제품 상세페이지 포스팅한다.

- 핵심 포인트 컷 1 : 2017년 ○○○ 부분에서 인기 1위 제품임을 강조한다. ○○○ 부분 인기 1위 마크 노출
- 핵심 포인트 컷 2 : 마스카라 제품컷, 제품을 이용하여 길고 또렷하게 완성된 속눈썹 완성 컷
- 핵심 포인트 컷 3 : 제품의 가장 큰 장점인 "바를수록 길어져 보이는 슈퍼 롱래쉬 마스카라"라는 점 강조
- 핵심 포인트 컷 4 : 브러시로 한 올 한 올 잘 발라지는 장점 강조
- 핵심 포인트 컷 5 : 강한 메시지를 전달하기 위해 마스카라 제품을 이용하여 사용하는 방법과 사용 전후 컷 강조

8. 구매전환율 높이는 동영상과 품목별 촬영 핵심

상품 설명 포스팅 시 글보다 사진이, 사진보다 동영상이 내용 전달이 직관적이고 효과가 빠르다. 빠른 내용 전달은 구매자의 구매 의사 결정에도 영향을 준다. 그러므로 상품 상세페이지 포스트에서 동영상은 필수 요소이다.

상품 상세페이지 포스트마다 동영상은 1개 정도 넣으며 운영자가 스스로 테스터가 되어 영상 내용을 촬영한다. 아래 표의 품목과 영상 내용을 보면 무엇을 영상으로 담아야 하는지 가늠할 수 있을 것이다.

품목	영상 내용
여성의류	야외 촬영 영상
기능성 의류	방수, 탄력성 등 실제 기능 테스트 영상
마스카라	마스카라 바르는 과정과 방법에 대한 영상
드라이기	작동법과 바람의 세기를 느낄 수 있는 영상
두피 모발 샴푸	사용 방법 영상
타먹는 건강식품	제품을 컵에 타서 직접 먹는 영상
휴대폰 커버 필름	필름을 부착하는 시연, 스크래치나 눌림 자동 복원되는 영상
토종 벌꿀	벌꿀 통 만들고, 양봉하는 현장 모습, 벌꿀 채취 과정 영상

다음 그림은 헤어 드라이기 제품 상세페이지 포스팅 사례이다.

다음은 헤어 드라이기 제품 구성에 관한 내용을 자세히 설명하는 상품 상세페이지 포스트이다. 제품에 대한 설명은 잘 설명되어 있다. 하지만 이 포스트에서 무언가 아쉬움이 있다면 운영자가 제품을 체험한 리뷰가 없다는 점이다.

블로그마켓의 상품 상세페이지 포스트는 반드시 운영자 또는 리뷰어의 체험기가 녹아들어가 한다. 체험기를 얼마나 구매자 입장에서 진속하게 잘 표현했는가에 따라서 그 결과는 완전히 달라진다.
만약 위 헤어 드라이기의 바람 세기가 어느 정도인지를 오른쪽과 같은 사진으로 표현하면 어떨까? 글로만 표현하는 것보다 설득력이 높아질 것이다.

이번에는 바람의 세기를 사진이 아닌 실제 동영상으로 표현하면 어떨까? 사진보다 동영상으로 표현하면 제품의 품질에 대한 전달 효과가 빠를 것이. 또한 구매 여부를 판단하는 데 큰 도움이 된다.

9. 상품 사진에 서명을 넣어야 하는 이유

상품 사진에 서명을 넣는 이유는 크게 2가지 목적이 있다.

첫째, 저작권이 자신에게 있다는 것을 의미하며, 무단으로 사용하지 못하게 하려는 의도가 있다. 또한, 포스트 공유 시 브랜드나 블로그마켓 이름을 알리는 효과도 있다.

둘째, 블로그 저품질을 방지할 수 있다. 포스팅 시 타인의 스냅샷 사진을 사용하는 것은 블로그 저품질 원인 중 한 가지가 될 수 있다. 블로그마켓의 저품질은 노출 제한 등의 사업적 불이익을 받을 수 있으므로 포스트에 사용할 사진은 반드시 자신이 직접 촬영한 사진만을 사용하는 것이 좋다. 그런 점에서 서명을 넣는 것은 운영자가 직접 촬영한 사진이라는 것을 검색 엔진에게 알리는 방법이기도 하다.

※ 인터넷 상에서 다른 사람의 사진이나 화면을 캡처해서 사용하는 이미지를 스냅샷 사진이라고 한다.

10. 블로그마켓의 치명타, 저품질 예방 및 탈출하기

10-1. 저품질이 뭐지?

만약, 어느 날 블로그의 방문자가 급격히 감소했다면 내 블로그가 저품질 상태는 아닌지 의심해 봐야 한다.

"저품질 블로그가 뭐지?"

저품질 블로그라는 용어는 네이버에서 만든 것은 아니다. 저품질 블로그는 특정 검색어에 대한 블로그 검색 결과를 기준으로 다음과 같이 세 가지 유형으로 분류할 수 있다.

❶ 일반 저품질 블로그 : 블로그에서 발행하는 대부분의 포스트가 통합검색에 노출되지 않는 블로그

❷ 3페이지 저품질 블로그 : 블로그에서 발행하는 모든 포스트가 블로그 탭 검색 결과 3페이지 이후에 노출되는 블로그

❸ 최신순 저품질 블로그 : 일명 '안드로메다 블로그'라고 하며, 블로그에서 발행한 포스트가 발행 직후인 최신순 검색 결과에만 노출되는 블로그

다음은 대표적인 어뷰징을 시도하는 행위이다.

> 프로그램으로 글을 발행하는 경우, 반복적으로 글을 수정하거나 삭제하는 경우, 글을 반복적으로 검색 비공개로 하는 경우, 특정 키워드를 과도하게 도배하는 경우, 저품질 이미지를 사용하는 경우, 숨은 텍스트를 삽입하는 경우, 무분별한 특수문자 삽입하는 경우

예 단기간에 방문자 수를 올리기 위해 실시간 검색어나 핫토픽 키워드 등을 사용해 자극적인 제목과 사진을 사용하는 경우

※ 검색 순위를 위한 인위적인 행동을 어뷰징이라 한다.

TIP | **블로그마켓의 특성을 고려한 포스팅 문체**

블로그마켓은 인터넷 쇼핑몰, 오픈마켓, 종합쇼핑몰 등 그 어떤 인터넷 판매 채널보다 인간적인 미를 느낄 수 있는 곳이 되어야 한다. 인터넷 쇼핑몰, 오픈마켓이 정형화된 상품 상세페이지 포스트를 요구한다면 블로그마켓은 친근한 느낌의 상품 상세페이지 포스트를 원한다. 블로그 포스트에 사용하는 표현은 일반적인 글을 쓸 때 사용하는 필체인 문어체보다 일상생활에서 사람들과 대화하듯이 쓰는 구어체가 훨씬 더 친근하다.

에어콘 구조를 설명한다고 가정해보자.
구어체는 에어컨을 보면서 설명하듯이 작성한다.

"이걸 누르면 바람 세기가 조정되고, 이걸 누르면 바람 범위가 조정됩니다^^. 아참 리모콘은 이렇게 사용하는 거임 ㅎㅎ."

즉 구어체는 정형화된 상품 정보를 전달하는 인터넷 쇼핑몰 느낌보다는 개인 블로그에 놀러온 것과 같은 느낌에 더 가깝다. 옷에 대한 느낌을 표현할 때 친한 친구가 옷을 골라준다는 느낌으로 설명하거나 남자친구와 함께 커플룩을 입고 것처럼 일상을 담아 상품 상세페이지 포스트를 작성하기 때문이다. 고객은 블로그마켓 운영자를 가깝게 느끼면서 자연스럽게 신뢰가 생기게 된다. 즉 블로그마켓 운영자를 믿고 구입했는데, 역시 마음에 든다는 댓글들이 달리게 된다.

10-2. 저품질 블로그 확인하기

저품질 블로그인지 확인하는 가장 손쉬운 방법 중 한 가지가 발행한 포스트의 제품을 복사해서 검색해보는 것이다. 포스트 제목(❶)을 복사한 후 검색 창에서 붙여넣기(❷)하여 검색하고 '블로그' 탭(❸)을 클릭한다. 검색 결과에서 자신의 글이 상위에 노출되는지 확인한다. 제목 전체를 검색하기 때문에 경쟁이 아주 치열하지 않은 이상 상위에 노출에 노출된다. 만약 경쟁 포스트가 많아 확인이 쉽지

않다면 '제목-제목' 메뉴(❺)를 클릭한다. '기간-1주일, 1일' 순(❼)으로 순차적으로 적용한다. 이 메뉴를 클릭해도 자신의 포스트가 노출되지 않는다면 저품질 블로그임을 의심해야 봐야 한다.

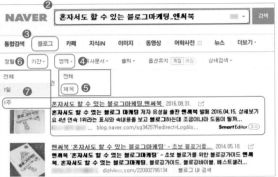

10-3. 저품질 블로그 탈출하기

자신의 블로그마켓이 저품질 블로그 상태라고 파악되면 방문자 트렌드를 조사하고 분석한 후 아래와 같은 행위를 진행한다.

❶ 블로그마켓의 체류시간을 확보할 수 있도록 한다

검색자의 검색 의도에 맞게 작성된 좋은 글은 자연스럽게 블로그의 체류시간(글을 읽고 있는 시간 등)이 길어지게 되어 저품질 블로그 탈출에 도움이 된다. 내 블로그를 방문한 사용자가 내 블로그 내의 페이지를 열람한 횟수가 조회수이다. 조회수와 체류시간은 비례한다.

블로그마켓의 체류시간을 늘리는 방법은 많다.

투표를 사용하거나, 계산법을 넣거나, 블로그 내에서 페이지를 이동시키게 하거나, 생각할 수 있는 글을 넣거나, 이벤트를 하거나, 시리즈 글을 발행하는 등 다양한 방법이 있다.

다음은 "순정에 끌리다" 블로그마켓의 이벤트 당첨자를 직접 뽑는 포스트이다. 운영자가 직접 제비뽑기로 당첨자를 뽑는 영상을 재미있게 연출하여 고객들에게 재미를 전달하고 동시에 체류시간을 확보할 수 있다.

블로그 포스트 작성 시 [투표] 버튼을 클릭한 후 '투표 생성' 창이 나타나면 다양한 유형의 투표 게시글을 만들어 이웃들의 참여를 유도할 수 있고, 이웃들의 니즈를 파악할 수도 있다. 또한 투표 게시물을 이웃들에게 공유할 수 있는 이벤트를 동시에 진행하면 체류시간 확보와 동시에 블로그 지수 상승에도 도움이 된다.

※ 방문자 수보다 검색어별 검색 결과에서의 클릭 데이터 수를 높여라. 클릭 데이터는 검색 결과에서 검색 이용자가 블로그를 방문한 후 문서를 클릭함과 동시에 실시간으로 집계되어 검색 랭킹 계산에 사용된다. 클릭 데이터를 높이는 것은 저품질 블로그 탈출과 함께 검색 상위 노출에도 유리하다.

❷ 공유되는 포스트를 작성한다

자연스럽게 다른 블로그에게 자신의 글이 스크랩되는 것을 의미하며, 많은 사람에게 스크랩되면 방문자가 늘어나게 된다. 자연스러운 스크랩을 위해서는 이벤트 등을 통해서 진행할 수도 있지만 근본적으로 방문자가 공감할 수 있는 포스트 작성이 선행되어야 한다.

위의 두 가지 사항을 충실히 이행하면 저품질 블로그에서 탈출할 수 있게 된다.

TIP 포스팅 시 주제를 선정하라

이달의 블로그는 최근 활동성, 이웃추가, 방문자 수, 추천, 공감, 댓글 등의 요인을 결합해 주제별로 추천된다. 포스팅 시 주제를 설정할수록 선정 가능성이 높아진다는 설명이다.

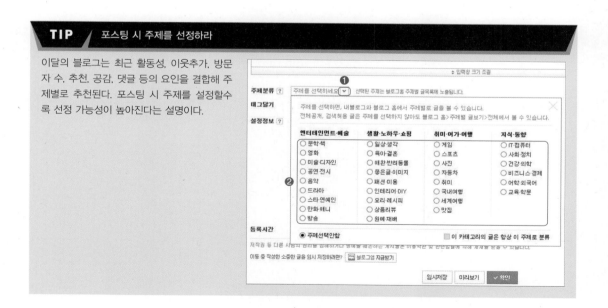

Blog market

블로그마켓 CS &
단골 고객 늘리기

LESSON 01

블로그마켓 통계 데이터 분석과 대응 전략

1. 한눈에 살펴보는 블로그 통계 데이터 분석

블로그마켓을 방문한 고객의 행동, 즉 고객들은 어떻게 접속(유입)하였고, 무엇에 관심이 있었는지 등과 같은 고객의 관심과 흔적은 네이버 블로그의 '통계' 데이터로 확인할 수 있다.

'통계' 데이터는 '사용자 분석', '방문 분석', '순위'를 통해 고객은 블로그마켓에서 무엇을 했는지, 어떤 키워드에 반응했는지, 어떤 상품 상세페이지 포스트에 관심이 있는지 등 고객의 관심 및 이동 현황 일체를 확인할 수 있다.

통계 데이터를 블로그마켓 운영에 활용하는 것을 '블로그마켓 통계 데이터 분석'이라고 한다. 네이버 블로그 통계 데이터 분석 기능의 항목에는 [오늘], [방문 분석], [사용자 분석], [순위] 등이 있다. 각 분석 항목의 결과에 따라 블로그마켓의 운영 방안을 개선할 수 있다.

❶ 오늘

- 일간 현황 : 일별 조회수와 일별 방문 횟수를 그래프로 보여준다. 일별 조회수는 내 블로그를 방문한 사용자가 내 블로그 내의 페이지를 열람한 횟수이고, 일별 방문 횟수는 사용자들이 내 블로그에 오늘 방문한 횟수이다.

  또한 조회수 순위, 유입경로를 통해 당일에 내가 올린 포스트에 대한 이웃이나 방문자들의 반응, 유입경로 등을 바로 확인할 수 있다.

  일간 지표의 조회수, 방문 횟수, 조회수 순위, 유입경로의 통계 자료를 보면 어떤 포스트에 반응했는지, 다음 포스팅은 어떻게 준비해야 하는지를 예상할 수 있다.

  성별, 연령별 분포의 통계 자료를 보면 내 블로그 방문자들의 성별 분포도와 성별 조회수를 파악할 수 있다. 예를들어 20~30대 여성을 위한 패션 관련 블로그마켓이라면 성별 분포도와 성별 조회수는 20~30대 여성 이웃의 비중을 높일 수 있도록 해야 한다.

❷ 방문 분석

- 조회수 : 해당 기간 동안 내 블로그를 방문한 사용자가 내 블로그 내의 페이지를 열람한 횟수
- 순방문자 수 : 해당 기간 동안 내 블로그에 1회 이상 방문한, 중복되지 않은 방문자 수
- 방문 횟수 : 해당 기간 동안 내 블로그에 방문한 총 횟수이며, 30분 이내의 재방문은 가산되지 않는다.
- 평균 방문 횟수 : 해당 기간 동안 순방문자의 평균 방문 횟수를 전체, 서로이웃, 이웃, 기타로 분류하여 그래프로 나타낸다.
- 재방문율 : 선택한 기간의 전체 방문자들 중에서 선택한 기간 직전 기간에도 방문했던 사용자들의 비율을 전체, 서로이웃, 이웃, 기타로 분류하여 그래프로 나타낸다.
- 평균 사용 시간 : 선택한 기간 동안 사용자들이 내 블로그를 이용한 평균 시간을 그래프로 나타낸다.

❸ 사용자 분석

- 유입분석 : 특정 기간 동안 내 블로그를 방문한 전체 유입자수 중 각 경로별 유입 비율을 제공하며, 네이버의 각 서비스 단위(통합검색, 블로그, 사이트검색 등의 PC와 모바일)로, 그리고 외부 사이트 단위(google 등)로 구분하여 분포를 제공한다. 또한 각 서비스 단위의 상세 유입 경로를 제공한다.
- 시간대별 조회수 : 내 블로그 조회수의 시간별 발생 분포를 의미하며, 선택일의 분포와 전일의 분포, 그리고 전월의 평균 분포로 제공한다.
- 성별, 연령별 분포 : 해당 기간 동안 내 블로그 방문자의 성별, 연령별 분포를 의미하며, 조회수 기준 데이터와 순방문자 수 기준 데이터를 제공한다. 해당 기간 동안의 성별, 연령별 정보를 확인 가능한 사용자수가 5미만인 경우에는 개인정보보호차원에서 제공하지 않는다.
- 기기별 분포 : 해당 기간 동안 내 블로그 방문자들이 사용한 기기를 모바일과 PC로 구분하여 조회수 기준과 순방문자 수 기준 비율을 제공한다.

- 이웃 방문 현황 : 해당 기간 동안 내 블로그의 이웃(서로이웃, 피이웃, 기타)이 조회한 횟수와 순 방문자 수를 그래프로 제공한다. 서로이웃은 나와 이웃이 서로 이웃한 관계이고, 피이웃은 나를 이웃으로 하는 사용자이며, 기타는 나와 이웃 관계가 아닌 사용자를 의미한다.
- 이웃 증감수 : 해당 기간 동안 이웃 추가수, 이웃 삭제수, 서로이웃 신청수를 그래프로 제공한다. 이웃 추가수는 나를 이웃으로 추가한 이웃수이고, 이웃 삭제수는 나의 이웃 중 이웃 관계를 끊은 수이며, 서로이웃 신청수는 나와 이웃이 서로 이웃 신청한 수이다.
- 이웃 증감 분석 : 해당 기간 동안 이웃 추가, 이웃 삭제, 서로이웃 신청한 사용자의 성별 및 연령 별 분포를 그래프로 제공한다.

❹ 순위
- 조회수 순위 : 해당 기간 동안 조회수가 가장 높은 포스트를 최대 100개까지 조회수가 높은 순서로 제공한다. 주제 기준을 선택한 경우 각 주제에 포함된 포스트의 조회수 합이 높은 순서로 제공한다.
- 좋아요수 순위 : 해당 기간 동안 '좋아요'를 가장 많이 받은 포스트를 순서대로 최대 100개까지 제 공한다.
- 댓글수 순위 : 해당 기간 동안 댓글이 가장 많이 달린 포스트를 순서대로 최대 100개까지 제공한다.

❺ 블로그 평균 데이터
활동중인 블로그 전체의 평균 데이터와 월간 조회수 상위 5만개 블로그의 평균 데이터와 내 블로그 평균 데이터를 비교합니다. 이 비교지표를 통해 블로그 운영 전략을 세울 수 있습니다.

2. 방문자 분석과 대응 전략
블로그마켓의 방문자는 처음 방문자와 재방문자의 상황에 따라 4가지 유형으로 분석할 수 있다.

❶ 처음 방문자 수와 재방문자 수가 모두 증가한 경우
처음 방문자 수와 재방문자 수가 모두 증가한 것은 블로그마켓의 전체적인 방문자 수가 증가했다는 것을 의미한다. 새롭게 작성한 블로그 포스트의 효과를 발휘하여 처음 방문자 수가 증가한 것이다. 처음 방문자 가 이후에도 다시 찾아오는 선순환 구조로 되어 있으므로, 재방문자도 증가하였다고 볼 수 있다.

❷ 처음 방문자 수는 증가, 재방문자 수는 감소한 경우
블로그 포스트의 검색 노출 효과로 처음 방문자 수가 증가하였으나 처음 방문자가 다시 찾고 있지 않다는 것을 의미한다. 재방문율이 저조한 이유는 블로그마켓에 만족하지 못하거나, 블로그마켓에 서 판매하는 상품이나 상품 상세페이지 포스트가 만족스럽지 못하거나, 신용카드 결제 등 구매 결제 가 다양하지 않아 불편하거나 등 다양한 원인이 있을 수 있기 때문에 한 번 방문한 방문자가 다시 블 로그마켓을 찾아올 수 있도록 그 원인을 찾아 해결해야 한다.

❸ 처음 방문자 수 감소, 재방문자 수 증가

처음 방문자 수가 감소하는 것은 유입 출처 확보가 제대로 되어 있지 않은 경우라고 할 수 있다. 블로그마켓의 신규 고객은 검색 포털의 검색을 통해 유입되는 경우가 대부분이기 때문에, 포스트가 제대로 검색 노출에 반응하는지, 또한 포스트용 키워드 검색 노출 상태를 분석해야 한다. 재방문자 수가 증가하고 있다는 것은 방문자들의 블로그마켓 호감도가 비교적 양호하며, 블로그 포스트 및 상품 등에 관심을 받고 있다는 것을 의미한다. 발행한 포스트를 키워드별로 점검하거나 홍보 채널을 점검하여 처음 방문이 늘어날 수 있도록 해야 한다.

❹ 처음 방문자 수 감소, 재방문자 수 감소

블로그마켓 운영에 대한 전반적인 검토가 필요하다. 블로그 포스트가 검색 노출되지 않거나, 블로그마켓에서 판매하는 상품의 문제, 블로그 저품질 등의 문제가 있을 수 있다. 포스트의 주제, 키워드 등을 집중적으로 분석하여 처음 방문을 증가시키기 전에 블로그마켓 내부의 문제점은 없는지 검증하여 수정한 후에 시행하는 것이 좀 더 효과적일 것이다.

TIP / 재방문율과 대응 전략

방문 분석 메뉴 중 재방문율이 10% 미만일 경우 방문한 목적과 부합되지 않거나 키워드와 매치하지 않거나 관련성이 떨어지는 포스트를 발행하는 경우 바로 이탈 확률이 높고, 재방문율이 낮다. 포스트의 내용과 핵심 키워드의 관계, 포스트의 내용이 고객 입장을 고려해서 작성했는지 등을 분석한 후 문제점을 체크한다.

---

3. 사용자 분석과 대응 전략

내 블로그를 어떤 경로로 방문했고, 처음 방문자들의 행동, 이웃 증감 등을 분석할 수 있다.
특히 유입분석, 이웃 방문 현황, 이웃 증감수의 현황에 따라 블로그마켓의 운영 방침을 정비할 필요가 있다.
처음 방문자는 '검색 유입 → 이탈', '검색 유입 → 다른 상품 상세페이지 포스트 뷰 → 이탈' 등과 같이 짧은 경우가 대부분이다. 최적의 상황은 처음 방문자가 '결제'까지 진행할 수 있게 만드는 것이다. 하지만 블로그마켓은 일반 인터넷 쇼핑몰과의 특성 차이로 인해 이웃 관계를 맺고 재방문 등이 지속된 이후에 결제가 진행된다. 즉 '검색 유입 → 다른 상품 상세페이지 포스트 뷰 → 이웃 맺기 → 재방문 → 결제'와 같은 단계로 진행된다. 블로그마켓의 이런 특성으로 인해 상위 노출시켜 방문자를 늘리기 보다는 재방문자 늘리고, 친밀도를 높여야 결제까지 진행될 수 있다.

재방문자는 한 번 이상 방문한 경험이 있으므로 처음 방문자보다 구매 결정이 빠르고 구매전환율이 높다. 처음 방문자를 재방문자로 만들고, 이웃으로 만드는지는 블로그마켓을 성장시킬 수 있는 원동력이 된다. 나를 이웃으로 하는 사람의 조회수(피이웃)와 나와 이웃 관계가 아닌 사람의 조회수(기타)의 상황을 분석해보자.

❶ 피이웃 조회수 증가, 기타 조회수 감소
블로그마켓에 재방문한 사람들의 만족도가 높지만, 검색을 통한 신규 고객들이 감소한 경우이다. 검색 노출이 잘 될 수 있도록 포스트 전략과 키워드 전략을 세워야 한다.

❷ 피이웃 조회수 감소, 기타 조회수 증가
검색을 통한 신규 고객들은 늘어났지만 만족도가 떨어져 재방문자 수가 떨어지는 상황이다. 상품 상세 페이지 포스트의 고객 만족도, 상품 만족도, 이웃 답글 등 대응 등에 문제점이 없는지 체크해야 한다.

❸ 피이웃 조회수 증가, 기타 조회수 증가
재방문한 사람들의 만족도가 높고, 검색을 통한 신규 고객들도 증가하는 상황으로 가장 이상적인 이웃 상황이다.

4. 방문자의 관심도를 파악할 수 있는 3가지 순위 분석하기

블로그마켓에서 발행한 포스트 중 어떤 포스트의 조회가 높은지, 어떤 포스트에 좋아요와 댓글 많이 달렸는지, 포스트의 순위를 파악할 수 있다. 조회수, 좋아요수, 댓글수는 방문자의 관심도를 가장 정확하게 나타내는 통계 자료이므로 수시로 체크해야 한다.

예를 들면 조회수 순위의 글 데이터를 요일별로 분석하면 방문자 수가 감소한 이유를 알 수 있다. 조회수 순위는 일간, 주간, 월간 단위로 검색할 수 있고, 각각의 게시글을 클릭한 후 [다운로드] 버튼을 클릭하면 그 결과가 정리된 엑셀 파일을 다운로드 받을 수 있다.

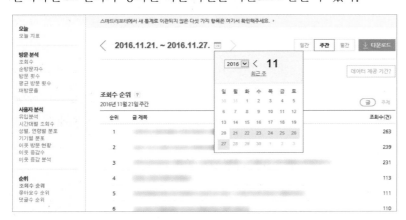

※ 글의 조회수를 요일별, 주간별, 월별로 비교 분석해보면 방문자의 감소 원인을 알 수 있다.

다운로드 받은 조회수 엑셀 파일을 토대로 다음과 같이 일자별 또는 주간별, 월별 등으로 포스트의 피이웃과 이웃의 조회수를 얻을 수 있다. 어떤 포스트가 내 블로그마켓의 평균 조회수 이하인지, 그 자료를 토대로 방문자 수의 증가와 감소 원인을 파악할 수 있다.

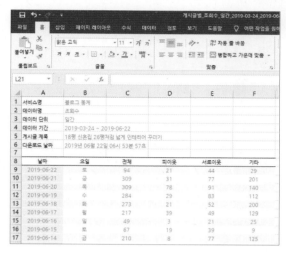

※ 좋아요수와 댓글수 순위의 글 데이터를 요일별로 분석하면 고객이 내 블로그마켓의 무엇에 관심을 보이는지 관심도를 파악할 수 있다.

조회수, 좋아요수, 댓글수 순위는 글과 주제로 구분해서 조회할 수 있다. '글(❶)'은 블로그마켓에서 발행한 전체 포스트 중 조회수가 높은 순으로 최대 100개까지 나열되고, '주제(❷)'는 포스트 작성 시 선택한 주제(❸)에 포함된 포스트의 조회수 합이 높은 순으로 제공한다.

※ 포스트 발행 시 주제 분류에서 블로그마켓 컨셉과 가장 매치되는 주제를 선택하는 것이 검색 노출에 유리하기 때문에 반드시 주제를 선택한다.

TIP   블로그마켓 운영자가 매일 해야 될 일

1. 매일 포스팅하기
2. 1시간 후 내가 쓴 포스트 검색 노출 여부 확인하기
3. 매일 오전에 전일 통계 확인하기
4. 이웃과 소통하기_댓글 달고 공감해주기
5. 유사문서 확인하기

LESSON 02

블로그마켓 성장 프로세스와
단골 고객 만들기

블로그마켓 운영자 입장에서 단골 고객을 만드는 것은 사업의 성공을 위해 아주 중요한 부분이다. 단골 고객의 확보는 규모가 작은 블로그마켓일수록 더욱 중요하다.

단골 고객을 많이 만들고 싶은 마음은 모든 블로그마켓 운영자들에게 공통된 바램일 것이다.

단골은 그 자체로도 블로그마켓의 매출을 올려주는 데 큰 도움이 된다. 하지만, 단골의 가치는 단골이 올려주는 매출보다도 그로 인해 새로운 신규 고객이 창출된다는 점이다. 인맥 관계가 좋은 단골 고객 한 명만 제대로 확보해도 매출에 큰 차이가 나는게 블로그마켓이다. 단골 고객을 늘려나가는 것은 그래서 매우 중요하다.

따라서, 블로그마켓을 자주 방문해 주시는 단골 중에서도 집중적으로 관리할 필요가 있는 충성 고객을 잘 선별해서 충분히 보상해 줄 필요가 있다.

블로그마켓의 성공은 단골을 확보해 나가며 그 절대적인 숫자를 늘려나가는 것에서 찾아야 한다.

블로그마켓을 오랜 기간 동안 운영한다는 것은 그만큼 꾸준히 매출을 올린다는 것을 의미하고 그 중심에는 단골 고객, 충성 고객들이 있으며, 그들이 데려오는 신규 고객들이 있는 것이다.

그렇다면, 어떻게 단골 고객을 늘려나갈 것인가?

◆ 블로그마켓 성장 프로세스

"블로그마켓 성장 프로세스"에서 검색을 통해 고객을 유입시키더라도 관계를 맺지 못하면 최초 고객을 확보하기 위해 1단계 과정을 계속 반복할 뿐이다. 또한 블로그마켓의 성장과 매출은 기대하기 힘들 것이다.

"5명을 만들어라"

블로그마켓이 성공하려면 재방문하는 이웃을 만드는 것이다. 1차 목표는 나의 포스팅에 댓글을 달아줄 애정이 있는 이웃 5명을 만드는 것이다.

사람들은 댓글이 없는 포스팅에는 댓글을 잘 달지 않는 심리가 있고, 댓글이 달린 포스팅에는 적극적이다. 특히 검색을 통해서 처음 방문한 사람은 댓글 없는 포스트에 댓글 달기가 쉽지 않다. 처음 방문한 사람의 댓글에 달아준 운영자의 친근한 답글을 보면 다가가기가 쉽다.

운영자와 댓글과 답글을 주고받다 보면 작은 소통이 시작되는 것이고, 이렇게 소통하는 이웃들이 쌓이고 쌓이다 보면 포스트마다 수십~수백 건의 댓글이 달리게 된다. 처음 댓글달리기가 어렵지만 매 포스트마다 5건 정도의 댓글이 달리면 그 이후에는 빠른 속도로 늘어나게 된다. 그러므로 나의 포스팅에 정성껏 댓글을 달아줄 이웃 5명을 만드는 것이 필요한 것이다. 단, 아무리 댓글이 많아진다고 해도 반드시 답글을 정성껏 작성해주어야 한다.

"블로그마켓 성장 프로세스" 1단계에서 2단계로 발전하기 위해서는 각별한 노력이 필요하다. 다시 방문하고 계속 방문하도록 만들 수 있는가에 따라 블로그마켓의 성패가 판가름나기 때문이다.

댓글을 통한 소통을 시작한 이웃이 바로 구매 고객으로 바로 이어지는 확률은 그리 높지 않다. 이웃 관계를 맺고 재방문하는 2단계를 거쳐 구매 고객이 되고, 이후 끈끈한 관계(3단계)로 맺어지게 되면 이웃들은 자신의 지인을 데려오기(4단계) 시작하게 되고, 이후부터 이웃의 이웃과 관계 늘리기가 시작되는 일련의 '선순환 블로그마켓 성장 프로세스'가 만들어진다.

A가 B에게 서로이웃 신청 시 B가 수락할 경우 "서로이웃" 거절하면 "이웃"

이웃이란 싸이월드 "미니홈피"시절의 일촌과 유사한 개념이며 현재 SNS의 팔로워(follower)와 같은 의미로 봐도 좋다. 이웃의 종류는 서로이웃과 이웃이 있는데, 서로이웃이란 A가 B에게 서로이웃을 신청했을 때 B가 수락할 경우 양쪽이 서로이웃이 되는 걸 의미하며 SNS로 보면 맞팔(맞팔로워:양쪽 다 수락한 친밀한 관계)을 뜻한다.

만약 B가 거절할 경우 이웃이 된다. 즉, 서로이웃은 둘다 애정이 있는 연인관계이고, 이웃은 일방적인 추가(즐겨찾기)로 짝사랑인 셈이다.

OPML(Outline Processor Markup Language)은 개요처리기를 위한 파일 형식으로 정의된 언어이다. 예를 들어 'A'라는 블로그마켓을 운영하다 저품질 등 여러 가지 이유로 'B'라는 새로운 블로그를 운영하게 되는 경우 'A' 블로그마켓의 이웃 회원 목록을 OPML 파일로 만든 후 'B' 블로그마켓에서 가져오기 할 수 있다. OPML을 이용하면 블로그의 이웃을 편리하게 옮길 수 있다.

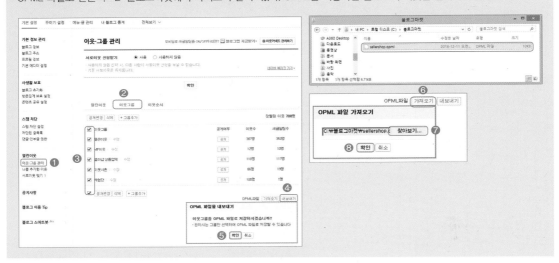

LESSON
03

예비 고객을 충성 고객으로 만들기

블로그마켓 성장 프로세스의 1단계인 예비 고객을 신규 고객, 단골 고객, 충성 고객으로 만드는 과정이 필요한데, 이를 위해서는 차별화된 서비스가 제공되어야 한다. 물론 자발적으로 댓글 등을 작성해 주시는 이웃들에게 답글 등으로 반갑게 맞아주고 그때그때 상황에 맞게 서비스를 제공하는 것도 좋지만, 좀 더 체계화시켜 관리하는 게 장기적인 관점에 바람직하다.

이웃의 적극적인 참여를 끌어낼 수 있는 코너, 서비스, 혜택 등을 만들어야 한다. 예를 들면 블로그마켓의 상품 후기 코너를 마련하여 아래와 같이 상품 리뷰를 작성하는 사람들에게는 적립금이나 사은품을 제공하면 단골 고객 확보는 물론 입소문 효과를 기대할 수 있다.

◆ 고객 리뷰 코너를 운영하는 더지미 블로그마켓

◆ 블로그마켓 상품 후기 코너에 고객이 올린 사례들

다음은 상품 상세페이지 포스트나 배송 상품에 동봉하는 감사 편지에 넣을 적립금 내용 샘플입니다. 아래 내용을 블로그 공지사항과 상품 포스팅마다 넣거나 배송 상품에 안내장 등으로 동봉하여 활용할 수 있다.

충성고객은 아주 작은 것을 실천하면서 고객과 가깝게 있다고 느끼게하는 것부터 시작된다. 포스트 잇에 간단한 손편지 몇 줄은 적립금을 바래기보다는 고객 스스로 구매평을 달아주는 힘으로 작용한다. 손편지의 내용은 진정성 있게 작성해야 한다. 이것이야 말로 블로그마켓의 최대 장점인 이웃의 감성을 자극할 수 있는 감성 마케팅의 일환이라 할 수 있다.

> 예쁘게 입으신 후 후기를 보내주시면 적립금을 드립니다 :)
>
> • 카카오톡 : 다섯줄 이상의 후기와 사진 – 1,000원
> • 인스타그램 : 해쉬태그 #셀러샵 #sellershop – 1,000원
> • 블로그마켓 : 태그 #셀러샵 #sellershop – 3,000원
>
> ※ 저마진 마켓이라 후기를 보내주시는 정성에 대한 작은 보답으로 진행하는 적립금이기 때문에 바로 다음 차수(블로그마켓 12차 공동구매)에만 사용 가능하며, 이후에는 소멸되오니 양해 부탁드립니다.

◆ 블로그마켓 상품 후기 혜택 안내 문구 샘플과 사례

이웃추가 위젯을 클릭해서 이웃이 되면 신상이나 이벤트 소식을 빨리 만날 수 있는 혜택(❶), 카카오채널, 인스타그램, 페이스북에 다양한 정보를 제공 받는 구독자를 만드는 등을 할 수 있다.

또한 이벤트로 이웃을 늘리고 관리할 수도 있다. 새 글 소식 받기나 알림 앱을 하는 이웃들에게 이벤트하는 등 정기적으로 이벤트를 진행하면 이웃과 적극적인 소통을 기대할 수 있고, 새로운 이웃도 늘릴 수 있다. 다음은 이벤트를 통한 이웃 늘리기 사례이다.

다음은 블로그 상품 상세페이지 포스트마다 할인 이벤트로 운영자의 카카오 스토리를 방문하여 '소식받기'를 유도하는, 즉 이웃 늘리기 사례이다.

이웃 효율적으로 늘리고 관리하기

어떤 이웃과 자주 소통하는가? 이웃과의 소통은 댓글과 공감에서 시작된다. 하지만 이웃 수가 많아져 100명 정도가 되어도 답글 달거나 이웃 블로그에 답방 가는데 1~2시간은 걸리기 때문에 이웃 수가 너무 많아지면 때로는 부담이 될 수 있다. 이런 경우 그룹으로 관리하면 이웃을 효율적으로 관리할 수 있다.

1. 이웃이 많으면 좋은 점

다음은 블로그 이웃이 많으면 좋은 점을 나열한 내용이다.

❶ 포스팅이 등록되는 순간 업데이트 현황이 구독 영역(❶)에 노출되어 방문을 유도 할 수 있다.

❷ 이웃이 많아질 경우 트래픽(방문)뿐만 아니라 댓글, 공감, 스크랩 같은 반응으로 인해 블로그지수가 높아질 가능성이 높아진다.

❸ 이웃이 많은 블로그는 이웃커넥트를 통해 신뢰있는 블로거로 보여질 수 있는 후광효과를 기대 할 수도 있다.

❹ 블로그마켓과 관련 된 이웃 또는 관심사가 동일한 경우 이웃이 잠재적 고객이 될 수 있어 구매전환률(CVR)을 간접적으로 높일 수 있다.

2. 이웃 늘리기 정석

이웃을 늘리는 가장 기본적인 몇 가지 방법에 대해서 알아보자.

첫 번째는 블로그 홈에서 내가 관심있는 주제를 공유할 수 있는 이웃을 중심으로 늘려가는 것이다. 관심사가 비슷하면 그만큼 소통도 적극적이기 때문이다.

설정 아이콘()을 클릭한 후 관심 주제를 선택하거나 관심 키워드를 직접 입력한 후 [확인] 버튼을 클릭한다.   .

관심주제에서 설정한 주제를 클릭하면 선택한 주제와 연관된 블로그 목록이 나타난다. 관심있는 블로그를 방문한 후 [이웃추가] 버튼을 클릭하면 이웃으로 추가할 수 있다.

두 번째는 관심사로 이웃을 늘린다. 관심사, 취미 등 관심사가 비슷하거나 블로그마켓의 미래 고객이 될 수 있는 분야의 이웃들을 찾아 신청하는 방법이다. 카테고리로 찾거나 관심 검색어를 통해서 찾을 수도 있다.

세 번째는 거주지 중심으로 이웃을 늘린다. 자신의 블로그마켓 특성을 고려한 '거주 지역명+컨셉' 키워드로 검색하면 조금 더 구체적으로 매치되는 이웃들을 검색할 수 있다. '청주 샌드위치 모임'이라고 검색하면 같은 지역의 관심 분야가 비슷한 이웃들을 늘리기가 쉽다.

아래 이웃신청의 두 가지 유형을 살펴보자. 그림1은 기계적인 느낌이 드는 반면 그림2는 인간적인 느낌이 들 것이다. 서로이웃 맺기를 거절하는 분들 중에는 상업적인 목적의 블로그마켓이라고 무조건 서로이웃 맺기를 거절하는 것이 아니라 진정성이 없기 때문인 경우가 더 많을 것이다.

◆ 그림 1   ◆ 그림 2

3. 나쁜 이웃 정리하기

블로그 임대 업체, 바이럴 마케팅 업체, 자신과 무관한 상품이나 서비스 대여 등의 쪽지를 보내는 사람 등은 1차적으로 이웃 관계를 끊는 것이 좋다. 또한 장기간 글을 보지 않거나 방문하지 않는 사람, 너무 형식적인 댓글을 남기는 사람들은 이벤트 등으로 적극적인 참여를 유도하고, 그래도 참여하지 않는다면 블로그마켓의 이웃수를 고려하여 2차적으로 이웃 관계 끊는 것을 고려하는 것이 바람직하다.

또는 이웃 관계를 끊기 곤란한 경우 [열린이웃]-[이웃 그룹 관리]의 열린이웃 목록 중 '새글소식'의 [OFF], '앱활동소식'을 OFF 상태로 만들면 홍보 글을 보내는 불량 이웃 등을 차단할 수 있다.

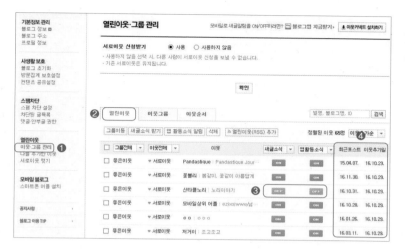

※ 앱 활동소식이란 이웃들이 즐기고 있는 앱 중에서 내 블로그도 설치하여 이용하는 앱이면 나의 최근 활동을 가장 먼저 보여주는 기능이다.

최근포스트와 이웃추가일(❹)의 날짜를 살펴보면 언제 이웃이 되었고, 최근 포스트가 언제인지 등 이웃들의 활동 상태를 확인할 수 있다. 예를 들면 최근 1개월을 기준으로 내 블로그마켓을 방문해주시는 이웃 중 내가 방문해서 수차례 소통을 시도했는데도 불구하고 아무런 반응이 없는 경우 새글소식 받기를 'OFF'한다. 그 이후에도 장기간 소통이 진행되지 않는다면 이웃에서 삭제하여 이웃 관계를 끊는다. 소통하지 않는 이웃, 불통 이웃을 늘려 이웃 수가 많은 것보다 적더라도 소통하는 이웃이 많은 것이 블로그마켓 최적화뿐만 아니라 매출에도 도움 된다.

4. 효과적으로 이웃 관리하기

4-1. 이웃관리 노하우

20~30대 여성을 타깃으로 한 블로그마켓을 운영할 경우 관련 컨텐츠를 올리는 블로거들과 이웃을 맺는 게 좋다. 예를 들어 "20대 여성쇼핑몰"로 검색한 후 블로그 탭으로 이동하여 1페이지부터 블로그방문 후 서로이웃을 신청한다. 20대 여성쇼핑몰 컨텐츠를 올린 사람은 20대 패션에 관심 많은 여성일 확률이 높다. 그러므로 내가 운영하는 블로그마켓에 관심을 두고 서로이웃 신청 시 수락할 확률도 높아지고 이웃이 고객으로 전환될 가능성도 높다.

짧은 시간 쉽게 이웃을 늘리기 위해서는 블로그 이웃늘리기 1등 카페인 파블로카페(http://cafe.naver.com/gpclan)를 가입하면 편하고 쉽게 이웃을 만들 수 있다.

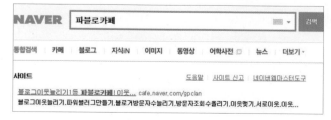

파블로카페에는 성별 게시판이 있어 원하는 성별을 타겟팅 할 수 있을 뿐만 아니라 여자, 남자 이웃맺기 게시판은 반드시 본인 사진을 올려야하기 때문에 블로그업자인지 일반블로거인지 구분이 쉽다.

주제이웃맺기는 본인의 블로거 주제를 표시하기 때문에 자신의 블로그마켓과 관련된 주제의 블로그를 이용하는 사람에게 이웃신청을 하는 게 유리하다. 다양한 게시판이 있어 내가 원하고자 하는 가망고객을 찾을 수 있다.

물론, 블로그마켓 운영자들도 이웃맺기 글을 올릴 수 있기 때문에 먼저 신청하는 것뿐만 아니라 글을 등록하여 이웃신청이 들어오게끔 능동적인 자세를 취하는 것이 좋다. 이때 너무 상업적인 멘트로 이웃신청을 하는 건 서로이웃 확률을 낮추게 되므로 주의해야 한다.

[안 좋은 예]
2030대 여성쇼핑몰 핑크팬더예요! 저렴하고 유니크한 디자인이 가득하답니다! 놀러오세요~

[좋은 예]
안녕하세요! 파블로카페 보고 관심사가 같아 서이추해요 +_+ 여성의류 블로그마켓이기도하지만 원단에 따른 관리방법, 오늘의코디, 요즘 유행하는 핫아이템을 소개하고 있어요! 진심으로 소통하고 답방 자주하는 좋은 이웃이 되어주세요!

상업적이고 상투적인 이웃멘트는 오히려 거부감을 일으키고 이 사람이 내게 이웃이 아니라 날 이용하는 도구로 생각할 수도 있기 때문에 정성스럽게 그리고 마켓을 홍보하는 목적이 아니라 당신과 소통하고 싶다는 의도를 표출해야하며 특히 "블로그의 가치"를 어필하는 게 좋다. 이웃이라 하더라도 자신의 관심과 애정이 하나라도 충족되지 않을 경우 필요 없는 관계가 되기 때문이다. 컨텐츠로 정보를 전달하든 답방을 자주가든 상호간에 "이익"이 되어야 오랫동안 관계가 유지 될 수 있다.

4-2. 그룹을 나누어 관리한다
블로그에서 검색 노출과 관련된 사항 중 핵심은 포스트, 방문자 수, 이웃과 소통이다. 서로이웃은 5,000명까지 가능하다. 이웃관리를 하면서 활동을 하지 않는 이웃 위주로 삭제하면 이웃 수를 5,000명 이상 관리를 할 수 있다.

블로그 이웃 늘리기 정석을 통해 서로이웃을 늘리면 소통 정도에 따라 그룹을 나눈다. 자주 방문하시는 분들, 댓글을 자주 달아주시는 분들, 상품에 관심을 보이시는 예비 고객분들, 상품을 구매하신 경험이 있으신 분들 등과 같이 그룹으로 구분하면 이벤트 등 다양한 마케팅에 효과적으로 진행할 수 있고, 효율적인 고객 관리가 가능하다. 이웃그룹에서 [그룹추가] 버튼을 클릭하면 그룹을 만들 수 있다. 그룹 당 관리 이웃은 500명까지 가능하다.

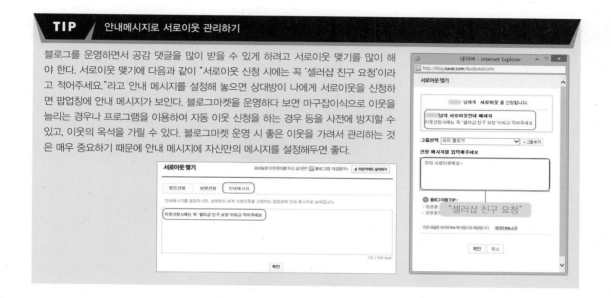

TIP / 안내메시지로 서로이웃 관리하기

블로그를 운영하면서 공감 댓글을 많이 받을 수 있게 하려고 서로이웃 맺기를 많이 해야 한다. 서로이웃 맺기에 다음과 같이 "서로이웃 신청 시에는 꼭 '셀러샵 친구 요청'이라고 적어주세요."라고 안내 메시지를 설정해 놓으면 상대방이 나에게 서로이웃을 신청하면 팝업창에 안내 메시지가 보인다. 블로그마켓을 운영하다 보면 마구잡이식으로 이웃을 늘리는 경우나 프로그램을 이용하여 자동 이웃 신청을 하는 경우 등을 사전에 방지할 수 있고, 이웃의 옥석을 가릴 수 있다. 블로그마켓 운영 시 좋은 이웃을 가려서 관리하는 것은 매우 중요하기 때문에 안내 메시지에 자신만의 메시지를 설정해두면 좋다.

5. 체험단 이용과 직접 운영하기

5-1. 블로그 체험단이란

"체험단은 흰 종이 위에 그림을 그리는 것과 같다. 브랜딩이 없으면 제품도 없다."

블로그를 하고 있는 사람이라면 누구든 한번쯤은 들어봤을 법한 단어 바로 "체험단"이다. 블로그 체험단의 사전적 정의는 "무료로 제품이나 서비스를 제공 받은 후 그에 따른 대가로 솔직한 리뷰를 작성하는 것"으로서 노출과 더불어 브랜딩(branding)을 구축할 목적으로 진행하는 온라인 마케팅으로서 가장 기본적이면서도 제일 중요한 마케팅 전략이라 할 수 있다.

우리가 아이폰에 열광하는 이유는 아이폰 특유의 감성과 차별적인 느낌 때문이다. 그런 감성마케팅을 통해 아이폰은 단지 핸드폰이 아닌 나의 자아를 나타내기도 한다. 아이폰을 사용하는 것만으로도 혁신과 개성, 디자인을 떠올리는데 이것은 애플의 브랜드 이미지를 그대로 자신에게 투영하는 셈이다. 그래서 애플은 가장 비싼 스마트폰임에도 브랜드 이미지를 통해 가장 많이 팔리는 스마트폰이 되었다.

체험단은 크게 체험단 전문 업체를 선정하여 대행하는 경우와 직접 체험단을 모집하여 운영하는 경우 등 크게 두 가지 방법이 있다.

5-2. 블로그 체험단 운영 업체 선정기준

좋은 체험단 운영 업체를 선정하는 것도 전략이다. 나에게 맞는 최적의 체험단 운영 회사를 찾기 위해서는 세 가지 조건이 충족되어야 한다.

첫째, 가격은 1순위가 아니다. 물론, 대부분의 중소업체들은 예산이 소액으로 수동적이다. 그렇기 때문에 비싼 체험단은 하고 싶어도 할 수 없는 게 현실이다. 하지만, 그 현실의 덫에 걸려서 후회하는 광고주를 종종 보곤 한다. 비싸다고 해서 잘하는 건 아니다. 가격만으로 그 회사를 평가하는 누를 범해서는 안 된다. 그렇다고 해서 가격이 싼곳을 선택하란 건 절대 아니다.

가격은 업체들마다 선정기준과 운영방법이 다르기 때문에 천차만별이지만 지역(오프라인)체험단 같은 경우 인당 2~5만 원, 제품(온라인)체험단 같은 경우 인당 1~3만 원정도로 형성되어 있다. 시세보다 터무니없이 저렴한 곳은 주의하는 게 좋다.

특히 저렴한 곳은 신생 체험단 운영업체일 확률이 높다. 왜냐하면 이제 막 생겼기 때문에 업체목록이 없으므로 블로거들이 모이지 않고 블로거들이 없기 때문에 업체들이 계약을 꺼려하니까 어떻게 해서든 업체를 모집하기 위해 "프로모션"이란 허울 좋은 껍데기로 유도하는 것이다. 가격은 중요하지만 가격만 따지다가 소탐대실(小貪大失)을 범하지 말라

◆ 출처_파블로체험단(http://powerblogs.net)

둘째, 인지도는 그야말로 체험단에 있어 중요한 요소이다. 왜냐하면 인지도가 없으면 모집이 잘 안 되고 모집이 잘 안되면 블로거의 질이 좋게 나올 리 만무하다. 게다가 모집이 안 되다보니 인원수를 채우기 위해 아무 블로거나 막 보내주는 일부 몰상식한 체험단 업체도 있기 때문이다.

인지도를 알기 위해서는 네이버 검색광고센터(파워링크)를 이용해 해당 체험단명의 조회수를 조회 하는 방법, 블로그 같은 경우 이웃수 및 일방문자수를 보면 되고 카페 같은 경우 회원수와 일방문자 수를 확인하면 된다. 현재 모집되어 있는 업체목록이 활발한지도 척도가 될 수 있다.

셋째, 전문성은 대부분 간과하지만 아주 중요하다. 왜냐하면 체험단을 단순 "모집"행위로 치부하는 경우가 있는데 이는 잘못된 것 이다. 체험단에도 업무 프로세스가 있고 가이드라인에 의한 검색엔진 최적화(SEO:Search engine optimization)가 마케팅효과와 직결되기 때문이다. 체험단을 운영하 고 관리하는데 있어 지식과 경험 그리고 노하우의 차이는 업체들마다 다르기 때문에 효과도 다르게 나올 수 있다. 특히, 담당자가 자주 바뀌는 경우 목적과 성향에 대한 이해가 부족해 체험단 마케팅에 차질을 빚을 수도 있고 체험 후 리뷰를 안 쓰는 일명 먹튀에 대한 대처 및 관리가 어떤지를 판단해야 하므로 인터넷에 검색하여 평을 확인하고 1회씩 여러 체험단을 직접 경험하여 비교분석 하는 것도 지혜로운 방법이다.

※ 먹튀란? '먹고 튄다'의 줄임말로서 체험을 하고 리뷰를 작성하지 않는 블로거를 지칭하는 말이다.

5-3. 체험단을 직접 모집하기

많은 기업 블로그는 자체적으로 체험단 또는 서포터즈를 모집하여 자사 브랜드, 제품 행사 등 리뷰 마케팅을 진행한다. 자신이 운영하는 블로그마켓에서도 체험단을 모집하여 홍보 채널로 활용할 수 있다. 체험단 운영 업체는 다음과 같은 위젯을 만들어 체험단을 통해 이웃들에게 블로그마켓을 홍보 할 수 있다.

5-4. 체험단의 대가성 포스트 작성 시 주의해야 할 사항

공정거래위원회의 '추천 · 보증 등에 관한 심사지침'에 따르면 광고주로부터 경제적 대가를 받고 특정 상품에 대한 추천 또는 후기글을 올리는 경우 소비자들이 이러한 사실을 알 수 있도록 표준문구에 따라서 그 사실을 명확한 표현으로 공개해야 한다.

 본 포스팅은 실제 상품/서비스 외에 경제적 대가 없이 건강한 리뷰문화를 만들기위해 작성한 진술한 후기입니다.

 이 포스팅은 셀러샵에서 지원받아 작성된 포스트입니다.

◆ 체험단의 리뷰 포스팅 시 대사성 포스트 표준문구 사례

추천, 보증 등의 대가로 현금, 물품 등을 지급받은 경우 '경제적 대가' 또는 그에 상응하는 구체적인 표현(현금, 상품권, 수수료, 포인트, 무료제품 등)을 사용하여 표기한다.

- 기업의 체험 리뷰 모집에 참여하여 제품 리뷰를 작성하는 경우
- 나의 블로그마켓에서 체험단을 직접 모집하는 경우

위 두 가지 경우 모두 다음 표준 문구와 같이 표기하거나 표기할 수 있도록 안내해야 한다.

[표준 문구 1]	[표준 문구 1]
위 XX 상품을 추천(보증, 소개, 홍보 등)하면서 XX사로부터 경제적 대가(현금, 상품권, 수수료, 포인트, 무료제품 등)를 받았음	'유료 광고임', '대가성 광고임'(글자수의 제한이 있는 경우에 한함)

위 표준 문구는 각 게재물(포스팅)의 처음 또는 마지막에 두어야 하며, 글자 크기를 본문과 달리 하거나 그 색깔을 본문과 달리하는 등 소비자들이 쉽게 광고임을 알아볼 수 있도록 게재해야 한다.

따라서, 기존에 광고주로부터 일정한 경제적 대가를 받았음에도 불구하고 일부 추천 후기글에서 광고주와의 경제적 이해관계를 모호하게 표시하거나 단순 홍보글로 보이는 표현들은 사용할 수 없다.

TIP / 블로그마켓의 위험한 행위

블로그를 운영하다 보면 '수십~수백만 원을 지불하고 당신의 블로그를 임대하고 싶다', 한 건당 돈을 지불해줄 테니 '제공해주는 사진과 글을 그대로 포스팅만 해달라' 등 포스팅을 의뢰하는 쪽지를 받는 경우가 종종 있다. 이런 쪽지는 대부분 마케팅 대행사들이 보낸다. 그렇기 때문에 홍보 내용만 강조되고, 검색상위 노출에만 맞추어 등록되며, 프로그램으로 어뷰징이 진행되기도 한다. 체험 원고대행 포스팅이나 체험단을 빙자한 포스팅은 인위적으로 저품질 위험이 그만큼 커지게 되므로 응하지 않는 것이 좋다. 또한 블로그 아이디 대여나 블로그 카테고리 대여는 불법이며, 네이버 영구정지 당할 수 있다.

5-5. 체험단 회사 선정 시 기준(주의사항)

국내 체험단 회사는 약 300곳 이상이 있고 매년 수십곳이 생기고 사라지고 있다. 실제로 체험단 계약 후 갑자기 연락이 되지 않는 소위 "먹튀"나 "폐업"에 의한 피해가 종종 보고 되고 있다. 뿐만 아니라 무료로 해준다는 미끼성 계약을 유도했다가 나중에 결제대금을 요구하거나 혹은 강제로 홈페이지 제작을 하는 등 여러가지 유형의 피해사례가 매년 발생되고 있다. 체험단 회사에게 대행을 맡기더라도 제대로 된 회사를 고르기 위한 기초적인 지식을 알고 있어야 올바른 계약을 할 수 있다. 특히, 단순 가격비교만 해선 마케팅 효과가 제대로 나타나지 않거나 오히려 매출에 손실을 줄 수도 있어 다음과 같은 체험단 회사 고르는 기준 및 주의사항을 인지하는 것이 의사결정에 큰 도움이 될 것 이다.

첫째, 전문성. 체험단은 저렴한 곳 보다 잘하는 곳을 선정해야 한다. 전문성이 있는지 없는지를 구분하기란 말처럼 쉽지 않다.
이때 대기업이나 공기업과 계약한 이력이 있는 곳은 전문성이 뛰어난 회사란 증거다. 특히, 대기업 같은 경우 자체적인 마케팅팀을 구성하고 있기 때문에 자체적으로 전문적이고 까다로운 기준에 의거하여 회사를 선정하기 때문이다.
체험단은 마케팅의 가장 기본이지만 가장 중요한 전략이기도 하다. 단순히 블로거나 인스타그래머를 섭외하는 게 아니라 컨텐츠의 구성과 포털사이트의 노출에 최적화(SEO)된 가이드, 심사기준에 의거한 선정이나 블로그, 인스타그램 정밀분석 등 다양한 전문적인 요소가 필요하다.

둘째, 인지도. 아무리 전문적인 회사라 할 지라도 인지도가 없다면 밑 빠진 독에 물 붓기다. 왜냐하면 블로거나 인스타그래머, 유튜버들이 알고 있어야 신청 할 수 있기 때문이다. 유명한 체험단 회사일수록 신청자가 많이 나오고 그로인해 영향력이 높은 유저를 선정해줄 수 있는 확률도 높아지기 마련이다. 인지도를 확인하기 위해서는 해당 체험단이 주장하는 회원수에 속지 말자 홈페이지 회원수는 자체적으로 제작했기 때문에 얼마든지 조작이 가능하고 그에 따른 증거를 확인 할 길도 없다. 일방적인 주장일 뿐이기 때문에 과장과 왜곡일 확률이 높다.

◆ 국내 블로그체험단 누적이웃수&이웃증가량 1위, 파블로체험단과 타체험단간 이웃수(구독자수) 비교

이웃이 적은 체험단과 많은 체험단과 격차가 8배 가까이 차이난다. 이웃수(구독자수)가 3만조차 안 되는 곳은 신생업체일 가능성이 높고 6만 이상은 메이저급 체험단 회사로서 인지도가 높다는 것을 의미한다. 아무리 저렴하다하더라도 무료로 제공해야하고 마케팅 효과를 봐야하기 때문에 아무리 못 해도 최소 5만 이상인 곳과 계약하는 것이 좋다.

이때 해당 체험단이 운영하고 있는 블로그를 들어가 보면 된다. 블로그의 이웃커넥트(이웃을 표시하는 위젯)에 표시 된 이웃숫자(구독자 수)는 조작이 불가능하다. 네이버 시스템에 의거하여 자동으로 업데이트 되는 일종의 통계이기 때문이다. 그렇기 때문에 체험단 회사에서 운영하는 블로그에 이웃 수가 많을수록 인지도가 높다는 증거이다. 최소 6만 이상의 이웃(구독자)이 있어야 객관적으로 봤을 때 유명한 체험단이라 할 수 있다. 팁을 주자면 이웃수가 적은 경우 대부분 이웃커넥트(이웃표시)를 표시하지 않는다. 왜냐하면 자신들의 체험단 인지도가 낮다는 걸 들키고 싶지 않기 때문이다.

셋째, 안전성이다. 3년이내 폐업 할 확률은 70% 이상이다. 고로 사업자 설립일이 최소 3년 이상은 되야 하며 5년 이상 된 곳은 이미 체험단 회사로서 뿌리를 내린 상태라고 보면 된다. 또한, 1회 계약 같은 단기계약이 불가한 곳을 주의해야 한다. 무조건 1년 계약을 유도하는 곳일 경우 사기업체이거나 혹은 서비스의 질이 떨어지는 곳일 수도 있다. 심지어 위약금을 80%이상 받는 곳도 있으니 단기 계약이 아예 불가한 곳은 피하는 게 좋다. 세금계산서 요청이 불가한 곳도 마찬가지다.

넷째, 시스템. 우리가 체험단을 하는 궁극적인 이유는 우리 가게를 알려 매출을 높이기 위함이다. 예를 들어 블로그 체험단을 한다고 가정했을 때 블로그의 수준(영향력)을 평가해야 한다. 검증되지 않은 블로그에게 의뢰할 상품을 보낼 경우 마케팅 효과는 기대할 수 없으며 단지 무료 제공만 해주는 셈이기 때문이다.

블로그의 일방문자수, 게시물수, 이웃수, 신뢰도 등을 체계적인 심사기준이 적용되는지 또 데이터 분석을 할 수 있는 시스템이 마련되어 있는지 확인하는 게 좋다. 그래야 적정 수준의 블로그가 방문해 노출이 더 잘 되기 때문이다. 결과값을 단순 URL주소로 보여주는 경우가 대부분인데 이럴 경우 마케팅을 한 것에 대한 분석을 할 수가 없다.

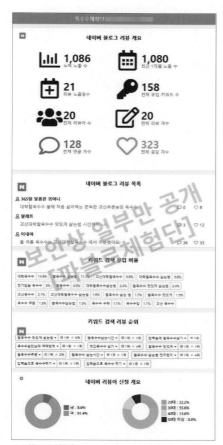

◆ 파블로체험단 빅데이터 보고서 내용 일부 발췌

쉽게 말해 눈을 감고 목적지를 걷는 것과 같다. 빅데이터 보고서 시스템을 갖춘 체험단은 소수이다. 이러한 시스템을 갖춘 곳이 진보적인 회사이자 체험단을 잘 하는 회사라 할 수 있다. 빅데이터 보고서는 노출 키워드, 순위, 노출수뿐만 아니라 댓글, 공감 형태로 세부적인 항목이 마치 건강검진표처럼 자세히 나와 있다. 체험단을 해서 어떠한 반응과 결과를 나타냈는지 알 수 있다면 현재 마케팅 상황뿐만 아니라 미래 마케팅 계획을 세우는데도 용이하다.

판매 채널 확장하기

블로그마켓과 궁합이 잘 맞는 판매 채널

블로그는 플랫폼 자체적으로 결제 수단이 제공되지 않는 등의 제약이 따르기 때문에 마켓으로 성장에 한계가 있다. 그러므로 다양한 방법으로 구매자들의 편리성과 단골 고객 확보를 위해 판매처를 늘려야 한다.

인터넷 쇼핑몰은 디자인, 제작, 운영, 관리 등을 혼자서 진행하기에는 무리가 있으므로 손쉽게 제작하고 혼자서 관리 및 운영하기에는 스마트스토어, 블로그페이 등이 적합하다. 다음은 블로그마켓에서 [스마트스토어 바로가기] 위젯이나 링크 이미지를 배치한 사례이다. 이 아이콘 이미지를 클릭하면 카드 결제 등이 가능한 스마트스토어로 이동한다.

스마트스토어로 이동한 고객은 블로그마켓에서 운영하는 모든 상품을 볼 수 있고, 구매할 수 있다. 상품 이미지를 클릭하면 상품 상세페이지로 이동하며 일반 인터넷 쇼핑몰처럼 카드 결제 등 다양한 결제 방법으로 구매할 수 있다.

◆ 스마트스토어와 상품 상세페이지

이외에도 블로그페이에서 제공되는 모바일 홈페이지 쇼핑몰 역시 혼자서도 손쉽게 제작 관리할 수
있다. 다음은 모바일 홈페이지로 바로 이동할 수 있는 위젯을 만들어 블로그마켓 하단에 배치한 사
례이다.

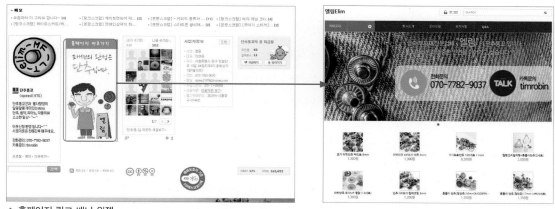

◆ 홈페이지 링크 배너 위젯

블로그마켓에서 사용할
신용카드 결제시스템 비교하기

블로그에는 결제 시스템이 제공되지 않는다. 구매자가 카드 결제를 원하면 "블로그마켓 특성상 제품을 저렴하게 판매하기 때문에 신용카드 결제가 불가능합니다."라고 안내할 수밖에 없다. 하지만 주문서 작성과 결제 및 배송 관리가 가능한 블로그페이, 페이앱 솔루션이나 상품 1개로 시작할 수 있는 샵바이, 미니 쇼핑몰인 네이버 스마트스토어를 운영하면 신용카드 결제 등 다양한 결제 서비스를 제공할 수 있다.

예를 들면 블로그마켓에서 등록한 상품 포스트에 판매자가 운영하는 샵바이나 스마트스토어에서 결제할 수 있는 상품 상세페이지로 링크를 걸어 안내하면 된다.

◆ 블로그 포스트 내용 아래 스마트스토어 링크　　　　◆ 스마트스토어의 상품 상세페이지 결제

1. 수수료와 정산 주기 비교하기

카페24, 메이크샵 등을 이용하여 인터넷 쇼핑몰을 만드는 경우 전자결제 지불대행사(PG사)와 계약해야 한다. 대표적인 PG사에는 KG 이니시스, 삼성올앳, KCP, KSNET, 올더게이트, LG U+ 등이

있으므로 가입비, 수수료, 정산주기 등 서비스 내용을 살펴본 후 가장 유리한 PG사를 선택한다. PG 사를 선택할 때 특히 주의해야 할 사항이 수수료와 정산 주기이다.

수수료는 신용카드 수수료와 계좌이체 수수료가 다르다. 정산주기는 결제일 이후 7일(영업일 기준) 부터 매일 정산되는 일정산, 주간 단위로 정산되는 주정산 외에 15일 단위, 월단위 정산 등 다양하기 때문에 블로그마켓의 자금 계획 등을 고려하여 선택한다. 예를 들어 일정산 정산 주기를 선택하여 10월 1일 신용카드로 거래가 이루어졌고 가정하면 판매 대금 입금 날짜는 금융권의 영업일(공휴일 제외) 기준이기 때문에 10월 10일이다.

인터넷 쇼핑몰은 제작하기 쉽지 않고, 상품의 가짓수가 다양해야 하므로 단순히 블로그마켓의 신용카드 결제 서비스 제공을 위한 마켓으로는 규모가 크다고 할 수 있다. 또한 인터넷 쇼핑몰을 직접 운영하는 경우 필요한 지식과 운영상의 어려움이 따른다.

반면 스마트스토어는 1시간 정도면 충분할 정도로 만들기가 쉽고 운영 또한 어렵지 않다. 무엇보다도 큰 장점은 수수료이다. 스마트스토어는 블로그마켓과 같은 독립적 채널을 통해서 상품을 구매할 경우 결제수수료가 저렴한 편이다. 또한 가입비 등의 별도 비용이 발생하지 않는다. 네이버 쇼핑을 통한 주문일 경우 네이버 쇼핑 매출연동수수료 2%가 네이버페이 결제수수료와 별도로 과금된다. 블로그마켓을 통해 결제하는 경우 상품 대금의 3.74%만 지출하면 된다. 예를 들어 10,000원짜리 제품이라면 수수료

374원만 지불하면 된다. 사실 2%라면 크게 느껴지지 않겠지만 제품 가격이 비싸면 상황은 달라진다. 수백만원짜리 해외 명품브랜드를 판매한다면 적지 않은 수수료가 발생하기 때문에 신중히 고려할 필요가 있다. 100만원짜리 제품이 판매되면 매출연동수수료만 2만원이다. 마진 구조가 취약하다면 이는 큰 금액이 될 수 있다.

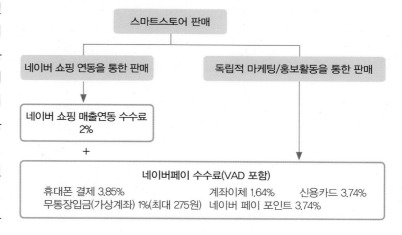

스마트스토어 이외 블로그페이, 페이앱, 정글페이 등 전자결제 시스템을 이용하면 블로그마켓의 단점인 신용카드 결제 서비스 등을 고객들에게 제공할 수 있다.

품목	신용카드 수수료		휴대폰 수수료	정산주기(영업일 기준)
스마트스토어	3.74%		3.85%	D+2일
페이앱	3.4%		5.0%	D+5일
블로그 페이	개인	4%	5.7%	D+5일
	사업자	3.4%	5.0%	

※ D는 구매확정일 기준이다. 오늘 구매 확정했다면 모레에 정산(판매자 통장으로 수수료 제외하고 입금)된다.
※ 스마트스토어 세금계산서 발행은 1일부터 마지막일까지 구매확정된 내역에 대해서 다음달 5일 이내 발행된다. 구매확정일 기준으로 발행되기 때문에 정산완료일 기준의 금액과는 차이가 있을 수 있다.
※ 스마트스토어, 페이앱, 블로그페이 모두 월 이용료와 상품등록이 무제한이다.

블로그마켓에 블로그페이 결제 시스템 적용하기

1. 블로그페이 결제 시스템 이해하기

블로그페이(http://blogpay.co.kr)는 블로그, 카카오톡, 카카오스토리 등에서 상품판매나 공동구매를 진행하는 판매자에게 인터넷 쇼핑몰 없이도 주문서 작성과 결제/배송 관리가 가능한 솔루션을 제공한다. 사업자뿐만 아니라 개인도 이용할 수 있다.

블로그페이는 다음과 같은 특징이 있다.

– 블로그, 카카오톡, 카카오스토리 등에 결제 링크를 설정하여 상품 판매가 가능하다.
– 신용카드, 휴대폰, 무통장입금 등 다양한 결제 수단을 제공한다.
– 구매자가 무통장 입금 시 자동 알림 서비스가 제공된다.
– 상품 등록 및 수정, 주문/배송 관리 등의 기능을 통해 판매자가 손쉽게 상품을 등록 관리할 수 있다.

블로그마켓 이용자에게 두 가지 결제 방법이 제공된다.

첫째, 결제 링크를 생성하여 블로그 포스트에 URL을 부탁한 후 링크를 통해 고객이 직접 결제하는 방식이다.

둘째, 고객의 휴대폰번호로 SMS를 발송하여 휴대폰으로 직접 결제하는 방식이다.

블로그 상품 상세페이지 포스트에 다음과 같이 신용카드 결제를 원하는 분들에게 카드 결제가 가능한 방법을 안내한다. 즉 댓글에 카드 결제를 원하는 분에게 카드 결제가 가능한 주문서 작성 페이지 주소를 비밀 링크 답글로 보낸다.

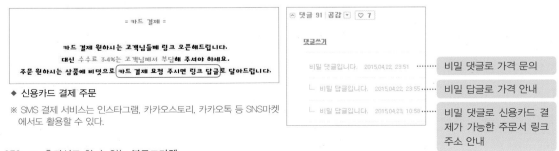

◆ 신용카드 결제 주문

※ SMS 결제 서비스는 인스타그램, 카카오스토리, 카카오톡 등 SNS마켓에서도 활용할 수 있다.

1-1. SMS 결제 서비스 이용 절차 프로세스

위의 비밀 댓글로 신용카드 결제가 가능한 주문서 링크 주소를 통한 고객 결제 이용 절차를 알아보자. 페이앱, 블로그페이 등의 모바일 간편 결제 서비스 중 SMS 결제 서비스를 이용하여 판매자는 상품 명 및 가격을 웹 또는 앱에서 직접 입력하여 구매자의 휴대폰번호로 결제 요청 시 구매자는 결제요 청 SMS를 확인 후 신용 카드 결제 또는 휴대폰 결제를 진행할 수 있다.

다음은 페이앱 SMS 결제 이용 절차 프로세스이다.

◆ 페이앱 SMS 결제 이용 절차

페이앱 관리자 페이지에서 SMS 결제 요청(❶)한 후 구매자 휴대폰으로 결제 요청 주소(❷)를 보낸 다. 구매자는 판매자가 보낸 결제 요청 URL(❷)을 클릭한다. 결제내역을 확인 후 결제 수단을 선택 하여 결제(❸)한다. 판매자에게 결제 완료 메시지(❹)가 도착한다.

다음은 블로그페이에서 무료로 제공되는 쇼핑몰 앱의 두 가지 디자인 레이아웃이다.

◆ 블로그 형식

◆ 카카오스토리 형식

◆ 블로그페이 쇼핑몰 샘플

2. 블로그마켓에 블로그페이 결제시스템 적용하기

블로그페이에서 제공되는 쇼핑몰 앱에 상품을 등록한 후 상품 정보를 블로그마켓의 상품 상세페이지 포스트에 넣어서 사용할 수 있다. 블로그페이 이용 방법에 대해서 알아보자.

01 블로그페이 가입 후 블로그페이 관리자 페이지의 메인 화면에서 [상품관리]–[상품등록] 메뉴를 클릭한 후 상품을 등록한다. 상품을 등록하면 아래와 같은 주문서 페이지가 자동으로 생성된다.

02 상품관리 리스트에서 원하는 상품의 [상품주소창 복사] 버튼을 클릭하면 링크할 주문서 페이지 URL주소가 복사된다.

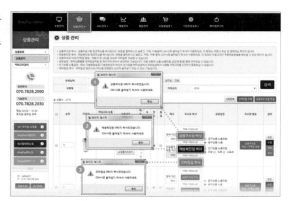

03 블로그 포스팅 시 본문에서 [주문결제하기]와 [배송확인하기] 버튼 이미지를 추가한다. 버튼을 선택한 후 [링크] 버튼을 클릭 후 [주문결제하기]와 [배송확인하기]에 복사한 링크 주소를 각각 적용하면 구매자가 버튼 클릭 시 해당 페이지로 이동하게 된다. 버튼을 이용하지 않을 경우 게시글에 복사한 링크만 연결해도 된다.

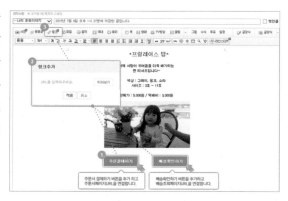

04 고객이 포스트의 [주문결제하기] 버튼을 클릭하면 주문서 작성 페이지가 나타난다. 주문자 정보, 받으시는 분

정보 등을 입력
하고 결제 방법
을 선택한 후
[결제하기] 버튼
을 클릭하면 결
제가 진행된다.

05 고객은 주문 시 입력한 휴대전화 번호와 주문자명을 입력하여 배송조회를 할 수 있고, 판매자는 관리자 페이
지에서 주문 상태를 관리할 수 있다.

LESSON

04

스마트스토어 만들고 운영하기

스마트스토어는 3,400만 네이버 사용자와 일 1,800만 네이버 방문자를 잠재고객으로 만들 수 T는 상품판매, 광고, 홍보를 위한 새로운 형태의 상거래 플레이스이다. 블로그마켓 운영자는 스마트스토어를 블로그마켓의 제한된 결제 수단의 보조 채널로 사용할 것인지 아니면 블로그마켓 이외의 새로운 판매 채널로 사용할 것인지에 따라 선택적으로 운용하면 된다.

- 스마트스토어 활용 ┌─ 블로그마켓의 결제 도구로 사용
　　　　　　　　　└─ 블로그마켓 이외의 판매 채널로 사용

1. 스마트스토어 프로세스 이해하기

스마트스토어는 간편한 입점 절차를 거쳐 개인, 사업자 등 누구나 쉽고 편리하게 쇼핑몰을 만들 수 있는 네이버에서 제공하는 판매 플랫폼이다.

| 가입 신청 | 서류 제출 | 가입 심사 | 가입 승인 | 네이버 쇼핑 노출 | 상품 판매 |

◆ 스마트스토어 판매회원 입점절차

입점과 상품등록은 무료이며, 상품 판매 시 블로그마켓 등 독립적으로 판매하는 하는 경우와 네이버 쇼핑 연동을 통한 판매하는 경우에 따라 다음과 같이 판매 수수료만 지불하면 된다. 즉 블로그마켓을 통해 스마트스토어로 이동한 후 결제하면 네이버페이 수수료(❷)만 지불한다. 만약 네이버 쇼핑을 통해 판매할 경우 ❶+❷를 합산한 수수료가 지불된다.

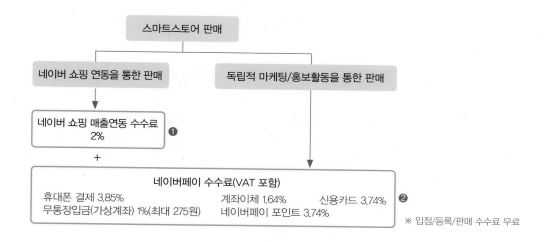

네이버페이 수수료(VAT 포함)

휴대폰 결제 3.85%   계좌이체 1.64%   신용카드 3.74% ❷
무통장입금(가상계좌) 1%(최대 275원)   네이버페이 포인트 3.74%

※ 입점/등록/판매 수수료 무료

2. 나에게 적합한 스마트스토어 템플릿 선택하기

스마트스토어는 쇼핑몰과 블로그의 장점을 결합한 형태의 쇼핑몰 구축 솔루션으로, 디자인에 익숙지 않은 초보 판매자도 누구나 쉽게 만들 수 있다. 다양한 스킨과 배너가 무료로 제공된다. 판매 중인 상품이 5개미만일 경우와 그 이상일 경우 중 자신의 상황에 맞는 쇼핑몰 스킨을 선택적으로 사용할 수 있다.

◆ 트렌드형   ◆ 스토리형   ◆ 큐브형(상품 5개미만 전용 템플릿)   ◆ 심플형

오른쪽은 기본 템플릿을 이용한 "순정에 끌리다" 블로그마켓에서 운영하는 스마트스토어이다.

3. 스마트스토어와 블로그페이 활용 방법

블로그마켓 메인 화면에 스마트스토어로 바로 이동할 수 있는 배너나 메뉴를 만든 후 고객이 바로 접근할 수 있도록 할 수 있다.

블로그 상품 상세페이지 포스트에 다음과 같이 신용카드 결제를 원하는 분들에게 카드 결제가 가능한 방법을 안내한다. 즉 댓글에 카드 결제를 원하는 분에게 블로그페이에서 카드 결제가 가능한 주문서 작성 페이지 주소를 링크 답글로 보낸다.

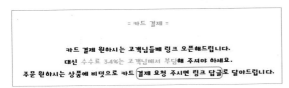

◆ 신용카드 결제 주문

4. 스마트스토어 입점 절차 살펴보기

스마트스토어는 입점 절차는 다음과 같다.

- 1단계 : 스마트스토어 회원 가입 신청
- 2단계 : 서류 심사
- 3단계 : 가입심사 및 승인

위 과정을 거쳐 승인이 완료되면 판매 활동을 할 수 있다.

4-1. 스마트스토어 회원 가입 신청하기

01 스마트스토어센터(http://sell.storefarm.naver.com)에 접속한 후 [스마트스토어 시작하기] 버튼을 클릭하거나 상단의 [스토어 만들기] 메뉴를 클릭한다.

02 스마트스토어센터에 회원가입한다. '신규판매자 가입'을 클릭하거나 [네이버 아이디 로그인] 버튼을 클릭한 후 절차에 따라 회원가입한다.

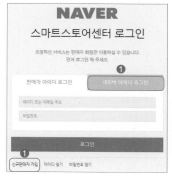

03 판매자 유형을 선택한 후 [다음] 버튼을 클릭
하여 회원 절차를 따라하면 가입이 완료된다.
판매 유형은 개인 회원, 사업자 회원, 해외거
주 회원 중 선택할 수 있다. 개인 판매자로 가
입한 후 사업자 회원으로 전환할 수도 있다.
실명인증 절차를 거쳐 정보를 입력하면 가입
신청이 완료된다.

04 스마트스토어센터 관리자 페이지가 나타
난다. 관리자 페이지에서 상품관리, 노출채
널관리, 판매관리, 정산관리, 혜택관리, 문
의관리 등을 한눈에 확인할 수 있고 세부
적으로 관리할 수 있다.

4-2. 스마트스토어 서류 심사 절차 이해하기

스마트스토어는 사업자뿐만 아니라 일반 개인도 자유롭게 입점이 가능하며, 간편한 절차에 따라 상
품을 판매할 수 있다. 스마트스토어 가입 회원은 개인 판매회원, 사업자 판매회원(개인 사업자 또는
법인 사업자), 해외 판매회원으로 구분되며, 회원별 제출 서류는 다음과 같다.

• **개인 판매회원** : 별도 서류 심사는 없으나, 미성년자의 경우 보호자 또는 법정대리인의 동의 확인
서를 제출한다.

• **사업자 판매회원** : 가입 신청 시 선택한 사업자 구분(개인 사업자 또는 법인 사업자)에 맞춰 관련 서류를 7
일 이내 스마트스토어 고객센터(심사 담당자 앞)으로 보내주어야 최종 가입 승인 처리된다.

개인 사업자	법인 사업자	간이 사업자
▼	▼	▼
사업자등록증 사본 1부 통신판매업 신고증 사본 1부 대표자 또는 사업장 명의 통장 사본 1부 대표자 인감증명서 사본 1부	사업자등록증 사본 1부 통신판매업 신고증 사본 1부 법인 명의 통장 사본 1부 등기사항전부증명서 사본 1부 법인인감증명서 사본 1부	사업자등록증 사본 1부 통신판매업 신고증 사본 1부 대표자 또는 사업장 명의 통장 사본 1부 대표자 인감증명서

※ 보내실 곳 : 우) 21389 인천광역시 부평구 경원대로 1373 7층 스마트스토어 판매회원 심사 담당자 앞
문의전화: 1588 – 3819 | FAX번호: 033–816–5303 | 이메일: helpcustomer@naver.com

판매회원 가입 신청 후 필요 서류를 보내주면, 스마트스토어에서 신속한 심사 절차를 진행한다. 또한 서류 심사가 승인되기 전이라도 판매자센터 접속 및 상품 등록 등 판매에 필요한 사전 작업을 진행할 수 있으며, 서류 심사 및 인증 절차가 완료되면 본격적인 판매활동을 시작할 수 있다.

5. 한눈에 살펴보는 스마트스토어센터 관리자 페이지 메인 화면

스마트스토어센터 관리자 페이지(Admin)는 상점 운영 목적별 페이지로 바로 이동할 수 있는 '상단 메뉴', 상점 운영 목적별 기능을 제공하는 '메인 메뉴', 스마트스토어의 새로운 소식 등을 알려주는 '공지 사항', 상품Q&A와 고객문의 등에 대한 처리율과 미답변 사항을 알려주는 '고객응대 관리 현황', 즉시 처리해야 될 주요 기능을 모아서 보여주는 '현황 메뉴' 등으로 구성되어 있다.

❶ 상단 메뉴

- 스마트스토어센터 : 좌측의 '스마트스토어센터'를 클릭하면 관리자 페이지 메인화면으로 이동합니다.
- 내정보 : 회원정보 관리와 화원탈퇴 등을 할 수 있다.
- 도움말 : 1:1문의와 자주 묻는 질문을 메뉴별로 제공하고 찾아볼 수 있다.

❷ 스마트스토어 관리 메뉴

내 스마트스토어로 바로가기, 판매자 및 담당자 정보 변경, 정산정보 변경, 상품 대표 카테고리 변경, 배송 정보 등을 설정할 수 있다. 그 외 판매 권한 정보를 변경하거나 사업자 전환 신청을 할 수 있다.

❸ 메인 메뉴

메뉴	설명
상품 관리	상품 등록, 상품 일괄등록, 상품 정보 조회/수정, 갤러리 관리, 배송비 관리, 공지사항 관리 등을 설정할 수 있다.
판매 관리	주문조회, 미입금확인, 발주/발송 관리, 배송현황 확인, 구매확장 내역, 취소 관리, 반품 관리, 교환 관리 등 주문 이후에 발생되는 모든 상품의 판매를 관리할 수 있다.
정산 관리	정산 내역보기, 정산 상세보기, 부가세신고, 세금계산서, 충전금관리 등 판매자의 상품 대금이 언제(정산예정일, 정산완료일), 얼마나(정산금액), 어떻게(계좌이체 혹은 충전금) 처리되는지 확인할 수 있다.
문의/리뷰 관리	상품 문의, 리뷰 등을 관리할 수 있다.
톡톡상담관리	고객 관리에 유용한 네이버 톡톡 서비스와 여러 비즈니스 서비스를 설정할 수 있다.
스마트스토어관리	스마트스토어의 기본 정보(스마트스토어/판매자 정보)관리와 네이버 서비스 연동, 스마트스토어 꾸미기 등을 할 수 있다.
노출 관리	기획전 관리, 럭키투데이, 비즈니스 서비스 설정, 가격비교 설정, SNS 설정 등 노출 채널을 관리할 수 있다.
고객혜택 관리	신규고객, 재구매고객 또는 타겟팅 고객에게 혜택을 제공 및 관리할 수 있다.
통계	주문, 유입, 판매, 마케팅 분석 및 고객 현황을 파악할 수 있다.
판매자 정보	판매자, 담당자, 정산, 배송 정보 등을 설정하고 상품 대표 카테고리를 지정할 수 있다.
지적재산권침해관리	권리자가 직접 자신의 권리를 침해하고 있는 상품에 대한 적극적인 신고를 통해 권리를 보호할 수 있다.
공지 사항	스마트스토어의 새로운 소식 등을 확인할 수 있다.

❹ 공지사항

스마트스토어의 새로운 소식 등을 확인할 수 있고 '더보기'를 클릭하면 공지사항 페이지로 이동한다.

❺ 운영 관리 현황

입금 및 주문 상황, 배송 상황, 취소, 반품, 교환 상황, 정산 및 충전금 상태 등 운영 관리에 필요한 핵심 내용을 실시간으로 확인할 수 있다.

❻ 현황 메뉴

매출 통계, 상품, 고객, 톡톡의 미답변 문의, 판매중인 상품과 수정요청 상품 건, 패널티 점수와 건수, 판매 지연 현황, 스토어 방문자수 찜, 톡톡친구 등 현황, 구매확정 건수 등의 현황을 한눈에 확인 수 있다.

6. 스마트스토어 상품 등록 시 주의해야 될 사항

스마트스토어에서 상품을 등록하기 위해서는 [상품관리]-[상품등록] 메뉴를 클릭한 후 상품 등록 상세페이지에서 기본 정보, 세부 정보를 입력하면 손쉽게 등록할 수 있다.

주의해야 될 사항은 상품 등록 페이지 세부 정보 하단의 '전시설정'란의 '가격비교사이트 등록'의 '네이버 쇼핑' 체크 상태이다. '네이버 쇼핑'의 체크 박스는 기본적으로 등록(체크 됨) 상태이다. 네이버 쇼핑을 체크하면 네이버 쇼핑에 연동되어

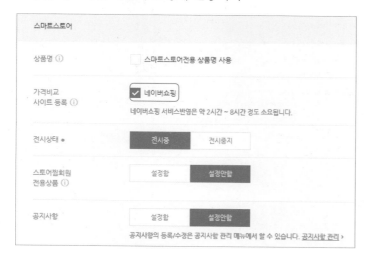

네이버 쇼핑 연동을 사용해서 고객이 가격비교를 보고 클릭해서 들어오는 경우에는 네이버 쇼핑 연동 2% 수수료가 추가된다. 즉, 네이버 쇼핑 연동 2% 수수료 + 결제수수료 (신용카드인 경우

3.74%)=5.74%가 된다. 물론 G마켓(8%), 옥션(8%), 11번가(8%), 쿠팡(7%) 보다는 상당히 수수료가 저렴한 편이다.

판매가 20만원이고 네이버 연동없이 블로그마켓을 통해 스마트스토어에 유입된 신용 카드 결제인 경우 3.74%의 수수료 7,480원이 빠지고 192,520원이 통장에 들어온다. 반면 네이버 쇼핑 연동을 통해 판매 되는 경우 쇼핑 연동 수수료 2%의 4,000원이 추가로 빠지고 188,520원이 통장에 입급된다.

7. 스마트스토어에 내 블로그마켓 연동시키기

스마트스토어의 다양한 장점 중 바이럴 마케팅이 가능한 개인화 소셜 플러그인(블로그, 인스타그램, 페이스북 등)을 연동하여 독립적 홍보 활동을 통한 판매가 가능하다. 스마트스토어에 내 블로그마켓 을 연동하는 방법을 알아보자.

01 스마트스토어센터(http://sell.storefarm.naver.com/s/home)의 메인 메뉴에서 [노출관리]–[노출 서비스 관리] 메 뉴를 클릭한다. SNS 설정 페이지의 네이버 블로그가 비활성화 상태이다. 연동을 위해서 블로그 활성화 방향으 로 지정한다.

02 네이버 로그인 창이 나타나면 로그인한다. 자동으로 네이버 블로그에 연결된다. 네이버 블로그가 활성화 상태로 변경되면 블로그 URL을 입력할 수 있는 창이 나타난다. 연동할 블로그 이름을 입력하고 [저장] 버튼을 클릭하면 [바로가기] 버튼이 만들어지면 블로그 연동이 제대로 적용된 것이다.

03 페이스북과 인스타그램을 활성화시킨 후 페이스북과 인스타그램 설정 창이 나타나면 본인의 계정을 입력하면 연동 설정할 수 있다.

04 내 스마트스토어 프로필 영역의 블로그 아이콘이 활성화 상태()로 변경된 것을 확인할 수 있다. 이 아이콘을 클릭하면 내 블로그마켓으로 이동한다.

디자인은 **마케팅이다.**

Aggressive design
스톰데이즈

블로그,
카페 디자인 제작
상세페이지 제작
홈페이지 제작 등...

우리가 무언가 웹디자인을 하여 온라인에 게재한다는 것은
단순히 예쁘게 꾸미기 위함만이 아닙니다.
디자인 제작을 통해, 볼거리를 만들고
볼 사람들에게 우리(CI) 또는 상품(BI)를 적극 어필하기 위함입니다.
스톰데이즈는 마케팅을 위한 디자인을 제작합니다.

블로그 디자인 제작

블로그 영역에서 상단에 항상 고정적으로 붙어 있는 영역을 디자인 제작 합니다. 클릭했을 때 해당영역으로 이동하는 배너위젯을 넣을 수 있기 때문에 마케팅을 위해 블로그 디자인을 진행하시는 분들은 홈페이지형 블로그 디자인 으로 제작하게 됩니다.

카페 디자인 제작

블로그와 달리 디자인 가능 영역이 최상단의 메인타이틀과 카페대문으로 나뉩니다. 고객의 의도 및 마케팅을 위해 100% 활용 가능한 카페 디자인을 제작합니다. 관리 측면에서 블로그보다 더 많은 시간과 노동력이 들어가지만, 회원관리를 통해 DB를 얻을 수 있고 회원과 함께 컨텐츠를 작성할 수 있습니다.

상세페이지 제작

각 상품을 클릭했을 때, 상품의 자세한 사항을 디자인 제작합니다. 의뢰자가 어필하려는, 의뢰자의 고객이 보고 싶어하는 사항에 맞춰 디자인 제작합니다. 이렇게 만들어진 상세페이지는 오픈마켓(옥션, G마켓, 쿠팡 등), 홈페이지, 블로그, 카페, 랜딩페이지 등에 업로드하여 직접적인 온라인 마케팅을 진행할 수 있습니다.

홈페이지 제작

카페24 무료 호스팅을 통해, 서버비용 0원으로 관리하실 수 있도록 홈페이지를 제작하고 있습니다. PC버전과 모바일 버전 및 반응형 홈페이지를 제작합니다. 회사소개 홈페이지, 쇼핑몰 등이 이에 해당합니다. 홈페이지를 통해 공신력을 얻고 온라인 마케팅에서 메인채널 역할을 수행합니다.

OUR
SEVICE
INFO

상담문의 +

🌐 http://stormdayz.com
📞 070-4670-7666
✉ ace@stormdayz.com
TALK ID : stormdayz

혼자서도 할 수 있는 실용서 시리즈

IT, 쇼핑몰, 홈페이지, 창업, 마케팅 등의 실무 기능을 혼자서도 배울 수 있도록 차근차근 단계별로 설명한 실용서 시리즈이다.

혼자서도 할 수 있는

스마트스토어 판매 · 상위 노출 · 마케팅 핵심 전략

김덕주 저 | 13,300원

혼자서도 할 수 있는

네이버 메인노출 마케팅

바이컴퍼니 저 | 16,500원

혼자서도 할 수 있는

아마존 월 매출 1억 만들기

무재고 무자본으로 바로 시작하는 아마존 판매!

장진원 저 | 17,500원

혼자서도 할 수 있는

혼자서도 할 수 있는 블로그 마케팅

만들기 | 꾸미기 | 글쓰기 | 검색상위노출 | 방문자 늘리기

유성철 저 | 14,400원

혼자서도 할 수 있는

오픈마켓 창업 & 마케팅 핵심 전략

G마켓 | 옥션 | 11번가 | 스토어팜

김덕주 박진환 이상헌 공저 | 16,500원

상세페이지 제작

쇼핑몰/오픈마켓/소셜커머스/종합쇼핑몰

김대용, 김덕주 공저 | 17,500원